「在世界之中存在」的時間

海德格爾與康德的思想對話

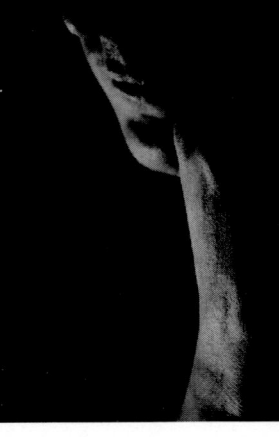

潘兆雲 著

海德格爾對康德哲學的解釋與他本人思想的轉向有何關聯？
海德格爾的《存在與時間》與《康德書》中的計畫沒有必然的關聯？
海德格爾為何要在出版《存在與時間》後解釋康德為何出版《康德書》？

目錄

序言

導論

    0.1 海德格爾與卡西爾的達沃斯論辯   14

    0.2 海德格爾的康德解讀概況   20

    0.3 本研究的問題來源   30

    0.4 研究現狀   51

第1章　海德格爾的現象學方法與基始存在論視野中的康德哲學

    1.1 海德格爾的現象學方法   86

    1.2 存在論差異、存在建制與時間性   103

    1.3 基始存在論視野中的康德哲學   118

第2章　存在論視域中的主體性：此在的有限性與存在論知識二要素

    2.1 人類此在的有限性與有限性直覺   141

    2.2 現象學視域中的作為純粹直覺形式的時間和空間   151

目錄

  2.3 作為存在論知識之二元素的純粹直覺與
     純粹思維之本質統一性 160

第 3 章 超越論演繹、圖式與時間
  3.1 超越論演繹與超越之可能性問題 176
  3.2 成象活動與圖像、圖式和式—像 189

第 4 章 超越論的想像力、時間性與康德的退縮
  4.1 超越論想像力的核心功能是為形而上學奠基 210
  4.2 超越論想像力形成源生性的時間 222

第 5 章 「在—世界—之中—存在」的時間 —— 從康德哲學走向《存在與時間》之路
  5.1 海德格爾現象學視角中的康德哲學的不足 247
  5.2 從康德的時間學說走向《存在與時間》之路 253

第 6 章 海德格爾對康德的現象學解釋與他的思想轉向之路
  6.1 海德格爾對康德的現象學解釋中的「得」與「失」 277
  6.2 海德格爾的康德解釋與他的思想轉向之路 282

結論

參考文獻

    一、中文專著   303

    二、外文專著   306

    三、參考論文   308

後記

目錄

序言

　　作為20世紀最重要的哲學家之一的海德格爾，在他的哲思之路上，十分注重與以往的哲學家進行思想上的「對話」。他經常創造性地解讀這些哲學家們的作品。柏拉圖、亞里斯多德、康德、黑格爾和尼采都曾經以這種方式成為他的「對話者」和「解釋對象」。在海德格爾對以往的哲學作品進行解釋的過程中，他對康德的解釋無疑在其中占有著一個重要而突出的地位。尤其當我們把目光鎖定在從他1927年發表《存在與時間》之後到1930年做《論真理的本質》的演講之前的這段時期，情況就更是如此了。在這段時期內，以《康德與形而上學疑難》為核心，海德格爾對康德哲學進行了大量的解釋。之所以如此，是因為他對康德哲學尤其是康德時間學說的現象學解釋承擔了兩個任務，一方面是要透過對康德哲學，尤其是《純粹理性批判》的現象學解釋表明，他自己的《存在與時間》從事的是一項存在論研究，而不是致力於打造某種哲學人類學。康德的《純粹理性批判》就是《存在與時間》的「歷史性導論」。另一方面是要透過對康德哲學尤其是康德時間學說的現象學解釋，為完成《存在與時間》中的未竟計畫——解構存在論歷史做準備。因此，他以《康德書》為核心而對康德哲學進行的現象學解釋，與《存在與時間》之間就形成了「解釋學循環」。然而，儘管海德格爾透過《康德書》為完成解構存在論歷史的計畫做了準備，但卻沒能催生出更進一步的、更成熟的作品。他的思想反而在發表《康德書》不久之後發生了從前期到後期的「轉向」。本文認為，海德格爾思想的這種轉向與他對康德哲學的現象學解釋有著密切的關係。因此，本文致力於解決兩方面的問題：一方面在於呈現前期海德格爾以《康德書》為核心而對康德哲學尤其是康德的時間學說展開的現象學解釋的具體思路和步驟；另一方面在於評估他的這種工作對他思想發生轉向的影響。

序言

　　海德格爾把自己在這個階段中對康德的解釋稱為現象學的，因此，我們將在第一章中研究海德格爾的現象學方法。指出他的現象學方法不同於胡塞爾的現象學方法之處在於，從他 1919—1923 年真正取得哲學突破的早期弗萊堡講座時期，就已經對胡塞爾的現象學進行了解釋學的轉換。因此海德格爾的現象學從他哲學的真正「起源」處就已經是一種「解釋學的現象學」了，但它實質上和《存在與時間》中對此在進行的生存—存在論分析是一體的。就它作為一種方法而言，海德格爾指出，這種方法包含三個環節：現象學的還原、現象學的建構和現象學的解構。

　　借助於他的現象學方法，海德格爾將康德哲學，尤其是《純粹理性批判》看作是一次為形而上學奠基的嘗試。在這種意義上，在傳統哲學眼中本來是認識論上的哥白尼革命，在海德格爾這裡便變成了存在論上的革命。從而，問題便不再是對象怎樣符合主體的先天認識形式，而是存在者如何存在的問題。先天綜合判斷如何可能的問題便變成了存在論知識如何可能的問題。海德格爾指出，在康德哲學那裡，之所以有感性和知性、直覺和概念之分，主要原因在於人是有限的，人的有限性是存在結構上的有限性。因此人的直覺是有限的直覺，無法在直覺活動中創生作為對象的存在者，人的知識的形成有賴於事先便已存在了的存在者，人需要在與存在者打交道的過程中才能讓存在者顯現。人的直覺是一種對前來遭遇的存在者的領受性的直覺，知性和概念的作用都仰仗於這種領受性的直覺。海德格爾認為，直覺和知性是人類知識的二重元素。純粹直覺和純粹思維便是人類的純粹知識的二重元素，它們具有本質上的統一性。純粹直覺有兩種，即時間和空間，時間在這二者中又具有優先地位。這是我們第二章的研究內容。

　　然而，進一步地，感性和知性的溝通如何可能呢？海德格爾尤其注重康德《純粹理性批判》的第一版。在這第一版中，康德指出，感性和知性的溝通之所以可能，是因為在二者之間還有第三種能力，即先驗想像力。想像力

一方面將感性直覺接受的雜多帶給知性範疇，另一方面將知性範疇帶向感性雜多，從而形成經驗現象，先驗圖型在這個過程中造成了巨大作用。海德格爾抓住了此點，他認為，當康德走到這一步的時候，其實已經踏上了通往《存在與時間》的道路了，並因此是向著他的基始存在論走得最近的一人。在海德格爾的現象學視角中，康德的超越論想像力是感性和知性的共同根柢，它形象（bilden）出了源初的時間。並且它就是這種源初的時間。恰恰是透過這種源初的時間，純粹綜合得以將純粹直覺和純粹思維「契合」（fuegen）起來。也恰恰是在超越論想像力和純粹綜合的活動中，超越被形象了出來。因此，超越論想像力及其產生的源初的時間就蘊含了巨大的力量。但海德格爾指出，這種力量對於康德來說是陌生的。於是，超越論想像力在康德面前便成了一道「深淵」，康德在這道深淵前「退縮」了。海德格爾指出，造成康德退縮的，除了超越論想像力和源初的時間讓他驚擾不安之外，在康德那裡還有一些根本性的、視角上的缺陷，它們共同使他無法向前突破進入現象學的境域。海德格爾指出，從現象學的角度看，康德哲學的視角缺陷有如下幾點：1. 康德始終從笛卡爾哲學的立場上去思考「我」，從而把「我」領會為一種主體意義上的實體。而沒能從「生存」的角度去理解「我」。2. 康德沒有意識到主體的主體性所具有的超越性。在海德格爾看來，超越內在於此在的存在之中。而此在的超越總是向著世界的超越。3. 康德不僅忽略了此在的超越本性，還忽略了世界現象。他沒有認識到人的存在是「在—世界—之中—存在」。因此便沒能把握到人的存在即此在的生存—存在論建制。4. 與前述三點相關，康德依然從近代哲學的立場上去理解時間，因此便把時間理解成是一種均勻流逝的、前後相繼的線性時間，沒有認識到本真的時間是「綻出」的。因此，這就決定了康德無法正確地理解超越論的想像力。不過，在海德格爾看來，儘管康德在超越論想像力這道「深淵」面前退縮了。但在他的哲學中依然充分展示出了人類此在的有限性、超越性和時間性。因此，康德始

序言

終是向著《存在與時間》走得最近的一人。也恰恰在這種意義上，海德格爾認為，康德的《純粹理性批判》是《存在與時間》的「歷史性的導論」。這是我們第三章和第四章的研究內容。

既然海德格爾以《康德書》為核心而對康德哲學的現象學闡釋一方面闡明了他的《存在與時間》並不是一種哲學人類學，另一方面闡明了康德哲學是《存在與時間》的「歷史性導論」，那麼，如果我們依循此思路做一番復返，從這一「歷史性導論」出發，在康德退縮處向前推進一步，不就可以走向《存在與時間》了嗎？因此，本研究第五章就嘗試指出從《純粹理性批判》走向《存在與時間》的具體路徑。

然而，海德格爾之所以要去對康德哲學尤其是康德的時間學說進行現象學解釋，從歷史發生學的角度來看，闡明它作為《存在與時間》的「歷史性導論」是他的一個目的，但他更主要的目的是為了完成《存在與時間》中所公告的解構存在論歷史的計畫，因此他以《康德書》為核心而對康德哲學進行的現象學解釋工作毋寧是要為完成《存在與時間》中的未竟計畫做準備。更明確地說，他要為完成從時間到存在的思路做準備。然而，他的這種準備工作卻並未能催生出更進一步的作品。在《康德書》出版後不久，他的思想卻悄悄地發生了轉向：不再走從存在到此在，再由此在到時間，最後由時間到存在的道路了，毋寧要思得更為源始些而開始去追思作為存有（Seyn）的本有（Ereignis）和存有之真理。我們認為，他思想上的這種轉向和他對康德哲學的現象學解釋密切相關。海德格爾在《康德書》中遇到了兩項難題，一個是由作為超越的「讓對象化」活動揭示出來的「虛無」（das Nichts）問題，另一個則是由超越論幻相揭示出來的超越論的非真理的問題。對「無」和「超越論的非真理」的思索，把海德格爾帶到了一個陌生的思想領地。隨著對它們的深入思考，海德格爾思想便發生了轉向。這將是本文在第六章中的研究內容。

就海德格爾在《康德書》中對康德哲學的解釋最終都是為了走到作為超越論的想像力的源初的時間這裡而言，他以《康德書》為核心而對康德哲學進行的現象學解釋就都屬於對康德的時間理論的廣義解釋。同時，在海德格爾看來，由於康德本人哲學工作中的不足，沒能從生存—存在論上理解主體的主體性，沒能把握此在的時間性、有限性和超越性，忽視了世界現象，也沒有從綻出的意義上把握時間，所以康德終究沒能走到前期海德格爾的哲學那裡，因此在海德格爾看來，真正的時間是時間性的到時，而時間性是此在存在的意義，此在存在的基本建制是「在—世界—之中—存在」，所以在這種意義上來看，康德對時間的理解如果不是從認識論上著眼，而是從存在論上著眼，並且如果真切地理解了此在的「在—世界—之中—存在」這一根本的生存論建制的話，也就可以走向海德格爾的《存在與時間》了。因此在這種意義上，本研究將標題擬定為《「在—世界—之中—存在」的時間 —— 海德格爾對康德時間學說的現象學解釋研究》。

序言

導論

海德格爾，這位 20 世紀最重要的哲學家之一，在他終其一生的思想中，都十分注重與以往的哲學家進行「思想上的對話」，這種對話主要表現在他對哲學史上流傳下來的哲學作品進行了創造性的解讀。他之所以會如此做，主要原因在於他認為哲學是歷史性的，他的這一思想從 1919 年在弗萊堡大學的戰時補救學期開設的講座課程「哲學觀念與世界觀問題」中就展現了出來，中經《存在與時間》中對此在的歷史性的分析以及解構存在論歷史的設想，直接抵達後期的存在歷史思想。按此理解，哲學研究便總要與以往的哲學家和哲學作品進行對話，以求將真正有待思的東西帶入思想本身的自發運作之中。以這種方式成為他的「對話者」的哲學家有阿那克西曼德、赫拉克利特、柏拉圖、亞里斯多德、康德、謝林、黑格爾以及尼采等人。

在海德格爾對以往的哲學家和他們的哲學作品進行解釋的過程中，他對康德的解釋無疑在其中占有著一個重要而突出的位置，尤其是當我們把目光集中於 1927 年他出版《存在與時間》之後到 1930 年發表《論真理的本質》的公開演講[1]之前的這段時間的話，康德解釋在他思想中的重要地位和意義便越來越地明顯了。這是為何呢？

眾所周知，海德格爾在發表《存在與時間》之前相當長的一段時期內，並沒有發表大部頭的著作，甚至公開出版的有影響力的論文也不多，然而卻僅憑授課內容便聲譽在外，有了哲學王國「隱祕的國王」的稱號[2]。直到 1927 年出版《存在與時間》之後才終於真正地為自己正了名，將這項「王冠」扶正。然而，他出版的《存在與時間》與他公布的計畫比起來，不過只完成了三分之一而已。但即使是這樣，他的《存在與時間》依然產生了巨大的影響。不過，就在大家正翹首盼望他能將計畫中的《存在與時間》出齊的時

導論

候,他卻沒這麼做,而是在參加完達沃斯論壇之後,出版了《康德與形而上學疑難》[3],亦即他的《康德書》[4]。如果僅從表面現象來看,《康德書》與他的《存在與時間》中的計畫似乎沒什麼必然的關聯。然而,情況果真如此嗎?海德格爾為什麼要在出版《存在與時間》之後去解釋康德為什麼要出版《康德書》?而在出版完《康德書》之後不久的1930年,以演講《論真理的本質》的發布為標誌,海德格爾的思想轉向了後期。那麼,海德格爾對康德哲學的解釋與他本人思想的轉向有關聯嗎?如果有關聯,這又是一種怎樣的關聯?這些問題就是本文的研究內容。為了更清楚地展現我們的問題來源和研究主題,我們不妨首先跟隨海德格爾去往達沃斯論壇,看一看在那裡究竟發生了什麼。

0.1 海德格爾與卡西爾的達沃斯論辯

1929年3月17日至4月6日,海德格爾在瑞士的達沃斯參加了一門由瑞士、法國和德國政府共同資助的國際大專院校周活動——達沃斯論壇,並在這個活動中與德國當時著名的康德專家卡西爾共同主持了一門共七講的研討課,其中前六講由卡西爾和海德格爾各講三講,卡西爾的三場報告分別處理的問題是空間、語言和死亡,而海德格爾的三場報告的主題是「康德的《純粹理性批判》與形而上學的一次奠基任務」。最後一講則由海德格爾和卡西爾圍繞康德哲學進行辯論,這就是著名的「達沃斯論辯」[5]。此外,卡西爾還專門講了一堂名叫「舍勒哲學中的精神與生命」的課。

0.1.1 卡西爾的思想背景與新康德主義的衰落

卡西爾是著名的康德專家,出身於新康德主義馬堡學派,是十卷本的康德全集的主編,在1918年出版了頗有影響的《康德的生平與著作》一書,在1923年和1925年出版了《符號形式的哲學》的前兩卷,在1929年也就是

0.1 海德格爾與卡西爾的達沃斯論辯

參加達沃斯大專院校周活動的同年出版了這本書的第三卷[6]。雖然在參加達沃斯論壇時卡西爾已從新康德主義的背景中脫身出來，正在致力於構建一種符號—文化哲學，但我們仍不妨將其看作新康德主義對康德哲學的闡釋進路的代表，雖然他自己並不認同「新康德主義」這個概念的提法，他也不認同人們把他歸入一個學派性的新康德主義陣營的看法。為了避免人們對他的誤解，他在與海德格爾的達沃斯論辯開篇伊始就對「新康德主義」這個概念提出了質疑，給出了自己的看法：「人們不可對『新康德主義』這一概念進行實質上的規定，而應該對它進行功能上的規定。它所涉及的並不是一種教條式的學說體系的哲學流派，而是一個提出問題的方向。」[7]

雖然卡西爾本人對「新康德主義」作為一個哲學流派的看法提出了質疑，但在當時的哲學圈子中，人們依然把卡西爾看作是新康德主義的代表。卡西爾本人對派系性的標籤化的抗議在人們看來不過代表了新康德主義陣營內部對自己的哲學目標、方法和路徑的不同看法而已，就有如新康德主義區分為以柯亨與那托普為代表的馬堡學派和以文德爾班與李凱爾特為代表的西南—巴登學派一樣。卡西爾雖然出身新康德主義的馬堡學派，但他1920年代的工作已經超越了新康德主義的視界，即使退一步在新康德主義閾限內來看的話，他的工作也與馬堡學派的柯亨等人的工作產生了巨大的不同、拉開了距離。

如果根據弗里德曼教授援引的Krois的研究成果來看，這兩位教授甚至都認為「符號形式的哲學代表著（卡西爾）與馬堡學派新康德主義的至關重要的決裂」。[8] 海德格爾本人也清楚地看到了這一點。但他對卡西爾的工作的看法與弗里德曼和Krois比起來更偏向於保守一些，他不認為卡西爾的符號哲學與新康德主義馬堡學派的工作是全然斷裂的，在1927年《馬堡菲利普大學1527—1927》所收錄的《自1866年以來的哲學教席的歷史》（*Zur Geschichte des philosophischen Lehrstuhles seit 1866*）（馬堡大學）一文中，

導論

海德格爾明確地將卡西爾（連同哈特曼）的工作看作是「馬堡學派」的發展和更新。不過，他也明確地點出了卡西爾的獨到之處是在「當 A· 高藍特（A.Goerland，漢堡大學教授）和 W· 金克爾（W.Kinkel，吉森大學教授）主要還是堅守那些由柯亨確立下來的立場時，卡西爾多年來一直力求在新康德主義的提問基地上，籌劃一種一般的『文化哲學』」。[9] 海德格爾的這種看法代表了當時哲學界對卡西爾的一般認知。

在 1920 年代，新康德主義學派[10] 的創始人們、西南—巴登學派的文德爾班（1848—1915）和馬堡學派的柯亨（1842—1918）都已經去世了。新康德主義的第二代代表人物那托普（1854—1924）於 1922 年退休，李凱爾特（1863—1936）也在 1916 年因繼承文德爾班的教席之故轉去海德堡大學，他自己在弗萊堡大學的哲學教席則由胡塞爾接替。隨著胡塞爾的到來，弗萊堡大學迅速地接替了哥廷根大學而變成了現象學運動的中心之一，與之同步的是新康德主義弗萊堡學派的式微。西南學派只留下年邁的李凱爾特在海德堡大學苦苦支撐。[11] 隨著一戰的爆發，殘酷的戰爭經驗和非正常的生活經驗促進了尼采、叔本華和齊克果等人的非理性哲學的傳播，雅斯貝爾斯的生存哲學在這時也嶄露頭角，佛洛伊德的精神分析學說開始產生很大的影響，而以狄爾泰[12]、奧伊肯和法國的柏格森為代表的生命哲學思潮也迅速流行起來。以胡塞爾、馬克斯· 舍勒等人為代表的現象學運動[13] 的影響同期也日益壯大並產生了較大的影響，吸引了大批學生的興趣。而與此同時，新康德主義西南學派的第三代代表人物、李凱爾特最為鍾愛也具有巨大的發展空間的任教於海德堡大學的拉斯克[14] 在一戰中不幸犧牲了。這些因素都加速了新康德主義西南學派的衰落。而對於新康德主義的馬堡學派來說，他們不僅和西南學派面對著同樣的學術環境，而且自從海德格爾 1923 年去到馬堡之後，隨著他一造成來的還有他的解釋學的現象學，亦即生存—存在論。隨著海德格爾在馬堡大學影響日益擴大的是尼古拉· 哈特曼的地位和影響的日益下降，後

來他更是在兩年後轉到了科隆大學[15]。

在新康德主義學派的影響日益衰落的大背景下，時任漢堡大學教授的卡西爾的影響卻蒸蒸日上。因此，當卡西爾出現在達沃斯論壇和出席達沃斯論辯會的時候，人們更願意忽略他已經逐漸地走出新康德主義的事實，而把他當作已經沒落了的新康德主義馬堡學派的代言人，或者至少也是新康德主義的已經更新了的第三代代表。

0.1.2　海德格爾的思想背景與達沃斯論辯

對於論辯的另一方來說，海德格爾當時已經出版了自己的扛鼎之作《存在[16]與時間》（1927），並因該書於 1927 年 10 月 19 日在馬堡大學評上正教授，這位自 1915 年以來就沒發表過大部頭著作[17]、多年來卻僅憑自己的授課技藝而在學生圈中早已名聲在外的「隱祕王國的國王」也因此書的出版將自己的冠冕扶正。在這屆達沃斯論壇召開之前的 1928 年 2 月，他又剛剛在胡塞爾的大力支持下回到弗萊堡大學接任因胡塞爾退休而空出來的哲學教授席位。毫無疑問，海德格爾在當時是哲學新生代的代表，承載著新的時代精神，他的哲學表現出了不同於學院派哲學的，具有強韌的生命力、衝擊力和革新精神的新的哲學風格。他出版的《存在與時間》宣告了一種綜合了尼采、齊克果和狄爾泰的生命哲學，胡塞爾的現象學，亞里斯多德的存在論，杜斯妥也夫斯基、特拉克爾和里爾克等人的生存體驗描述以及從施萊爾馬赫、路德為起點經奧古斯丁追溯到保羅的基督教原始信仰經驗在內的生存—存在論哲學的誕生。這種哲學無疑與新康德主義存在著對峙、背反與爭執的糾纏關係。一方面，海德格爾出身於新康德主義的弗萊堡學派的學術氛圍中，他不僅從李凱爾特以及其高足拉斯克那裡受益良多，同時他從弗萊堡大學的各位師長和朋友那裡也贏得了自己的哲學和人生的「起源」，這些人物有：他的博士導師、天主教哲學教授阿圖爾·施耐德[18]、天主教歷史學家海因里希·芬

導論

克[19]、神學教授卡爾·布萊格、現象學家胡塞爾，還有他的好友恩斯特·拉維洛夫斯基。對於自己的哲學工作的來源、地位、意義以及與新康德主義的關係，海德格爾本人有著十分清醒的認識：

一直到了柯亨的著作《康德的經驗理論》（1871），正在起端的對康德的重新本己化過程（Wiederaneignung）才第一次擊中了那科學性的要害，這就從肯定和否定兩個方面規定了後來出現的各式各樣的新康德主義。在同一時間內，還出現了兩部著作，狄爾泰的《施萊爾馬赫的生活》第一卷（1870）和布倫塔諾的《經驗觀點的心理學》第一卷（1874），這兩部著作已經有了置身於更新康德之外的傾向。它們後來成了狄爾泰的以此在歷史性的疑難為指向的生命哲學的起點和成了發展由胡塞爾所奠定了基礎的現象學研究的推動力。在這兩個今天在體系上已經開始走向融合的方向上，正在出現克服新康德主義的苗頭，而其方式就是，從它們出發，對「馬堡學派」進行深化和重組。[20]

走在融合狄爾泰的生命哲學和胡塞爾現象學方向上，並能克服新康德主義的，無疑就是海德格爾本人的生存—存在論哲學。雖然此話出自海德格爾本人的描述，但這並非他自己的自吹自擂或者妄自尊大。理查·沃林教授在談到 1920 年代初海德格爾在青年學子心目中的形象時，他的研究為我們提供了一個佐證：「海德格爾的弟子們……他們感到，他的令人耳目一新的『生存』哲學結束了占據主導地位的德國學院哲學 —— 新康德主義、新黑格爾主義和實證主義 —— 的陳腐學究習氣。」[21]

於是，透過我們對達沃斯論辯當事人雙方的背景介紹，便得以知曉：由於海德格爾與卡西爾的哲學背景和哲學觀念的這種差異，二人的達沃斯論辯便成為一個著名的哲學事件。這一哲學事件不僅標誌著新老兩代哲學家在哲學觀念上的碰撞，更意味著兩個不同時代的時代精神的碰撞。具體表現出來就是海德格爾對康德解釋的生存—存在論進路與新康德主義對康德解釋的先

驗邏輯進路（馬堡學派）——具體而微地則是與卡西爾的符號—文化哲學進路——的碰撞[22]。因此達沃斯論辯也便成了哲學界中里程碑式的事件，參與者都以能夠作為該事件的見證人而感到歡欣鼓舞並慶幸不已。在達沃斯這座「魔山」之上，人們的人生之心境情調如何呢？薩福蘭斯基在《海德格爾傳》中援引了受海德格爾之邀以學生身分出席了此次會議的博爾諾在回憶錄中的描述：「二位哲學家的這次會面給人的印象是『驚心動魄的』。與會者都有一種『雄壯之感』，都覺得自己好像是『一個偉大歷史性的時刻的參與者』，與歌德在《法蘭西的戰爭》中所說的一樣：『在這裡，在今天，世界歷史上一個新的歐洲誕生了』——這裡當然是哲學的歷史——『你們可以驕傲地說，你們當時也在場』。」[23]列維納斯同樣報告道：「作為年輕的大學生，人們會有這樣的印象，見證了世界的創造，也見證了世界的終結。」[24]因此，這樣的大事件吸引了學術界和年輕人關注的目光就自然在情理之中了。安東尼婭·格魯嫩貝格教授在自己的研究中援引了佩措爾德先生在《卡西爾》一書中列出的出席了達沃斯論壇、後來成為著名思想家的部分學生的名字，其中有：「（法國大學生）伊曼努爾·列維納斯、列翁·布隆什維奇和讓·卡瓦雷；德國方面海德格爾在馬堡和弗萊堡時期的一些學生也尾隨他而來，這裡面有奧托·弗里德里希·博爾諾、約阿希姆·里特爾，但也有阿爾弗雷德·佐恩-雷特爾、歐根·芬克、赫爾伯特·馬爾庫塞、列奧·施特勞斯。」[25]

在這次會議結束後，海德格爾用四個月的時間寫成了《康德與形而上學疑難》一書，史稱《康德書》，並於1929年公開出版。如果僅就表面形式而言，《康德書》似乎是本偶然之作，甚或是本應景之作。似乎是海德格爾因為參加了達沃斯論壇、參與了與卡西爾的論辯而引發了自己對康德的興趣與靈感，從而在下山之後需要對自己在山上的偶發之想儘快地做些總結，否則，拖時間長了仿若就會中斷了自己的思路，於是不得不急急忙忙地把這本書寫下來似的。對於當時的哲學界和思想界來說，其實大家正翹首期盼的是這位

年輕的哲學家能將《存在與時間》中已經預告然而尚未付梓的其餘內容出齊。思想界中「隱祕的國王」雖然因這本書而將自己的哲學王冠扶正，然而已經出版的《存在與時間》畢竟是本未竟之作。可是讓大家意想不到的是，海德格爾在寫完《存在與時間》的第一部分之後卻悄無聲息了，直到 1929 年出版了這本《康德與形而上學疑難》。

0.2　海德格爾的康德解讀概況

然而，《康德書》真的僅僅是本應景之作嗎？它真的僅僅是海德格爾在構思由《存在與時間》所開敞出來的追問存在之意義這條道路上的一個「岔路」或者「歧路」嗎？它真的僅僅是海德格爾因為應邀參加了達沃斯論壇，所以才心血來潮迸發靈感寫下的偶然之作嗎？

答案當然是否定的。海德格爾的《康德書》乃至於他的康德解釋當然並非即興之作，毋寧是內蘊於他的哲思道路並因其自身的思想邏輯的演變而具有其內在必然性，是他思想道路上的一座「路標」。要想清楚地解答這個問題，我們需要將海德格爾的《康德書》乃至於他的康德解釋還原到他的哲學脈絡甚至他的生活境域之中並從這一解釋學處境出發對之加以解釋。這就需要我們從海德格爾的哲學自身內部的運思道路出發去理解他對康德解釋的必然性。同時也要注意到從他的哲學外部即他的生活情境和思想處境中去考察和理解他的康德解釋與同時代的諸種哲學理論，尤其是與新康德主義的康德解釋的關係。實際上，這兩方面是一體兩面、互釋互文的關係。我們接下來就嘗試對海德格爾的康德解釋的這內外兩方面的基本情形做一簡短介紹，從而進一步釐清本文的問題由來並闡明本研究所關注的問題的著眼點和出發點。

0.2.1 達沃斯論壇之外的海德格爾、卡西爾與新康德主義

具體到海德格爾與卡西爾的達沃斯論辯，他們二人並非在1929年才首次「相遇」和「交鋒」，事實上，他們之間的思想交流和爭論是個長期的過程，這次論辯只是他們思想交鋒上的一個集中體現而已。早在1923年12月，海德格爾就曾經在康德學會漢堡分會發表過題目為「現象學研究的任務與方法」的演講，並在這個演講上與卡西爾有過辯論。按照海德格爾本人的論述，他在該講座上已經大致把在《存在與時間》中呈現出的生存—存在論分析工作端呈出來了，而他與卡西爾的1923年辯論已經表明「在要求進行生存論分析工作這一點上，我們的意見是一致的」[26]。1925年，卡西爾出版了他的《符號形式的哲學》第二卷，主要討論「神話思維」。海德格爾從這本書一出版就十分關注並將其納入自己的思想詰問和思想脈絡之中。一方面指出卡西爾的工作重新將神話的此在納入哲學思考的意義，但另一方面則指出了卡西爾透過對《純粹理性批判》的「建築術」的解讀並不足以為他的工作奠定基礎或敞露源頭，要想真正解決這一問題還需要引入現象學的視角。[27][28]海德格爾還專門為這本書寫了一篇書評，於1928年發表於《德國文學報》第21期上（後收錄為《康德書》附錄Ⅱ）。而在卡西爾一方，根據弗里德曼教授的考證，「卡西爾在《符號形式的哲學》第三卷的五個腳註中對海德格爾表示讚許（Cassirer, 1929b, pp.149n, 163n, 167n, 173n, 188n, 173n, 189n, 193n, 200n, 218n）」。[29]在1928年，卡西爾在一直書寫卻從未出版過的《符號形式的哲學》第四卷的草稿中對《存在與時間》進行了討論。[30]這些構成了二人達沃斯論辯的前史。他們二人的思想碰撞在達沃斯論壇上達到了一個高潮。而高潮遠非終結，他們的思想碰撞又從達沃斯的山上延續了下來。海德格爾對卡西爾1929年出版的《符號形式的哲學》第三卷同樣給予了關注，保持著探究和評論的興趣。弗里德曼教授援引了Krois教授書中引用的卡西爾的信，在這封信中卡西爾寫道：「（海德格爾）向我承認，一段時間以來，

導論

他一直在思考如何對我的第三卷作出評論,但暫時不知道如何掌握它。」[31] 而另外,卡西爾在 1931 年也給海德格爾 1929 年出版的《康德書》寫了書評[32],海德格爾針對這篇書評亦寫下了自己的答辯意見,現收為《康德書》的附錄 V。在這之後,卡西爾又在海德格爾的陪伴下造訪了弗萊堡並做了學術報告。直到納粹上台卡西爾離開德國之前,海德格爾與卡西爾都保持了良好的私人關係。即使卡西爾流亡海外,他也對海德格爾保持了關注,他知曉海德格爾 1933 年出任弗萊堡大學校長一事。

如果我們擴大視野,不僅僅將卡西爾看作一個符號—文化哲學家,而是將他放到新康德主義大陣營中去看的話,那麼我們就可以看到海德格爾與新康德主義思想相對峙、背反、競爭的大方向。從人生經歷之實情來看,海德格爾的哲學出身浸染了新康德主義弗萊堡學派的氣息,他參加過李凱爾特的講座、仔細研讀過拉斯克的作品,但需要提請我們注意的是,海德格爾在弗萊堡大學哲學系學習時歸屬於施耐德和芬克所在的官教合辦的天主教哲學第二講座。1919 年開設「哲學觀念與世界觀問題」的講座讓他真正走上自己的哲學道路,歸功於天主教哲學研究出身和他豐富的思想來源[33],他的視野已經超越了新康德主義西南學派在「歷史」與「科學體系」之間進行區分的方法論,也超越了他們建立在意識的基本行為和準則基礎上的批判的價值哲學。這些批判的價值哲學作為「科學的哲學」內在地總是傾向於構建一種「世界觀哲學」。但在海德格爾看來,真正的哲學,區別於各種各樣的世界觀。他對哲學的新看法也是建立在對新康德主義西南學派尤其是文德爾班、李凱爾特的哲學的批判性省思的基礎上的。

0.2.2　海德格爾的哲學突破與《存在與時間》

自 1907 年在高中時期讀到格略博神父贈送的布倫塔諾的博士論文《論存在在亞里斯多德那裡的多重意義》開始,海德格爾就一直在關注「存在」及

0.2 海德格爾的康德解讀概況

存在的意義問題。他在 1920 年代初透過自己的研究工作發現，作為存在以及其他範疇的根基的，不是嚴酷的、死板的邏輯形式，而是源初的實際的生命經驗。在 1920—1921 年開設的講座課程「宗教現象學導論」中，海德格爾透過對保羅書信中所呈現的對上帝「再臨」（παρουσία）的「時機化時間」（καῖρος）的分析進而對基督教原始的信仰經驗進行描述，從而將人的實際生命經驗變成「作為源初科學的哲學」的主要研究對象，同時他又透過將亞里斯多德的οὐσία解讀為「在場」（das Anwesen）或「在場者」（das Anwesende）引入了一種「解釋學處境」。他這個時期的這些工作其實是想透過此舉達到深入實際生命經驗當場發生之源初境遇並將通達此境遇的方法和道路保留下來的目的：我們如何能當場抓住活生生的實際生命經驗並能將它如其自身所是地、原原本本地傳達出來而不至於將其理論化、客觀化而去生命化。然而，這樣的實際生命經驗畢竟是源發性的，是前理論、前世界性的。要想合理地保有這樣的實際生命經驗必須避免理論化、客觀化的哲思態度。於是，海德格爾就必須發現一種適當的哲學方法，一方面這種方法要來自於生成著的人類的實際生命經驗，同時另一方面又能將這種實際生命經驗的源發性、生成性保存並傳達出來，與此同時卻又不至於將其理論化、客觀化、普遍化。

基於這種對哲學的理解，海德格爾在這個時期給自己的哲學重新確立了方向，哲學不應該是學院式的、古板的理論和邏輯推演。否則，如果「只有在遠離意義豐富的生活素材的地方，哲學思考才有炫耀自己的機會」的話，「這將是一個缺憾」。[34] 真正的哲學要立足於人的源初的實際的生命經驗的「實際性」之中，並將這種生命經驗之實際性所具有的時間性和歷史性、多變性和異質性保存下來，這樣的哲學「更精確說來是作為源初科學的哲學」[35]。

在對源初的實際的生命經驗進行具體的描述和探索過程中，他依賴於胡塞爾的現象學和狄爾泰的生命哲學與解釋學，一方面實現了對胡塞爾的現象學的解釋學轉換，另一方面也實現了對施萊爾馬赫、狄爾泰等人的解釋學的

導論

現象學轉換,在這種現象學與解釋學的相互轉換、相互改變的過程中,海德格爾形成了自己的「現象學的解釋學」[36]。

在運用這種方法,遵循現象學的還原、建構和解構三個方向去把握實際生命經驗,並運用形式顯示的方法將其展現出來,以逼問存在及存在意義時,上述的實際的生命經驗逐漸轉變成了在存在論層次上(ontologische)和存在者層次上(ontisch)均具有優先性地位的此在(Dasein)[37]。透過對此在的生存—存在論分析,海德格爾力求在《存在與時間》中將「存在問題」梳理清楚,而其途徑則是「……對時間進行闡釋,表明任何一種存在之理解都必須以時間為其視野」[38]。以此為目標,海德格爾在《存在與時間》中提出了自己工作的計畫:首先對此在的生存論結構進行澄清,並在此基礎上展現此在的時間性作為追問存在問題及存在的意義問題的背景和視野。其次,以此時間性理解去建立時間與存在之間的關係。第三,在前面兩部分內容的基礎上對存在論歷史進行解構。因為外在的職稱評定壓力和由之帶來的撰寫上的時間壓力,海德格爾在 1927 年出版《存在與時間》時只完成了這三部分之中的前兩部分[39],而第三部分則終其一生也沒能完成,或者至少沒能按照他在《存在與時間》中所預告的那種面貌完成。

0.2.3　海德格爾的康德解讀概況

就在大家翹首期盼海德格爾這位「來自德國的大師」將《存在與時間》中宣告的計畫完成的時候,海德格爾卻沒能讓大家如願以償。

他在《存在與時間》出版之後轉到闡釋康德哲學,尤其是闡釋康德的《純粹理性批判》,他於 1929 年在與卡西爾的達沃斯論辯之後出版了《康德與形而上學疑難》,我們認為,這並非海德格爾的即興之舉,而毋寧是他思想發展之必然結果。為什麼這樣呢?

海德格爾的《存在與時間》完成於 1926 年 4 月,並於 1927 年正式出版。

如果按照他自己的預告，在完成了現存版本的《存在與時間》的任務之後，他本該對存在論歷史進行解構。而在存在論的歷史上，他要解構的第一位哲學家就是康德。在 1925 年開始籌劃並寫作《存在與時間》後到 1930 年發布《論真理的本質》的演講標誌其思想發生「轉向」以來的這段時間，海德格爾依次開設了如下講座課程：

1925 年夏季學期：時間概念史導論

1925—1926 年冬季學期：邏輯學：關於真理之追問

1926 年夏季學期：古代哲學的基本概念

1926—1927 年冬季學期：從阿奎那到康德的哲學史

1927 年夏季學期：現象學的基本問題

1927—1928 年冬季學期：對康德的《純粹理性批判》的現象學解釋

1928 年夏季學期，以萊布尼茲為起點的邏輯學的形而上學初始根據

1928—1929 年冬季學期：哲學導論

1929 年夏季學期：德國的唯心論（費希特，黑格爾，謝林）與當代哲學問題

1929—1930 年冬季學期：形而上學的基本概念：世界、有限性和孤寂性

1930 年夏季學期：論人的自由的本質 —— 哲學導論

根據這個列表，我們可以看到，海德格爾在 1925 年夏季學期開設了講座課程「時間概念史導論」（GA20），我們可以將這門講座課程中的內容看作是《存在與時間》的草稿。[40] 在接下來的 1925—1926 年冬季學期，海德格爾開設了「邏輯學：關於真理之追問」（GA21）的講座課程。根據高田珠樹的記載，海德格爾在這門課程中本來要講授的是「計畫中的研究亞里斯多德的真理概念，但在授課過程中逐漸轉到了對康德的多樣性時間概念的討論」。[41] 確切地說，是對康德哲學中的先驗感性論、先驗圖型和經驗類比進行了研究。也恰恰是在這個講座時期，海德格爾對康德有了真正的、屬於自己的理

導論

解，它與新康德主義對康德的理解拉開了距離。在1925年12月10日給雅斯貝爾斯的信[42]中海德格爾說，「最好的地方是我最近開始真正地喜歡上康德了」，[43]在1926年12月26日給雅斯貝爾斯的信中海德格爾繼續寫道：「當我在我的工作過程中思考我本來如何理解康德（即如何學會愛上康德）時，時下所謂的康德主義者全然敵視的東西完全與我無關。」[44]而恰恰是在此講座課程期間，馬堡大學哲學系的系主任走進了他的辦公室，告訴海德格爾必須要出版些什麼了。[45]於是，在這個講座課程結束後，海德格爾暫時中止了自己在這個講座中的思路，回到托特瑙山上的小屋中寫出了《存在與時間》。接下來，在1927年夏季學期的講座課程「現象學的基本問題」（GA24）中——海德格爾將此書看作是《存在與時間》中第一部第三篇的修正稿——海德格爾從康德的論題「存在不是實在的謂詞」入手，區分了resextensa（有廣延的東西）和rescogitans（能思想的東西），並進而引出了在存在與存在者之間的存在論差異，指出時間性對於理解存在論差異乃至存在問題的重要地位。在這個講座課程中，海德格爾對康德的解讀主要涉及康德《上帝證明的根據》一文中的思想、《純粹理性批判》中有關「上帝證明不可能」的部分，以及《道德形而上學》中有關「尊嚴」的部分。在接下來的1927—1928年冬季學期，海德格爾專門開設了「對康德的《純粹理性批判》的現象學解釋」（GA25）的講座課程，在這門課程中，海德格爾集中精力研究了《純粹理性批判》中的先驗感性論以及先驗分析論中的第一卷即概念分析，並提出了《純粹理性批判》實乃一次康德為形而上學奠定基礎的嘗試工作。這次講座中所展示的內容就成了海德格爾1928年9月在里加（Riga）的赫爾德學院發表的「康德與形而上學問題」演講、1929年的達沃斯論壇講座以及與卡西爾的達沃斯論辯的主要內容。後來出版的《康德與形而上學疑難》（GA3）也是在這個講座課程及隨後的這些演講的基礎上寫成的。在1928年夏季學期，海德格爾開設了「以萊布尼茲為起點的邏輯學的形而上學初始根據」（GA26）

的講座課程，在這門課程中（10 到 13 節），海德格爾以「超越」問題為線索對康德的「超越」思想進行了解讀，嘗試從康德的超越論題走向時間性。在 1928—1929 年冬季學期的講座課程「哲學導論」（GA27）中（34 節），海德格爾對康德《純粹理性批判》中的「世界概念」（Weltbegriff）進行了解讀。

除了對《純粹理性批判》感興趣之外，海德格爾對康德的道德哲學也保有了一定的興趣，在 1930 年夏季學期開設的講座課程「論人的自由的本質 —— 哲學導論」（GA31）中，海德格爾對康德《純粹理性批判》的先驗辯證論部分中的第三種二律背反做了解釋。並且同時也討論了《道德形而上學》中的有關問題，於此將康德哲學中的「自由」問題納入了自己的思索範圍之中。除此之外，在 1935 年夏季學期開設了「形而上學導論」（GA40）的課程之後，他於 1935—1936 年的冬季學期開設了以「形而上學的基本問題」為標題但實際上講授的是「物的追問 —— 康德關於先驗原理的學說」（GA41）的講座課程。根據這個課程的講課稿，海德格爾出版了《物的追問 —— 康德關於先驗原理的學說》一書。除了這些專著之外，海德格爾還於 1963 年出版了《康德的存在問題》[46] 一文，收錄於《路標》之中。

在上述提及的海德格爾解讀康德哲學的作品中，《對康德的〈純粹理性批判〉的現象學解釋》、《康德與形而上學疑難》、《物的追問 —— 康德關於先驗原理的學說》和《康德的存在問題》這四部作品是專門用來討論和闡釋康德哲學的。《邏輯學：關於真理之追問》、《現象學的基本問題》、《以萊布尼茲為起點的邏輯學的形而上學初始根據》、《哲學導論》和《論人的自由的本質 —— 哲學導論》則只是闢出專門章節來討論康德哲學。[47] 其中，《康德與形而上學疑難》被稱作海德格爾的「第一康德書」，《物的追問》被稱作海德格爾的「第二康德書」。

除了這些比較集中地討論康德哲學的作品外，海德格爾還在不同時期的不同作品中提及或討論康德的思想。比如 1919 年戰時補救學期的講座課程

導論

「哲學觀念與世界觀問題」[48]、1919 年暑季學期的講座課程「現象學與先驗價值哲學」[49]、1920 年暑季學期的講座課程「直覺與表達的現象學」[50]、1920—1921 年冬季學期的講座課程「宗教現象學導論」[51]、1921—1922 年冬季學期的講座課程「對亞里斯多德的現象學解釋：現象學研究導論」[52]、1923 年暑季學期的講座課程「存在論：實際性的解釋學」[53]、1924 年的演講《時間概念》[54]，1925 年的暑季學期的講座「時間概念史導論」[55]、1927 年出版的著作《存在與時間》[56]、1929 年為慶賀胡塞爾七十壽辰而作的文章《論根據的本質》[57]，以及後期的《從一次關於語言的對話而來——在一位日本人與一位探問者之間》[58]、《哲學論稿》[59] 等。

在上述已經發表的作品之外，海德格爾還曾經開設過許多關於康德哲學的研討課和講座，目前，有關這些研討課的記錄尚未出版。這些研討課跨越了他哲學和人生的不同時期，分別是：1915—1916 年冬季學期的討論課「關於康德的『未來形而上學導論』」，1916 年暑季學期的一個講座「康德與 19 世紀德國哲學」，1923 年暑季學期與艾賓浩斯（Ebbinghaus）一起開設的高級研究班「關於康德《純然理性界限內的宗教》的神學基礎」，1925—1926 年冬季學期的初級現象學練習的討論課「康德的《純粹理性批判》」，1927 年 1 月 26 日在科隆康德協會地方小組前的演講「康德的圖式學說與存在意義的追問」，1927 年 12 月 1 日在波恩康德協會地方小組的演講「康德與形而上學問題」，1927 年 12 月 5 日—9 日，在科隆與馬克斯·舍勒一起開設的講座「康德的圖式論與存在的意義問題」，1928 年中旬在里加的赫爾德協會假期大專院校培訓班中做了「關於康德與形而上學」的系列演講，1928—1929 年冬季學期的討論課「現象學初級練習：康德《道德形而上學基礎》」和「現象學高級練習：存在論原理與範疇問題」，1930 年暑季學期的討論課「初級，康德《判斷力批判》選講」，1931 年暑季學期的討論課「初級練習，康德《論形而上學的進步》」，1931—1932 年冬季學期的討論課「關於康德『本真的

形而上學』的練習（先驗辯證法與《實踐理性批判》）」，1934年暑季學期的討論課「初級練習，出自康德《純粹理性批判》的精選部分」，1936年暑季學期的討論課「給中高級學生的練習：關於康德的《判斷力批判》」，1941年暑季學期的討論課「初級練習，康德的《未來形而上學導論》」，1942年暑季學期的討論課「初級練習，康德的《論形而上學的進步》」。

由此可見，海德格爾的《康德書》乃至於他的康德解釋並非他偶然的即興之作，毋寧是內化於他的思想理路之中，且符合於他的哲思進路之內在必然性。在上述作品中，既有海德格爾專門解讀和解釋康德思想的作品，也有在處理其他哲學問題時偶或提及康德哲學的作品。其中既有他早期開設的講座課程，也有他晚年開設的討論課。海德格爾對康德思想的解讀幾乎貫穿了他的終生。根據海德格爾思想的變化，我們也可以將他對康德思想的解讀作品相應地劃分為三個不同時期。我們把他1925年的講座課程「時間概念史導論」之前的時期界定為解讀康德思想的第一個時期。在這一時期內，雖然從1919年開始，海德格爾逐漸走上了自己的哲學道路，但此時依然沒能將康德思想納入自己草創出的新的哲學的視野之內。當1925年開始準備「邏輯學：關於真理之追問」時，他開始用一種新的眼光即現象學的眼光去重新閱讀和解釋康德，此時也是他準備《存在與時間》的階段。我們將從1925年開始直到1930年代初這段時期，界定為海德格爾解讀康德思想的第二階段。我們將此階段稱為海德格爾解讀康德的現象學階段。接下來，海德格爾在1930年代後思想發生了「轉向」，開始從「存在歷史」的角度去追問存在意義，他也不再特別地強調自己的工作是「現象學的」，與此相應，我們將這最後一個階段稱作海德格爾解讀康德思想的第三階段。值得注意的是，我們這種劃分並不意味著在這三個階段之間是截然分裂的，那不符合實情。在海德格爾那裡，這三個階段毋寧內在統一於他的存在追思之路。我們只是為了更方便地去呈現海德格爾的思想變化才做此區分。

導論

在海德格爾對康德思想進行解讀的這三個階段中,《存在與時間》、達沃斯辯論以及康德書的構思和寫作都發生在第二階段,即他對康德哲學的現象學解讀階段。我們也對這一段時期的海德格爾的康德解釋最感興趣。

0.3 本研究的問題來源

那麼,海德格爾在《存在與時間》的準備階段為什麼要在《邏輯學:關於真理之追問》中去解讀康德?在完成《存在與時間》之後又為什麼要去解釋康德?即為什麼海德格爾要對康德哲學進行現象學的解讀和解釋?這種解讀與解釋在他的思想發展過程中有著怎樣的定位?起著怎樣的作用?

0.3.1 海德格爾的康德解釋在其思想中的位置

眾所周知,與胡塞爾不同,海德格爾在他一生的思想歷程中尤其看重對哲學史上一些比較重要的哲學作品進行解讀,尤其看重與那些重要的哲學家進行對話。但海德格爾絕非哲學史家,他對以往的作品進行解讀,目的絕非要如實、準確地傳達出以往的作品及其作者的真實思想,毋寧要為自己的思想服務。在這種意義上,以往哲學作品的解讀當然被納入了他自己的思想軌道,臣服於他自己的哲思之路。這頗有些「六經注我」的味道。海德格爾本質上是位哲學家和思想家。他會按照自己的理解和領悟去闡釋那些哲學家的哲學理論,其目的是期許能說出該哲學家欲說但尚未說出的思想。他對以往哲學家的哲學理論的闡釋尋求的毋寧是「……思想者之間所要進行的一場思想對話……」,[60]但這樣做往往會破壞歷史語文學的解釋規則。然而,在海德格爾看來,若為思想計,不必墨守歷史語文學的解釋規則之成規。這是因為,即使他的解釋原則與歷史語文學的解釋規則相比存在「錯失」,但「從錯失中,運思者學得更為恆久」。[61]在這種意義上,他繼承的是施萊爾馬赫和狄爾泰等人的浪漫主義解釋學的原則,而不是古典解釋學的原則。

0.3 本研究的問題來源

　　以這種方式成為海德格爾的對話對象和解釋對象的哲學家有：亞里斯多德[62]、柏拉圖[63]、康德、謝林、黑格爾[64]、尼采[65]以及巴門尼德和赫拉克利特等前蘇格拉底時期的哲學家[66]。既然海德格爾解釋過這麼多哲學家的作品，為什麼偏偏我們選取海德格爾的康德解釋作為我們關注的重心和焦點呢？這主要是因為在我們看來，康德解讀在海德格爾思想發展中占有特殊重要的地位和角色。我們這麼說當然並不意味著海德格爾對其他哲學家的解釋不重要，恰恰相反，與其他哲學家的對話在海德格爾的思想發展過程中亦占據相當重要的位置，比如，正是透過閱讀 1907 年格略博神父贈送的布倫塔諾的博士論文——《論存在在亞里斯多德那裡的多重含義》、透過對亞里斯多德哲學中的「存在」問題的關注才使得海德格爾走上日後追問「存在」的意義的哲學道路；正是早期透過對亞里斯多德哲學的解釋才使海德格爾發展出了「解釋學處境」；正是透過對亞里斯多德和柏拉圖的解釋才使得海德格爾充實了對「真理」問題的新理解；正是透過對尼采的解釋才使得海德格爾認真思考並面對現代西方世界的虛無主義的危機問題……

　　我們之所以挑選出他對康德的現象學解釋，是因為它恰好事關如下兩方面的重要問題：一是海德格爾對康德的現象學解釋，一方面是接續《存在與時間》並完成它已然宣告的解構存在論歷史的計畫的重要組成部分，另一方面卻也恰恰是因此工作而終結了他在《存在與時間》中已然宣告的透過對在存在論層次上（ontologisch）和存在者層次上（ontisch）均具有優先地位的此在（Dasein）的生存—存在論分析工作而探究存在的意義的思路。在 1930 年代也就是海德格爾的思想發生了「轉向」後，海德格爾不再將時間看作理解存在和存在的意義問題的超越的視野，也不再在自己的研究中特別聲稱自己的工作是「現象學的」，而轉向去追問作為本有（Ereignis）的存有（Seyn）和存有之真理問題。與此相關的是，在解讀康德的過程中，海德格爾的思想發生了變化，以 1929 年 7 月 24 日弗萊堡大學就職報告《什麼是形而上學》

導論

（作於1928年，出版於1929年）和《論根據的本質》（作於1928年）為標誌，海德格爾提出了對於形而上學具有根本提示性意義的「無」的存在可能性問題。與此同時，進一步地，在1930年發表了《論真理的本質》的演講之後，海德格爾的思想更是以此為標誌發生了轉向，由「海德格爾 I」轉向了「海德格爾 II」，當然，正如晚年海德格爾在他本人回給理查森的信中所寫的那樣，在海德格爾 I 和海德格爾 II 之間並非是全然斷裂的，相反毋寧「只有從在海德格爾 I 那裡思出的東西出發才能最切近地通達在海德格爾 II 那裡有待思的東西。但海德格爾 I 又只有包含在海德格爾 II 中，才能成為可能」。[67] 海德格爾對自己哲思道路的這種自我評價提示給我們的正如他自己所描述的，「道路，而非著作」（Wege，nicht Werke）[68]。無論是「海德格爾 I」還是「海德格爾 II」，揭示出來的都是對「存在」及存在的意義的追問，雖然追問方式不盡相同，但這二者之間並沒有正確與錯誤、優越與低劣的區別，毋寧它們都是在走向揭示「存在」的意義的「林中路」（Holzwege）上。「林中有路。這些路多半突然斷絕在杳無人跡處。」[69] 但在這裡，「海德格爾 I」和「海德格爾 II」之間並非是兩條全然不同、毫無關聯的道路，情況恰恰相反，在「海德格爾 I」所提示出的思路上遭遇了困難，那已經思索出的東西並未能真正地通達「存在」和「存在的意義」，恰恰是這個已經思索出的內容自身的困難逼迫海德格爾走向「海德格爾 II」，走向「海德格爾 II」的哲思內容和哲思之路。而反過來，「海德格爾 II」毋寧說要比「海德格爾 I」更為源始，在某種意義上說，「海德格爾 I」要在「海德格爾 II」之中尋找自己的源頭，唯有這樣，「海德格爾 I」的思路「才能成為可能」。由此可見，在海德格爾的前期思想和後期思想之間的差別並非如其表面上所昭示出的那麼大，二者之間也並不是全然斷裂甚至決然不同的兩種思考路徑。如果沒有「海德格爾 I」的話，那麼「海德格爾 II」將是無從著手、無法通達的。「在關於轉向的思中，《存在與時間》的提問卻以一種決定性的方式得到了完善和補充（er-gaenzt）。」

[70] 反之，有了「海德格爾 II」之後也不意味著就可以不要「海德格爾 I」，也不意味著「海德格爾 I」是錯的。在海德格爾 1957 年的《存在與時間》的第七未修訂版的序言中他自己寫下了這樣的一句話：「如果說詢問存在的問題觸動了我們的此在，那麼，甚至在今天，這條道路也仍是必需的。」[71] 因此，「海德格爾 I」和「海德格爾 II」是一個整體，唯有將「海德格爾 I」和「海德格爾 II」同時納入視野，才會從整體上把握海德格爾運思之路的全貌，才能讓視野中的「海德格爾 I」與「海德格爾 II」互為補充。「唯有統觀全體的人才能補充。」[72]

那麼，「海德格爾 I」的思路是怎樣的？它發生了何種困難？又和我們關注的他的康德解釋有何關係？這些問題就構成了本研究的問題來源。也是本研究的立足點和選題的原因所在。

0.3.2　形而上學、基始存在論與存在論題

眾所周知，海德格爾終其一生都在追索的是「存在」和「存在的意義」問題。儘管按他切入這個問題的具體路徑的不同可以區分出「海德格爾 I」和「海德格爾 II」，然而正如我們上文所說的，在他的前後期思想之間並非是全然斷裂的、毋寧是內在統一的。「存在」(Sein) 問題是形而上學的根本問題，而形而上學問題又是西方哲學的根本問題。在西方哲學的傳統中，在寬泛的意義上來說，「形而上學」(Metaphysics) 的意義大體上是可以等同於「本體論」(Ontology) [73] 的意義的。但如果再進一步作出區分的話，Metaphysics 處理的對象則要比 Ontology 處理的對象要更多一些。

概而言之，Metaphysics 肇始於巴門尼德對 τὸ ὄν 的追問，而成熟於亞里斯多德哲學之中。但事實上，Metaphysics 這個詞本身並不是亞里斯多德的發明，它來自於西元 1 世紀、亞里斯多德手稿的整理者安德羅尼柯 (Andronicus of Rhodes) [74]。其希臘原文 τὰ μετὰ τὰ φυσίκα 字面意本來是

33

導論

指「那些物理學之後的卷章」之意,但安德羅尼柯在編輯亞里斯多德的著作時將那些叫做τὰ μετὰ τὰ φυσίκα的篇章放在《物理學》之後並非偶意為之,毋寧是有其深刻的考慮在其中的:τὰ μετὰ τὰ φυσίκα與τὰ φυσίκα之間並不是像柏拉圖的「理念」(ἰδέα, εἶδος)和「現象」之間一樣的分離關係,毋寧前者就寓於後者之中並在後者之中尋得問題意識和研究起點。亞里斯多德哲學具有的「拯救現象」的特徵就使得他的哲學一方面區別於柏拉圖和巴門尼德,另一方面區別於赫拉克利特。

亞里斯多德的哲思追求的是那真實的東西。而真實的東西在他看來是知識(ἐπιστήμη)。[75]他將知識區分成三種:理論知識、實踐知識和創製知識。其中理論知識的研究對象是那不變的東西,包括自然哲學、數學和第一哲學。他這方面的著作包括《物理學》、《論靈魂》、《論天》和《形而上學》等;實踐知識的研究對象是那可變的與人類事務相關的東西,其內容主要包括倫理學、政治學和家政學,他這方面的著作有《尼各馬可倫理學》、《歐台謨倫理學》、《大倫理學》和《政治學》等;而創製知識的研究對象則是與人類有關的技術性的實用性知識,其內容主要包括《修辭學》和《詩學》。此外,亞里斯多德還有六卷研究邏輯學的著作,將其整合起來也就構成了《工具論》。這三種知識的地位和作用是不同的:理論知識因為其研究對象是確定不變的,因而這種知識是嚴格的、必然的知識;實踐知識因為其研究對象和人相關,而人及人類事務變動不居,所以實踐知識只是「大致如此的知識」[76];創製知識則是為了創造或製作某個東西或對象的,因此,無論是模仿性的創製知識還是實用性的創製知識,都具有某種實用性。

如上所述,亞里斯多德對知識體系的劃分是依照其知識的對象的不同所帶來的該知識自身的確定性程度的差異而進行的。其中,「形而上學」歸屬於理論知識,亞里斯多德也將其稱作「第一哲學」。作為第一哲學的形而上學[77],研究的內容就是「存在」(τὸ ὄν)。引導亞里斯多德思考的主導問題

是「存在是什麼」或者說「作為存在者的存在者是什麼」。而這個問題其實又可以區分為如下兩個問題，即「什麼存在」（τὸ τί ἐστίν）與「如何存在」（ὅτι ἐστίν）。然而，由於亞里斯多德認為存在不可定義，所以對存在的研究只能透過研究存在的存在方式來實現。他在《形而上學》第五卷中區分出了四種意義上的「存在」：「作為範疇的存在」（τὸ ὂν τῶν κατηγοριῶν）亦即「作為自身的存在」（τὸ ὂν ᾗ ὄν）、「作為偶性的存在」（τὸ ὂν κατὰ συμβεβηκός）、「作為真的存在」（τὸ ὂν ὡς ἀληθές）與「作為潛能與現實的存在」（τὸ ὂν δυνάμει-ἐνεργείᾳ）。[78] 在這四種「存在」之中，真正值得研究和關注的是第一種「作為範疇的存在」和第四種「作為潛能與現實的存在」。這是因為「作為偶性的存在」由於其存在方式以這樣或那樣的方式要依賴於「作為自身的存在」，所以不是最真實的存在。而「作為真的存在」由於它只和命題的肯定與否定有關，因而是邏輯學的研究內容。「作為潛能與現實的存在」因為關涉到事物的生成和變化，所以更多地傾向於是《物理學》的研究內容。因此只有「作為自身的存在」才是形而上學真正的研究內容，他認為這種作為自身的存在的存在方式是範疇，「就本身而言者是指範疇類型所表示的那些；因為有多少種方式陳述，『存在』就有多少種意義」[79]。在亞里斯多德看來，最基本的範疇有十個，其中有一個不依賴於其他九個範疇而相反其他九個範疇要依賴於它，它不述說任何其他範疇而相反可以被其他範疇述說，這個範疇最為根本也最為重要，它就是「實體」（οὐσία）。[80] 這樣，亞里斯多德也就將追問τὸ ὄν的問題轉化為了有關οὐσία的問題。οὐσία這個詞是從古希臘語中動詞不定式εἶναι的現在分詞的陰性形式οὐσά轉化而來，而ὄν則是εἶναι的現在分詞的中性形式。因此τὸ ὄν和οὐσία歸根到底都和εἶναι有關。

這就是亞里斯多德的第一哲學也就是他的形而上學的研究內容。因此他也時常將自己的第一哲學稱為研究有關「τὸ ὂν ᾗ ὄν」（being qua being）的問題。由於這個問題所具有的獨特的窮根究底性，因此也可以被認為是研究

關於第一原則或有關終極原因（根據）的學問，這也就和亞里斯多德的「神學」的研究內容關聯在了一起。雖然亞里斯多德的「神學」和基督教為上帝信仰進行辯護的神學並不相同，但因為其共有的終極性關懷而有關聯起來的可能。於是，當進入到中世紀之後，形而上學的內容被進一步細化，C. 沃爾夫（Christian Wolff）對其加以總結，「把形而上學分成四部分：本體論（關於是或存在的一般理論）、理性神學（關於上帝）、理性心理學（關於靈魂）以及理性宇宙論（關於世界）。」[81] 這種對形而上學的劃分也為康德所繼承。

但事實上，Ontology 這個詞並非自古就有，而是直到 17 世紀時才出現。「人們公認本體論（ontologia）一詞是由 17 世紀德國經院哲學家郭克蘭紐（R.Goclenues，1547—1628 年）在《哲學辭典》（Lexicon Philosopicum，1613，第 16 頁）中最早使用的，創造了這個概念作為形而上學的同義語。」[82] 郭克蘭紐發明 ontology 這個詞是用它來專指一門研究 τὸ ὄν（存在）的學問或學科（-logy）。儘管如此，不過事實上郭克蘭紐可能並不是第一個專門使用 ontologia 這個詞的人，「在一位不知名的作者 JacobLorhard（1561 1609）1606 年出版的 Ogdoas Scholastica 一書中，已經使用了 ontologia」。[83] 由此，在一種寬泛的意義上來說，形而上學（Metaphysics）與本體論（Ontology）是同一的，但若從嚴格的意義上來說，後者包含在前者之中。

從寬泛的意義上來說，無論是形而上學問題，還是本體論問題，一言以蔽之就是在追問「存在」問題。而海德格爾的問題之所在也是這個存在問題。在海德格爾看來，傳統形而上學和本體論雖然打著追問「存在」的名義運思，但是卻遺忘了存在問題。而這也就是說，遺忘了形而上學是否可能的問題。

這個問題可以分解成兩個方面，一方面是形而上學的內容問題，另一方面是探求形而上學問題的方法問題。形而上學的內容很簡單，就是存在問題。但探求這個存在問題的方法卻是可以變更的。採取不同的發問視角和研

0.3 本研究的問題來源

究方法就會探求到不同的內容。這是因為在這些不同的視角內部已經有一種視角上的「先行之取向」。海德格爾之所以說以往的哲學遺忘了存在問題，是因為以往的哲學都將存在變成了存在者而固化了存在，他們沒能認識到在「存在」與「存在者」之間有著存在論差異。因而，以往的那些研究雖然名義上是在追問「存在」，但最後卻都變成了對「存在者」的探究。所以，重新喚起存在問題一方面就是要針對存在本身進行發問，將「存在」的原本內容如其自身所是地納入發問的問題域之中，並將它的內容和意義重新召喚出來，另一方面則需要提出與之相適應的方法。

這就要求：首先，重提存在和存在的意義問題並找到合適的發問角度。其次，找到探究存在問題的合適的方法，從而保證運用這種方法去探究「存在」問題時能如其所是地通達存在，能如其所是地把握存在並如其所是地將其傳達出來。

在海德格爾看來，存在不等於存在者，不能對存在進行屬加種差式的概念化定義，不能對其採取認識論式的研究方式，不能因為人們貌似都對存在有所領會、貌似都能對存在有所言說而就放棄了對存在的探究。否則，人們就會放任存在不經追問，貌似對「存在」具有真知而實際卻一無所知。就會出現象柏拉圖在《智者篇》中所指出的情況：「當你們用到『是』或『存在』這樣的詞，顯然你們早就很熟悉這些詞的意思，不過，雖然我們也曾以為自己是懂得的，現在卻感到困惑不安。」[84]

那麼，海德格爾的思想與以往的哲學相比，具有哪些不同點呢？他追索存在問題的思路又有什麼獨到之處呢？海德格爾的前期代表作《存在與時間》的思路是這樣的，「其初步目標則是對時間進行闡釋，表明任何一種存在之理解都必須以時間為其視野。」[85] 具體來說，他首先指出在「存在」與「存在者」之間有著「存在論差異」，存在不等於存在者。將對存在的追問當作對存在者的追問來思考和探究的話，其結果就是將存在變成了「實體」而遺忘了

存在本身。繼而指出在「存在論層次上」和「存在者層次上」對於理解「存在」及存在的意義問題具有優先地位的是此在，然後他透過對此在的生存—存在論分析清理出時間和時間性。一旦充實了此目標之後，也就可以顯示：「一切存在論問題的中心提法都植根於正確看出了的和正確解說了的時間現象以及它如何植根於這種時間現象。」[86] 當此目標達成之後，海德格爾再試圖從時間（Zeit）和時間性（zeitlichkeit）出發重新對存在進行解說和界定。這種解說和界定被海德格爾稱為「時間狀態上的」(temporal) 規定。「我們從時間出發來規定存在的源始意義或存在的諸性質與諸樣式的源始意義，我們就把這些規定稱為時間狀態上的（temporal）規定。」[87] 當把這種時間狀態上的規定清理清楚之後，存在的意義自然也就得到了彰顯，至少為它的彰顯提供出了一個基地或者說清理出了一個場域。

0.3.3 海德格爾的現象學的解釋學與存在論歷史的解構

但是，事情到此並未結束，海德格爾接下來要以此為工具去「解構」(Destrucktion) [88] 存在論的歷史。他的這一想法有著深刻的思想依據。我們不妨從海德格爾與胡塞爾的哲學觀的差別入手去理解這個問題。海德格爾與胡塞爾的區別在於，胡塞爾要建立「作為嚴格科學的哲學」(*Philosophie als strenge Wissenschaft*) [89]，而海德格爾卻要建立「作為源初科學的哲學」(*Philosophie als Urwissenschaft*) [90]。*strenge Wissenschaft* 與 *Urwissenschaft* 之間的共同點都是要「回到事情本身」(zu den Sachen selbst) [91]，都是要回到哲學的「源頭」並對該源頭進行清理，從而為建立一種科學的哲學提供堅實可信的基礎，這樣，在19世紀末20世紀初德國哲學界中盛行的自然主義、心理主義和歷史主義就成了二者共同的敵人。

胡塞爾的興趣之所在是建立一門「嚴格科學的哲學」，要想建立一門科學的哲學，就要能夠做到在基礎、方法和主導問題上都獲得科學性。於是，

胡塞爾透過現象學還原的方式將有關哲學的一切既得之見都「懸置」掉，直到獲得「起源的明晰性」。這種明晰性意味著「澈底的無前提性」，當對「起源」的澄清與說明達到了無需借助其他觀念、思想等手段為媒介而能直接向人們的意識顯現出來，達到這樣的狀態也就獲得了起源的無前提性和「明晰性」。為了獲得這種明晰性，需要被懸置掉的內容有：首先，所有私人的觀點、立場和看法亦即個人的各種世界觀；其次，我們既有的理論以及從傳統中流傳下來的種種理論，這是因為「我們不接受任何現有的東西，不承認任何傳統的東西為開端」[92]；最後，我們關於世界的「自然態度」。透過這樣的現象學還原，胡塞爾最終把他的哲學的起點或者說基點置放在了直覺上，但這種直覺並非是感性直覺，而是範疇直覺，即本質直覺，在某種意義上也可以算是一種理智直覺。但這種直覺直覺到了什麼內容呢？答案就在於意識的意向性活動提供出來的意識經驗。而其又包括意向活動（noesis）和意向對象（noema）。

胡塞爾透過這種對意識的意向性的分析超越了傳統認識論的主客二分的思維方式，而深入到了主客二分的思維方式未分化之前的意識經驗的源始境域。在這個境域中，意識的各種經驗被原初地給予，因為這種被給予性而獲得明見性。與傳統的認識論區分出認識主體和認識對象不同，胡塞爾處的意向對象在其被給予意識的過程中伴隨有各種各樣的被給予方式諸如感知、回憶、期待、相信、猜測等等。意向對象在向意識給出時總是伴有特定的意向體驗（intentionales Erlebnis）。認識主體如何能超出自身而符合外在的客觀對象的這類問題就被胡塞爾消解在了意識的意向性分析之中：在意識的意向性中，主體和客體是一體的，本質和現象也是一體的，本質不是與現象不同的、存在於其背後的東西，本質不是需要運用人的理智對現象進行抽象、辨識而從中概括出來的更深層次的或者是現象背後的東西，本質毋寧就存在於現象之中，二者是同一的；意識總是指向一個對象，沒有無意識的對象，

導論

也沒有無對象的意識。

胡塞爾透過現象學還原的方法將意識行為一步步地向根源處還原,直到直接向意識呈現的、無前提的、可憑藉直覺而直接把握到的意識的被給予性的層次和程度。他認為感知(感性感知)是最基礎的意識行為,它可以為想像奠基,感知和想像二者共同構成了直覺行為,而直覺行為又為包括了圖像意識和符號意識在內的非直覺行為奠基。直覺行為和非直覺行為一起構成了表象性的客體化行為。而表象性的客體化行為為判斷性的客體化行為奠基,二者又一起構成了客體化的意識行為,客體化的意識行為則為包括了像愛、恨這樣的情緒性體驗在內的非客體化的意識行為奠基。客體化的意識行為和非客體化的意識行為則構成了人類所有的意識行為類型。[93] 這樣,胡塞爾的現象學就締造了一個建立在意識的直覺行為之基石部分的感知行為基礎上的嚴格的奠基體系。與此同時胡塞爾也就建立了一個奠定在意識的意向性分析基礎上的嚴格的體系哲學。

胡塞爾的這種體系哲學因其嚴格的奠基關係將歷史和歷史性排除在了自身之外。因此在德國哲學19世紀末20世紀初在「體系」與「歷史」之間的「方法論之爭」[94] 中偏向了前者。這不僅在他的描述現象學和先驗現象學階段如此,就算在他後來提出了發生現象學和生活世界現象學,情況依然如此,他仍然沒有認真地將歷史和歷史性納入自己的哲學之中。在這種意義上,他雖然後來寫出了《幾何學的起源》,表明他對歷史問題有所思考,但是他這種對歷史的思考依然停留在對意識的意向性分析的範圍之內,只不過是將意識的意向性從橫向意向拓展到了縱向意向,從橫向的本質直覺拓展到縱向的本質直覺而已。胡塞爾後期對歷史的思考和把握只是縱向的本質直覺的結果,而與歷史事實的豐富性、差異性和異質性沒什麼關係,相反,這些內容毋寧是要被懸置掉的。他的「歷史現象學的首要任務就是從既有的歷史事實出發,對歷史進行本質還原,解釋出歷史中的先天結構或意義基礎,從而使歷

史傳統變得可以理解」。[95] 因此，即使是他晚期的歷史現象學——如果有的話——也只是想獲得在紛雜的歷史事實和傳統的傳承之中的本質結構。他的歷史現象學是「一種超出一切歷史事實、一切歷史環境、民族、時代、人類文明的先天科學」。[96]

而海德格爾則與胡塞爾不同，恰恰相反，他的哲學將歷史和歷史性組建進了自身之中。在他寫於 1962 年的文章《給理查森的信》中，他甚至將對歷史性的哲學意義的思考看作自己與胡塞爾現象學分道揚鑣的關鍵所在，「在此期間，胡塞爾意義上的『現象學』逐漸形成了一套追隨自笛卡爾、康德和費希特以來的規範的哲學立場。而這一立場與思的歷史性卻始終毫不相干。」[97] 雖然海德格爾出身於新康德主義西南學派的哲學氛圍之中，但他對歷史和歷史性的強調卻與文德爾班和李凱爾特的文化—價值哲學關係不大，甚至後者更是在他 1919 年開設的講座課程「現象學與先驗價值哲學」中成為了他的批判對象。概括起來說，海德格爾對歷史與歷史性的強調，其思想來源主要有如下幾個：天主教神學家亨利希·芬克、哲學家狄爾泰、李凱爾特（儘管李凱爾特的思想是作為他的批判對象而出現在他 1919 年之後的思想之中的）、歷史學家蘭克、德羅伊森和約克伯爵等人。海德格爾早在他 1916 年的教職入職測試講座（test lecture）「歷史科學中的時間概念」中就已經對歷史有了自己的看法，只不過這種看法依然帶有新康德主義的痕跡。他在該文中指出，歷史科學與自然科學不同，後者之中的時間概念是一種量的時間概念，而前者之中的時間概念是一種質的時間。他的這種思想在 1919 年之後有所變化。

以 1919 年戰時補救學期開設的講座課程「哲學觀念與世界觀問題」為標誌，海德格爾真正走上了自己的哲學道路，他的哲學追求建立的是「作為源初科學的哲學」，這樣的哲學尋求把握人類源初的實際生命經驗。因為這樣的實際生命經驗自身就已經是「歷史的」，具有「歷史性」，「生命現象按

其本己的基本意義來看是『歷史的』，本身只有『歷史地』才可通達」[98]。所以，能把握這樣的具有歷史性特徵的實際生命經驗的哲學，就只能將歷史性納入自身之中。而且，更進一步地，「在哲學難題中的歷史的東西（das Historische）源始地已然在此存在」[99]。據此，他對胡塞爾堅持的澈底的無前提性式的哲學「起源」進行了批評，「源始性（Urspruenglichkeit）之意義並非一個外在於歷史的或者超越於歷史的理念，不如說，此種意義顯示在這樣一回事情上，即：無前提性本身唯有在實際地以歷史為取向的固有批判中才能被充實。那種連續的為充實其本身的關心之實行恰好構成了它本身。」[100] 但因為這樣的具有歷史性特徵的源初的實際的生命經驗自身就是非理論、非客觀化的，是前理論前世界性的，因此對它的把握，不能靠黑格爾的思辨形而上學的方式，也不能像新康德主義那樣將其還原到主體先天的認識結構與邏輯結構（馬堡學派）或者先驗價值哲學（弗萊堡學派）的方式來實現，更不能靠既有的歷史科學的方式去實現。胡塞爾的現象學也並不足以完成這個任務，因為胡塞爾的興趣是建立一種非歷史性的體系哲學，於是，海德格爾就借助於狄爾泰的生命哲學和解釋學對胡塞爾的現象學進行了改造，形成了他自己獨特的解釋學的現象學或者現象學的解釋學。

鑒於海德格爾的上述思想，那麼，在他看來，哲學、思想就是「歷史的」、具有歷史性。對於「存在」來說，也是如此，存在自身就有其歷史並且它自身毋寧就是歷史性的。

這樣，對於《存在與時間》來說，當對此在進行生存─存在論分析並依此而充實一種時間視野，並運用該視野去清理存在的源始意義，從而得到一種時間狀態上的規定之後，問題並沒有結束。因為哲學和存在對於海德格爾來說並不是體系性的，毋寧是歷史性的：「存在」問題及「存在的意義」有其歷史，有其傳統，儘管在海德格爾眼中既往的哲學史都已經遺忘了存在，但這也是一種存在的命運，這也是一種存在的歷史。因此，為了獲得源始而本

真的存在的意義，海德格爾接下來還要依據因對此在的生存—存在論分析而充實的時間狀態為考察視角去解構傳統哲學史上或者說存在論的歷史中對「存在」的各種流俗的或者說非本真的理解，所謂的「解構」意思就是說打破既往的各種本體論理論的理論體系，將由這些以理論性、對象化姿態所凝固化了的源始的有關存在的理解和有關存在的經驗解放出來。「這種解構任務相當於那種闡明，即對於哲學的基本經驗從中源起的那些給出動機的源始情境的闡明。」[101] 海德格爾指出，要以一種「重演」（Wiederholung）的方式將這些源始經驗以及那些源始情境承傳下來。最終的目標在於重建形而上學，或者至少為重建形而上學奠基或者說開拓場域。但「重演」並不意味著讓一切再從新發生並經歷一遍，正如他自己所說，「在《存在與時間》第一頁上有關『重演』（Wiederholen）的談論是經過審慎考慮的，重演並不意味著對永遠相同的東西作一成不變的滾動，而是指：取得、帶來、聚集那遮蔽於古老之中的東西。」[102]

依此思路，《存在與時間》計畫寫兩部，第一部是「依時間性闡釋此在，解說時間之為存在問題的超越的視野」[103]，我們可以將此條路看作是從此在到時間之路。第二部是「依時間狀態問題為指導線索對存在論歷史進行現象學解析」[104]，儘管他只列出了一個綱要，但顯然綱要中羅列出的部分是《存在與時間》的題中應有之義。這條道路可以看作是從時間到存在之路。關於這兩部的具體內容，海德格爾是這樣設計的：

第一部分成三篇：
準備性的此在基礎分析
此在與時間性
時間與存在
第二部同樣分為三篇：
康德的圖型說和時間學說 —— 提出時間狀態問題的先導

導論

笛卡爾的「Cogito sum」（我思我在）的存在論基礎以及「res cogitans」（思執）這一提法對中世紀存在論的繼承

亞里斯多德論時間——古代存在論的現象基礎和界限的判別式[105]

然而，或許是由於外在的評定職稱帶來的時間壓力，或者是由於他內在的思想困境，他的《存在與時間》並沒能完成，或者至少沒能按照他上面的這個計畫設計的樣子完成。海德格爾1927年夏季學期在馬堡大學開設了「現象學的基本問題」的課程。在以講稿為底本出版的《現象學之基本問題》（GA24）這本書的第一個腳註中他這樣寫道：「這是《存在與時間》第一部第三篇的修訂稿。」[106] 而有關《存在與時間》的第二部，正如他在1957年為《存在與時間》的第七版寫的序言中說的，「時隔四分之一個世紀，第二部分將不再續補，否則就必須把第一部重新寫過」[107]，所以第二部分他一直沒有寫出來。

當然，可能也有人認為，海德格爾在《現象學之基本問題》中討論康德的部分、《對康德〈純粹理性批判〉的現象學解釋》和《康德書》加在一起實質上可以充當第二部分的第一篇，在《現象學之基本問題》中討論的笛卡爾的部分可以充當第二部分中的第二篇，而他早期對亞里斯多德的解釋性著作外加1931年夏季學期的講稿《亞里斯多德：形而上學之第九章》（GA33）可以看作對亞里斯多德的存在論的解構，因此海德格爾的《存在與時間》中宣告的計畫實質上是完成了的。但這種看法有牽強附會之嫌。就拿《現象學之基本問題》來說，雖然海德格爾自稱它是《存在與時間》第一部分第三篇的修訂稿，但這本書恐怕還並不如《存在與時間》宣告的計畫中估想的那樣成熟，毋寧是在為這個計畫的完成做一個思路上的準備。[108] 而他後來對康德的現象學解釋也具有同樣的特徵，就更不要說對笛卡爾與亞里斯多德的存在論進行解構了。進一步說，海德格爾在1930年代之後，對亞里斯多德的關注相應弱化了，他對哲學史的解讀重點也轉向了尼采和前蘇格拉底哲學。

0.3.4 《存在與時間》與海德格爾對康德的現象學解釋之間的解釋學循環

然而，為何會出現這樣的情況呢？

如果按照他自己的說法，可以將《現象學之基本問題》看作是《存在與時間》的第一部第三篇的修訂稿的話，那就意味著，這部分內容儘管並未成熟，但思路是清理出來了，那麼，按照計畫，接下來的工作就要以時間狀態為視角去解構康德的存在論了。事實上，他接下來也的確是這樣做的，在 1927—1928 年第一學期他開設了「對康德《純粹理性批判》的現象學解釋」的課程，在 1929 年出版了《康德書》，因此，他的康德解讀不僅在他以《存在與時間》中所開創的透過對此在的生存—存在論分析的道路去充實時間與時間性，並在此基礎上以時間狀態為視角去解構傳統本體論中的存在理解，從而力求解讀出存在的源始意義這條思路上占據重要的地位，而且如果從歷史發生學的角度來看，恰恰是他在對康德進行現象學解釋之後，他的思想開始發生了變化，他終結了「海德格爾 I」的思路而在同時期開始轉向「海德格爾 II」，因此，理解海德格爾對康德的現象學解釋工作對於爬梳海德格爾的思想由「海德格爾 I」轉向「海德格爾 II」就十分重要。

此外，理解海德格爾對康德的現象學解釋對於理解海德格爾《存在與時間》的來源亦十分重要，正如我們在本導論第二部分中提到的，在 1925 年 12 月 10 日給雅斯貝爾斯的信中海德格爾說，「最好的地方是我最近開始真正地喜歡上康德了」[109]，在 1926 年 12 月 26 日給雅斯貝爾斯的信中海德格爾繼續寫道：「當我在我的工作過程中思考我本來如何理解康德（即如何學會愛上康德）時，時下所謂的康德主義者全然敵視的東西完全與我無關。」[110] 並且，他在 1925—1926 年冬季學期開設的「邏輯學：關於真理之追問」中專門對康德哲學中的時間概念（先驗感性論和先驗圖型）進行了解釋，而這段時期恰巧是海德格爾準備和寫作《存在與時間》的時期。最關鍵的是，在海德

導論

格爾自己看來，康德無疑算是自己的先驅：「曾經向時間性這一度探索了一程的第一人與唯一一人，或者說，曾經讓自己被現象本身所迫而走到這條道路上的第一人與唯一一人，是康德。」[111] 在這種意義上，康德哲學又構成了海德格爾基始存在論[112]的思想來源。

對於解構康德思想的工作的必然性，海德格爾自己也有清楚的表述：

首先，在《康德與形而上學疑難》第一版序言中他這樣寫道，「對《純粹理性批判》的這一闡釋與最初擬寫的《存在與時間》第二部分緊密相關。」[113] 這種「緊密相關」的意思是說，他在《對康德〈純粹理性批判〉的現象學解釋》與《康德書》中所做的工作與《存在與時間》中計畫的第二部分即解構存在論的歷史——在這裡尤其指解構康德的圖型說與時間之間的關聯——是內在相關的，然而二者並不能完全等同，並不能把後兩者就看成是《存在與時間》中第二部分第一篇的替代品。因為「在《存在與時間》的第二部分中，本書研究的主題將在一個更為寬泛的提問基礎上得到探討。在那裡，我們對《純粹理性批判》將不會進行某種逐步展開的闡釋，目前的這本書應當成為其準備性的補充」。[114] 因此，在這種意義上，雖然他的《對康德〈純粹理性批判〉的現象學解釋》與《康德書》所要處理的問題及其內容應是《存在與時間》中宣告的計畫的接續與有機組成部分，不過，就海德格爾而言，它們仍然只是一個準備和補充，我們不可以把它就等同於《存在與時間》中第二部分的第一篇。這說明，海德格爾在《對康德〈純粹理性批判〉的現象學解釋》與《康德書》中做的工作依然只是探索，他的思路尚未充分理清。

其次，海德格爾這一時期的康德解讀不僅是為了完成《存在與時間》之中的未竟內容服務，同時更是為了他關注的主要問題即追問「存在」及「存在的意義」問題服務。在《康德書》的第四版序言中有這樣的文字：「僅僅透過《存在與時間》——這一點很快就清楚了——人們還沒有進入真正的問題。」[115] 這句話到底是什麼意思呢？這是因為《存在與時間》本意是透過

0.3 本研究的問題來源

重提存在問題而追問存在的意義,但實際上卻只完成了計畫中的三分之一,其主要工作在於透過對此在的生存—存在論分析而充實一種時間和時間性視角,但這樣的話,從他已經出版的《存在與時間》來看,就並沒能達成自己的目的,因為他沒能從「時間」走到「存在」。因此這本書毋寧叫做《此在與時間性》反倒顯得更為恰切些。就他對時間和時間性的分析依賴於對此在的生存—存在論分析這種意義上來看,他的哲學有被誤解為哲學人類學的可能。

因此,他出版《康德書》還有一個動因就是,澄清《存在與時間》中的思路,解釋自己的哲學目標,為自己的哲學工作辯護。海德格爾明確指出,「到1929年,已經變得很清楚,人們誤解了《存在與時間》中提出的存在問題。」[116] 這樣,他便要透過《康德書》向自己的讀者解釋,《存在與時間》不是為了構建一種哲學人類學,毋寧是在追問存在論問題,要追問存在的意義並為一種可能的存在論奠基。這樣,從澄清自己哲學的性質、目標和任務的角度也逼迫他必須接著《存在與時間》向前走。既然《存在與時間》完成了從存在到此在,從此在到時間的道路,那麼接下來就要以《存在與時間》中已獲得的視角為指導,從時間走向存在。而恰好在康德這裡,他發現了將時間與存在勾連起來的可能。「在準備1927/1928冬季學期關於康德《純粹理性批判》的課程時,我關注到有關圖式化的那一章節,並在其中看出了在範疇問題,即在傳統形而上學的存在問題與時間現象之間有一關聯。」[117] 但其實,海德格爾這種說法偏向保守,因為在《存在與時間》中,他就曾明確地表述過圖式化與時間及他的基始存在論之間存在內在相關性了。

因此,鑒於上述說明,無論是他內在思想的發展要求還是為了澄清外界的誤解的要求,都需要他轉向康德並解構康德。在這個意義上,他才說:「這樣,從《存在與時間》開始的發問,作為前奏,就催生了所企求的康德闡釋的出場。康德的文本成為一條避難出路,在康德那裡,我尋覓我所提出的存

在問題的代言人。」[118]

第三，正是因為他發現了康德有關圖式化的那一章節中，給出了「傳統形而上學在存在問題與時間現象之間」的關聯，這種看法也和他在《邏輯學：關於真理之追問》中對康德的先驗感性論和先驗圖式的研究工作相關，與他在《存在與時間》中對康德的論述是一脈相承的，即「康德是曾經向時間性這一度探索了一程的第一人與唯一一人」。[119]因此，在這種意義上，從康德的時間理論向前再推進一步，也就走到了海德格爾的《存在與時間》的路上，之所以康德並沒能做出如此工作，是因為他在這一步面前「退縮」了，而致使康德退卻的理由在海德格爾看來有三：其一是因為「他一般地耽擱了存在問題」[120]，這也就是說，康德沒有「先行對主體之主體性進行存在論分析」[121]，康德因為更關注知識何以可能的認識論問題而沒能將主體從存在論層面上推展到此在。其二，康德雖然已經在先驗感性論與先驗圖式的討論中將時間與主體關聯在一起，認為時間是先天感性直覺形式和讓範疇運用到經驗之中、整合感性經驗以及溝通感性經驗和知性範疇的工具，但因為他沒能在存在論上給予此在以優先性地位，因此就沒能從對此在的生存—存在論分析的角度去追索時間，他對時間的理解依然處於一種流俗理解。「儘管康德已經把時間現象劃歸到主體方面，但他對時間的分析仍然以流傳下來的對時間的流俗領會為準。」[122]這樣，康德在他的哲學範圍內就沒能釐清「時間」與「我思」之間的關係。第三，因為上述兩點，當康德站在超越論想像力面前時，就無法真正地領會超越論想像力及其發生的源始的時間的力量及其現象學意義，超越論想像力在他面前變成了一道「深淵」。面對這道「深淵」，康德有些困擾、有些不知所措。所以他不得不「退縮」了。這樣他也就只能停留在生存—存在論的大門口而沒能進一步向前取得現象學的突破。不過，在海德格爾看來，儘管康德最後沒能完成這一突破，但他仍然向《存在與時間》中的時間性思想走了最近一程。因此，正如我們在前文中所點明的，恰恰在這

0.3 本研究的問題來源

種意義上,康德哲學又成為了《存在與時間》的先行者和領路人。恰恰以這種方式,海德格爾把康德哲學尤其是《純粹理性批判》看作是《存在與時間》的「歷史性導論」。海德格爾認為,透過這部「歷史性導論」,能讓人們更清楚地領會他的《存在與時間》的問題來源和思路來源,能讓人們更清楚地了解他的《存在與時間》的內容和主旨,也就可以在一定程度上避免人們對他的哲學人類學式的誤解。「本書作為『歷史性』的導論會使得《存在與時間》第一部分中所處理的疑難索問更加清晰可見。」[123]

在這種意義上,海德格爾對康德的現象學解釋尤其是《康德書》也就具有了雙重性質,一方面是《存在與時間》的「歷史性導論」,透過對《純粹理性批判》的現象學解釋而在主體和時間之間建立起關係,並透過對主體的現象學解釋而將其轉化為此在,進而引出此在的生存—存在論分析與時間性闡釋。我們可以借用赫拉克利特的概念把此條路稱為「向下的路」。另一方面它又是《存在與時間》中計畫好了的解構存在論歷史的一個有機環節。因為按照他在《存在與時間》第八節中的構思,當他透過對此在的生存—存在論分析得到了時間與時間性之後,又要以時間狀態為視野去解構康德哲學,尤其是《純粹理性批判》中的時間學說,從而走上從時間到存在的道路。我們可以將此條路稱為「向上的路」。在這種意義上,在《存在與時間》與《康德書》之間就構成了一個解釋學循環。

最後,海德格爾認為,康德的工作是要為存在論奠基,是要挖掘存在的意義,因此《康德書》把《純粹理性批判》看作是一次「為形而上學奠基」的嘗試。「所謂的形而上學問題,它說的是 —— 存在問題」[124],而不是一種認識論的工作。但是,如果按照《存在與時間》中宣告的計畫,他這部分工作本應該是借助於對此在的生存—存在論分析所贏得的時間和時間性為視域,借助於時間狀態為工具去解構康德的存在論,從而將存在的源始意義從康德的既有的理論體系中「解構」出來,進而得到源始的存在經驗。但在《康

導論

德書》中卻並未這樣做，毋寧是按著《現象學之基本問題》中第一部分的思路繼續運思，揭示康德的先驗圖式和先驗想像力中所具有的時間性含義，進而從中運思出從康德哲學到《存在與時間》的道路，對康德哲學的解讀在這裡所起的作用是作為《存在與時間》的「歷史性導論」的作用，因此，在他這裡只有「向下的路」，而沒有「向上的路」。但正如赫拉克利特所說的，「向下的路和向上的路是同一條路。」[125] 在海德格爾這裡，從康德哲學到他的基始存在論以及由他對此在的生存—存在論分析得到的時間性思想和時間理論回溯到康德《純粹理性批判》中的時間學說其實也是同一條路。只是在他的「向下的路」和「向上的路」這兩條思路之間構成了一種解釋學循環，這種循環意味著一方面可以透過「向下的路」從康德的《純粹理性批判》走到《存在與時間》之中的時間和時間性思想，從而表明在存在論之中，時間和存在之間向來有一種內在的關聯，但這種關聯卻常常為人們忽略，從而人們就遺忘了存在的意義問題以及對這一問題的提問。同時，另一方面也就意味著，可以從《存在與時間》中的思路再返回頭來走「向上的路」去闡明在康德哲學中時間與存在的關係，最終達到從基始存在論走到一般存在論的目的，即脫離開此在而揭示存在本身的意義的目的。如果按照解釋學循環的本意來看，在這「向下的路」和「向上的路」的相互解釋中，一定會展現出更多的內容、意義和對存在的領會。不過，為什麼海德格爾做完這些工作後，沒有能將「向上的路」走完？為什麼沒能按照《存在與時間》之中計畫的那樣繼續去解構笛卡爾和亞里斯多德的存在論，從而闡明存在的意義？為什麼《康德書》作為《存在與時間》計畫中的解構康德存在論的準備性作品卻沒能催生出更成熟的思路呢？而且，海德格爾在《康德書》發表完之後不久就在 1930 年以發布的《論真理的本質》的演講為標誌走上了「轉向」之路。那麼，海德格爾對康德哲學的現象學解釋與他思想的這種「轉向」有關係嗎？與上述問題相關，海德格爾又是怎樣以他的基始存在論為視野去對康德哲學，尤其是《純粹理性

批判》進行現象學解釋的？他又是怎樣透過這種現象學解釋一步步解讀出康德時間理論的存在論意義的？在這個過程中到底又發生了什麼，從而導致他思路扭轉？這些就是本研究關注的問題所在，也是本研究試圖解決的問題。

0.4 研究現狀

關於海德格爾對康德的解讀，國內外目前都有了一些很好的論述。為我們的研究提供了很好的基礎。

對於海德格爾解讀康德哲學的主要作品，靳希平教授在《海德格爾的康德解讀初探》一文中以及 Daniel O.Dahlstrom 在《海德格爾在馬堡的康德課程》一文中進行了介紹。這樣，就使我們對海德格爾解讀康德思想的文本概況有了大致的了解。對於這方面的訊息，我們在本導論第二節中已經做了詳細說明，在此不再贅述。

而就對海德格爾的康德解釋的思想方面的解讀而言，無疑從《康德書》問世的時候就已經開始了，譬如卡西爾和奧德布萊希特就曾經寫過書評來批評海德格爾的《康德書》，海德格爾也曾經針對他們的書評寫過回應文章。[126] 就海德格爾在世時圍繞他的康德解讀的批評與反批評來說，更多的是圍繞如何正確地理解康德哲學——既包括如何正確地理解康德的文本也包括如何正確地領會康德哲學的本意——這個問題而展開的。指責海德格爾的康德解釋的人認為他沒有遵守正確的解釋規則，因而有違康德哲學的本意，卡西爾甚至指責海德格爾「篡改」了康德的思想。勒維特也指責海德格爾的康德解釋，他認為在海德格爾的康德解讀那裡，康德的意味太少了。[127] 我們認為，隱藏在這種爭論背後的，與其說是思想觀念和哲學觀點的不同，倒不如說是不同的解釋學原則之爭。以卡西爾為首的一方相信文本的意圖和作者的意圖是同一的，並且存在一種客觀的解釋學原則，這種解釋學原則具有可公度性。如果正確地遵循這種解釋學原則及其程式和方法，可以準確地將作品

導論

意圖和作者意圖傳達出來。但海德格爾卻不同意這種看法,他繼承的毋寧是浪漫主義解釋學的傳統,這種解釋學原則認為文本意圖並不能完全等同於作者的意圖,真正的解釋並不是對作者文本和作者意圖的客觀解釋,毋寧是要透過對文本的解讀傳達出作者的未竟之言、展現出作者的真實意圖,在這種浪漫主義的解釋學傳統中,對文本的解讀甚至可以做到比原作者更好地理解原作者。在這種解釋學原則的指引下對以往哲學家的哲學理論進行的解讀,尋求的就不再是客觀、如實、準確地理解原作者和原作品了,毋寧尋求的是思想者之間的思想對話。海德格爾不僅在對康德哲學的現象學解釋階段有此看法,譬如,在《對〈純粹理性批判〉的現象學解釋》中,他這樣說,「恰切地理解康德意味著比他自己更好地理解他。」[128] 甚至在思想發生「轉向」後,他依然秉持這樣的想法,比如,在《哲學論稿》中,他這樣說,「……在一種對先驗開拋及其統一性的更為原始的把握、對先驗想像力的強調的方向上,使用針對康德的暴力。這種康德解釋『在歷史學上』當然是不正確的。但它卻是歷史性的,亦即是與將來思想的準備,而且只與這種準備相聯繫的,是本質性的,是一種對於某個完全不同的東西的歷史性的指引。」[129] 同樣,這種思想在他晚年也得到了貫徹,譬如在《康德書》的第四版導言中,他依然指出,即使他對康德思想的解讀有破壞歷史語文學的解釋原則的嫌疑,但他卻並不在乎這點,因為他更在乎的是思想者之間的思想對話。與思想之間的對話比起來,不遵守歷史語文學原則並不是多大的原則性問題。

不過,我們的主要興趣並不在考察海德格爾對康德的現象學解釋是否曲解了康德哲學、是否篡改了康德的本意這類事情上,而在於考察海德格爾對康德的現象學解釋究竟是怎樣展開的以及這種解釋在他的思想發展過程中,尤其是他思想的轉向過程中究竟占有什麼樣的位置、造成什麼樣的作用這樣的問題上。因此,在這種意義上,對於牟宗三先生在他的《智的直覺與中國哲學》中對海德格爾的康德解釋的批判,對於我們來說就同樣不是一個問題

了。牟宗三先生的這本著作是目前我們在漢語學界能看到的，最早的一本對海德格爾的康德解釋進行解讀和批評的著作。但因為牟先生的主要工作還是在於透過解釋康德哲學來回到中國哲學，去解決中國哲學尤其是道德哲學的問題，在這種意義上，牟先生尋求的毋寧也是思想家之間的對話。他對海德格爾的批評，尤其是對海德格爾時間性思想的批評，並沒有充分領會海德格爾對康德的現象學解釋的主旨和意圖。[130]

針對海德格爾對康德哲學的現象學解釋，孫周興教授的文章《海德格爾對康德哲學的存在學改造》[131]和葉秀山先生的文章《海德格爾如何推進康德哲學》[132]分別從不同角度研究了海德格爾對康德哲學的存在論解讀。張祥龍教授在文章《海德格爾的〈康德書〉——「純象」如何打開理解〈存在與時間〉之門》[133]和《海德格爾傳》的第十一章中對《康德書》的基本情況，以及《康德書》與《存在與時間》之間的關係進行了研究，並指出前者在何種意義上構成了後者的「歷史性導論」。Daniel O.Dahlstrom 在《海德格爾在馬堡的康德課程》一文中不僅介紹了海德格爾在這些課程中究竟解讀了康德哲學的哪些內容，並且對此做了一個基本勾畫。靳希平教授的文章《海德格爾的康德解讀初探》則進一步明確地對海德格爾在《邏輯學：關於真理之追問》中的康德解釋進行了解說。

針對海德格爾與卡西爾的達沃斯論辯，孫冠臣在他的《海德格爾的康德解釋研究》一書的第八章「卡西爾與海德格爾的達沃斯之辯」中對達沃斯論辯進行了研究，從海德格爾與卡西爾對康德解釋的差異中引出海德格爾對康德的道德哲學特別是對自由的闡釋，並對此進行了介紹與說明。弗里德曼教授在他的《分道而行：卡西爾、海德格爾與馬爾庫塞》一書中則不僅研究了卡西爾和海德格爾對康德解釋的區別和差異，指出前者為在文化哲學視域內的康德解讀，後者是生存—存在論意義上的康德解釋，並指出了他們之間的這一分野對於 20 世紀英美分析哲學與歐陸哲學的分化與發展的進一步影響。

導論

Peter E.Gordon 在 *Continental Divide—Heidegger，Cassirer，Davos* 一書中圍繞達沃斯論辯更為詳盡地分析了海德格爾與卡西爾各自的思想取向以及彼此的差異。

進一步地，在我們上文提及的靳希平教授的文章《海德格爾的康德解讀初探》，圍繞海德格爾 1925—1926 年冬季學期的講座課程「邏輯學：關於真理之追問」（GA21）中所涉及的海德格爾對康德的現象學解釋，尤其是對康德時間理論的解構進行了說明。靳希平教授的研究重點放在了海德格爾視域中的康德的圖式論和感性化方面，他指出，海德格爾對圖式之形成過程的感性化分成四個層次，分別是：1）經驗對象的感性化，2）經驗概念的感性化，3）純粹感性概念的感性化，4）純粹知性概念的感性化。[134]Han-Pile 在《早期海德格爾對康德的篡用》（Early Heidegger's Appropriation of Kant）[135] 則研究了海德格爾對康德的解讀與《存在與時間》之中的思路的關係。Frank Schalow 在《海德格爾晚期馬堡階段的康德式的圖式》（The Kantian Schema of Heidegger's Late Marburg Period）[136] 簡要地研究了 1927—1928 年冬季學期海德格爾的講座課程作品《對康德〈純粹理性批判〉的現象學解釋》中對康德圖式論與想像力的現象學解讀。除了這些論文之外，還有一些相關的論文，散布在各種學術期刊之中。在此就不再贅述。

關於海德格爾對康德的解釋的進一步的、系統的研究，我們也可以看到一些相關的專著。在中國，孫冠臣博士於 2008 年出版了《海德格爾的康德解釋研究》。這本書就海德格爾與新康德主義對康德的不同解釋、海德格爾的《康德書》、海德格爾與卡西爾的達沃斯論辯、海德格爾後期的文章《康德的存在論題》中的基本思想進行了研究。他的這本書為那些想進一步全面研究海德格爾對康德的解釋的人提供了很好的基礎。就國外的情況來說，在筆者所能蒐集到的資料範圍內來看，相關的專著主要有以下幾本：Charles M.Sherover 的《海德格爾、康德和時間》（*Heidegger，Kant，and Time*），

Martin Weatherston 的《海德格爾的康德解釋：範疇、想像力和時間性》，Frank Schalow 的《重溫海德格爾 —— 康德之間的對話：行動、思想和責任》(*The Renewal of the Heidegger—Kant Dialogue*：*Action，Thought and Responsibility*)。這些著作也都為我們的研究提供了很好的基礎。

對於本研究來說，我們將把焦點主要集中於海德格爾在《康德書》中對康德哲學的解釋。就他對康德哲學的這種解釋是一種「現象學解釋」而言，我們也將會把研究的目光進一步拓寬到海德格爾在 1925 年到 1930 年期間的思想，因此，我們的研究在以《康德書》為核心的同時，也會涉及他在這段時期中的其他作品，譬如《邏輯學：關於真理之追問》、《存在與時間》、《現象學的基本問題》、《對〈純粹理性批判〉的現象學解釋》以及《邏輯的形而上學基礎》等等。

既然海德格爾在這個階段把自己對康德的解釋稱為現象學的，並且說「《純粹理性批判》的方法的基本姿態……是現象學的方法」[137]，那麼，我們的研究將有必要對此進行一番解說，何謂海德格爾的現象學？他的現象學方法又有什麼樣的獨特之處？海德格爾又是怎樣運用這種方法去解讀康德哲學，尤其是他的《純粹理性批判》中的時間學說的？我們前文曾經指出過海德格爾的現象學已經經歷了解釋學的轉換，是一種解釋學的現象學，那麼，解釋學的現象學究竟是什麼意思？海德格爾的解釋學的現象學與胡塞爾的現象學又有什麼不同？這些問題將是我們在第一章中的研究內容。

借助於他的現象學的解釋學或解釋學的現象學，海德格爾將康德哲學，尤其是《純粹理性批判》看作是一次為形而上學奠基的嘗試。在這種意義上，在傳統哲學眼中本來是認識論上的哥白尼革命，在海德格爾這裡便變成了存在論上的革命。從而，問題便不再是對象怎樣符合主體，而是存在者如何存在的問題。先天綜合判斷如何可能的問題便變成了存在論知識如何可能的問題。海德格爾指出，在康德哲學那裡，之所以有感性和知性、直覺和概念之

導論

分,主要原因在於人是有限的,人的這種有限性是在生存論層面上的結構的有限性。它在人與神的對比上體現得尤為鮮明。海德格爾指出,神是無限的,因此神的直覺是無限的直覺、源始的直覺。神在自己的源始直覺中明了並創生萬物。而人是有限的,因此人的直覺是有限性的直覺、派生的直覺,人在自己有限的直覺中無法創生作為對象的存在者,因此,人的知識的形成有賴於與那事先便已存在了的存在者相遭遇,在這種遭遇中人才能讓作為對象的存在者向人顯現。因此,人的直覺是一種對前來遭遇的存在者的領受性的直覺,知性和概念的作用都仰仗於這種領受性的直覺的發動。海德格爾認為,直覺和知性是人類知識的二重元素。因此,純粹直覺和純粹思維便是人類的純粹知識的二重元素,它們具有本質上的統一性。純粹直覺有兩種,即時間和空間,時間在這二者中又具有優先地位。

然而,進一步地,在感性和知性、純粹直覺和純粹思維之間的溝通如何可能呢?海德格爾尤其注重康德《純粹理性批判》的第一版。在這第一版中,康德指出,感性和知性的溝通之所以可能,是因為在二者之間還有第三種能力,即先驗想像力。想像力一方面將感性直覺接受的雜多帶給知性範疇,另一方面將知性範疇帶向感性雜多,從而形成經驗現象,在這個過程中先驗圖型發揮了重要作用。海德格爾抓住了此點,他認為,當康德走到這一步時,其實已經踏上了通往《存在與時間》的路了,並因此是向著他的基始存在論走得最近的一人。在海德格爾的現象學視角中,康德的超越論想像力是感性和知性共同的根柢,它形象(bilden)出了源初的時間。甚至可以說超越論想像力就是這種源初的時間。但海德格爾接下來指出,此時,超越論想像力及其產生的源初的時間就蘊含了巨大的力量,而這種力量是康德所陌生的。於是,超越論想像力在康德面前便製造了一道「深淵」,康德在這道深淵前「退縮」了。海德格爾指出,造成康德退縮的原因,除了超越論想像力和源初的時間讓他驚擾不安之外,在康德那裡還有一些根本性的、視角上的缺陷,

這些缺陷讓他無法向前突破而進入現象學的境域中。海德格爾指出，從現象學的角度看，康德哲學的視角缺陷有如下幾點：1. 康德始終從笛卡爾哲學的立場上去思考「我」，把「我」領會為一種主體意義上的實體。因此就沒能從「生存」的角度去領會「我」的存在方式。2. 康德忽略了世界現象。沒有認識到人首先是生活於某個世界之中，人的存在是「在─世界─之中─存在」。因此便沒能正確地領會到超越是向著「世界」的超越。3. 與前述兩點相關，海德格爾認為，康德依然從近代哲學的立場上去理解時間，因此便把時間理解成是一種均勻流逝的、前後相繼的線性時間，而沒有認識到本真的時間是「綻出」的。因此，這就決定了康德無法正確地理解作為源初的時間的超越論的想像力。然而，在海德格爾看來，儘管康德在超越論想像力這道「深淵」面前退縮了，但在他的哲學中依然充分展示出了人類此在的有限性、超越性和時間性。因此，他始終是向著《存在與時間》走得最近的一人。因為只要從康德哲學那裡向前推進一步，便會來到基始存在論和時間性思想的面前。也恰恰在這種意義上，海德格爾認為，康德的《純粹理性批判》是《存在與時間》的「歷史性的導論」。我們將在第二章和第三章中對這些思想進行研究。

然而，海德格爾之所以要去解構康德的《純粹理性批判》，並不僅僅只是想把《純粹理性批判》解讀成《存在與時間》的「歷史性導論」，雖然這也是他的一個目的，但他更主要的目的是為了完成《存在與時間》中已然宣告但尚未完成的計畫——即對存在論的歷史進行解構——而做些準備，他最終要完成《存在與時間》中的未竟思路。如果說得更明確一些的話，他最終其實要從時間走向存在。然而，他的這種準備工作卻並未能催生出更成熟的作品。他在解讀完康德哲學之後，思想悄悄地發生了轉向。他不再走從存在到此在，再由此在到時間，最後由時間到存在的道路了，他毋寧要思得更為源始些，開始去追思作為存有的本有（Ereignis）和存有之真理。我們認為，

導論

他的這種轉向和他對康德哲學的現象學解讀密切相關，因為他在《康德書》中遇到了兩項難題，一個是由作為超越的「讓對象化」活動揭示出來的「虛無」(das Nichts)問題，另一個則是由作為超越論幻相所揭示出來的超越論的非真理的問題。對「無」和「超越論的非真理」的思索，把他帶到了一個陌生的思想領地。隨著對「無」和「超越論的非真理」的深入思考，海德格爾思想便發生了轉向，從前期走向了後期。

就海德格爾在《康德書》中對康德哲學的解釋最終都是為了走到作為超越論的想像力的源初的時間這裡而言，他在《康德書》中對康德哲學的全部解釋就都屬於對康德的時間理論的廣義解釋。同時，鑒於他採取一種存在論的視野去解釋康德哲學，在主體性、時間與存在之間建立起一種生存—存在論關聯，而此在的基本建制是「在—世界—之中—存在」而言，海德格爾對康德時間學說的解讀就從認識論推進到了生存—存在論，建構起了一種「在—世界—之中—存在」的時間。在這種意義上，本文取名為「『在—世界—之中—存在』的時間 —— 海德格爾對康德時間學說的現象學解釋研究」。

注解

[1] 海德格爾在1930年秋天，於不來梅首次作了《論真理的本質》的公開演講，之後又多次做了同名演講。但《論真理的本質》作為出版物正式發表卻是在1943年。參見海德格爾著，孫周興譯，《路標》，北京：商務印書館，2011年，第565頁。（在文本中第一次出現的引用文獻會標示出該書完整的出版訊息，當該書再次出現時則只標作者、書名和引用頁碼，特此說明。）

[2] 關於早期海德格爾作為「隱祕國王的傳聞」(the rumor of the hidden King)，見阿倫特為海德格爾80壽辰而寫的慶賀文章《馬丁·海德格爾80歲了》，Hannah Arendt，「Martin Heidegger at Eighty」，Michael Murray ed，*Heidegger and Modern Philosophy*，New Haven：Yale University Press，1978，p.293；中文版見漢娜·阿倫特，《馬丁·海德格爾80歲了》，載於（德）貢特·奈斯克、埃米爾·克特琳編著，陳春文譯，《回答 —— 馬丁·海德格爾說話了》，南京：江蘇教育出版社（鳳凰傳媒出版集團），2005

年，第 197 頁；John van Buren 更是以《青年海德格爾——隱祕國王的傳聞》為題寫了一本關於海德格爾思想發展的著作。John van Buren, *The Yong Heidegger —Rumor of the Hidden King*, Blooming and Indianapolis, Indiana University Press, 1994.

[3] 關於海德格爾的 *Kant und Das Problem der Metaphysik* 一書，王慶節教授將其書名翻譯成「康德與形而上學疑難」，我們認為，這種考慮有著充分的理由，因為德語中的 Problem 和英文中的 problem 都指很難解決或者說很難找到唯一答案的「問題」，就「形而上學」探討的是沒有確定的、唯一的答案的終極問題這種意義上而言，將 Problem 翻譯成「疑難」是有道理的。同時，更為關鍵的是海德格爾在此書中將形而上學本身作為一個難題，探討其可能性的依據，所以本文採取此譯，而並未選取「康德與形而上學問題」這一之前在漢語學術界流傳甚廣的譯法。

[4]《康德書》(*Kantbuch*) 這種提法來自海德格爾本人。參見，Heidegger, *Kant und das Problem der Metaphysik*, Frankfurt am Main, Vittorio Klostermann, 1998. Vorwort zur vierten Auflage (第四版序言)。本文接下來也會用《康德書》來指代他的 *Kant und das Problem der Metaphysik*，特此說明。

[5] 關於達沃斯論壇的一般情況，參見：(德) 安東尼婭·格魯嫩貝格著，陳春文譯，《阿倫特與海德格爾——愛和思的故事》，北京：商務印書館，2010 年，第 125—136 頁；(美) 麥可·弗里德曼著，張卜天譯、南星校，《分道而行：卡爾納普、卡西爾和海德格爾》，北京：北京大學出版社，2010 年，第 1—5 頁；(德) 呂迪格爾·薩福蘭斯基著，靳希平譯，《海德格爾傳》，北京：商務印書館，1999 年，第 251—257 頁；孫冠臣，《海德格爾的康德解釋研究》，北京：中國社會科學出版社，2008 年，第 240—244 頁。M.Heidegger, *Kant und Das Problem der Metaphysik*, Vittoriof Klostermannn Frankfurt am Main, 1998, XV；海德格爾著，王慶節譯，《康德與形而上學疑難》，上海：上海譯文出版社，2011，第四版序言；Peter E.Gordon, *Continental Divide —Heidegger, Cassirer, Davos*, Harvard University Press, 2010.

[6] 卡西爾 (1874—1945)，曾在柏林大學跟隨著名的文化哲學家、社會學家齊美爾 (1858—1918) 學習，並在齊美爾的推薦下閱讀了新康德主義尤其是馬堡學派的柯亨的作品，後進入馬堡大學跟隨柯亨學習。1899 年取得博士學位後於 1903 年回到柏林大學，1906、1907、1920、1940 年出版《近代哲學和科學中的認識問題》的一、二、三、四卷，1906 年獲得柏林大學無薪講師的教職。1918 年出版《康德的生平與著作》，這也是他主編的十卷本康德著作全集的導論。1919 年成為漢堡大學教授。1923 年出版《符號

導論

形式的哲學》第一卷,主要討論語言,1925年出版《符號形式的哲學》第二卷,主要討論神話思想,1929年出版《符號形式的哲學》第三卷,主要討論知識現象學。1930年任漢堡大學校長。1933年納粹上台後流亡海外,於1945年客死美國。卡西爾的主要作品還有《神話思維的概念形式》(1922)、《啟蒙運動的哲學》(1932)、《文化科學的邏輯》(1942)、《人論》(1944)、《符號 神話 文化》(1935—1945年的論文集,1979年出版)等。參見:(美)麥可·弗里德曼,《分道而行:卡爾納普、卡西爾和海德格爾》,第80—82頁;(德)卡西爾著,甘陽譯,《人論》,北京:西苑出版社,2003,譯序,第1頁;(德)卡西爾著,關子尹譯,《人文科學的邏輯》,上海:上海譯文出版社,2005年,譯序,第1頁。

[7] M.Heidegger, *Kant und Das Problem der Metaphysik*, S.274.;海德格爾,《康德與形而上學疑難》,第262頁。

[8] 弗里德曼,《分道而行——馬爾庫塞、卡西爾與海德格爾》,第91頁。

[9] 海德格爾,《康德與形而上學疑難》,附錄VI,第296頁;M.Heidegger, *Kant und das Problem der Metaphysik*, S.309。

[10] 李普曼(Otto Liebmann,1840—1912)和朗格(Friedrich Albert Lange,1828—1875)是新康德主義的先驅,正是前者在面對新黑格爾主義的回潮,在面對科學實證主義、馬克斯主義以及齊克果—叔本華的唯意志主義哲學盛行的局面和情況下,在《康德及其模仿者》中提出了「回到康德去」(Zurueck zu Kant)的口號。朗格的主要代表作為《唯物主義史》。

[11] 當李凱爾特轉到海德堡大學的時候,在海德堡任教的還有馬克斯·舍勒,格奧爾格·齊美爾,恩斯特·布洛赫和格奧爾格·盧卡奇。馬克斯·韋伯也在這裡教書。正是在韋伯的幫助和支持下,出身於醫學專業的雅斯貝爾斯1913年在海德堡大學哲學系的心理學專業獲得了大學任教資格。但雅斯貝爾斯要轉進哲學領域的嘗試受到了李凱爾特不遺餘力的反對和阻撓,但縱然如此,雅斯貝爾斯還是在1922年獲得了海德堡大學哲學系的第二把交椅。相關情況參見格魯嫩貝格,《阿倫特與海德格爾——愛與思的故事》,第10—16頁。由此可見,李凱爾特轉去海德堡大學後,他的新康德主義在哲學系範圍內也面臨著來自各位哲學家的強力挑戰。

[12] 雖然狄爾泰(1833—1911)一生大部分時間都生活在19世紀,但就他的哲學和思想而言,無疑更符合20世紀的時代精神,在這種意義上,狄爾泰是一位20世紀的哲學家。

[13] 1900—1901年胡塞爾出版了兩卷本的《邏輯研究》,一方面終結了當時哲學界中盛行的心理主義。另一方面開創了現象學運動。「現象學運動」這個詞最初來自於慕尼黑大

學的多貝爾特（Johannes Daubert）。在《邏輯研究》出版後，多貝爾特在 1902 年騎著自行車從慕尼黑來到哥廷根和胡塞爾長談 12 個小時，之後就成了現象學的捍衛者和傳播者，他的學習小組用「現象學運動」作為描述自己小組的活動的詞。舍勒也在 1901 年與胡塞爾有了第一次接觸，這樣現象學作為一個哲學運動就登上了哲學舞台，分別以胡塞爾為核心形成了哥廷根現象學小組和以馬克斯·舍勒與普凡德爾（Alexander Pfaender）為核心形成了慕尼黑現象學小組。1913 年胡塞爾與普凡德爾、舍勒、蓋格（Moritz Geiger）和萊納赫（Adolf Reinach）一起創辦了《哲學與現象學研究年鑒》。1916 年胡塞爾來到弗萊堡大學，從此弗萊堡大學成為了現象學運動的中心，1918—1919 年創辦了弗萊堡現象學協會。愛迪·斯泰因（1916）、海德格爾（1919）、蘭德格雷貝（1923—1930）、歐根·芬克（1928）先後成為了胡塞爾的學術助手。在弗萊堡大學工作期間，從 1916 年開始到 1920 年代末他退休，有一大批人跟隨胡塞爾學習過，比如勒維特、英伽登（Roman Ingarden）、古爾維奇（Aron Gurwitsch）、萊納赫（Hans Reinach）、馬爾庫塞夫婦、霍克海默、漢斯·約納斯、伊曼努爾·列維納斯等人。因此現象學運動的興起在某種意義上也加速了新康德主義弗萊堡學派的衰落。

[14] 拉斯克（Emil Lask，1875 1915），新康德主義西南學派的第三代也是最後一代代表人物，他的思想傾向於綜合李凱爾特的新康德主義哲學和胡塞爾的現象學哲學。他的哲學工作對海德格爾產生了較大的影響，海德格爾將自己的任教資格論文《約翰·鄧·司各特的範疇學說和意義理論》題獻給了拉斯克。根據海德格爾的回憶，他在大學時期參加的李凱爾特的討論班上就已經接觸到了拉斯克的《哲學邏輯與範疇學說：對於邏輯形式的主要領域之研究》和《判斷學說》。參見海德格爾，《我進入現象學之路》，載於海德格爾著，陳小文、孫周興譯，《面向思的事情》，北京：商務印書館，2010 年，第 91—92 頁。根據張祥龍教授的研究，拉斯克受胡塞爾的「範疇直覺」的影響比較大。提出了「完全投入的經驗」（Hingabe）、「反思範疇」和「範疇的投入經驗」等概念。參見張祥龍，《海德格爾傳》，石家莊：河北人民出版社，1998 年，第 39 頁；張祥龍，《海德格爾思想與中國天道 —— 終極視域的開啟與交融》，北京：三聯書店，1996 年，第 9 頁；張祥龍，《朝向事情本身 —— 現象學導論七講》，北京：團結出版社，2003 年，第 210 頁、第 216—219 頁。正是在這些範疇和思想的幫助下，海德格爾於 1919 年前後提出「形式指引」的哲學方法並關注「實際的生命經驗」，海德格爾的工作從拉斯克處受益良多。甚至在張祥龍教授看來，「在某種程度上，海德格爾是透過拉斯克而理解胡塞爾或現象學的。」參見張祥龍，《海德格爾思想與中國天道 —— 終極視域的開啟與交融》，

導論

第 9 頁。但是這種說法尚不夠全面,海德格爾還借助了狄爾泰、施萊爾馬赫和齊克果去理解胡塞爾。參見薩福蘭斯基,《海德格爾傳》,第 118—119 頁。海德格爾自己也的確承認他從拉斯克處受益頗多:「埃米爾·拉斯克(Emil Lask),我個人從他的研究工作中受益很大,他在 1915 年 5 月犧牲於加里西亞(Galicia)的戰爭中。」Heidegger,*Phenomenology and Transcendental Philosophy of Value*,載於 M.Heidegger,*Towards the Definition of Philosophy*,trans by Ted Sadler,The Athlone Press,London and New Brunswick,NJ,2000.p.151。拉斯克在李凱爾特的心目中也占有重要的位置,李凱爾特曾經向參加自己講座和討論班的海德格爾推薦過拉斯克的書,而且李凱爾特在自己的《認識的對象》的第三版(1915)序言中向拉斯克表達了敬意並將該書獻給他。參見弗里德曼,《分道而行——卡爾納普、卡西爾與海德格爾》,第 33 頁腳註 1,第 36 頁。海德格爾本人也充分注意到了這一點:「海因里希·李凱爾特所討論的是他的學生埃米爾·拉斯克(Emil Lask)的兩部著作,這個學生在 1915 年作為一個普通士兵戰死在加利西亞前線。李凱爾特在同年出版的他的《認識的對象——先驗哲學導論》第三版完全改寫本的獻辭中寫道:『獻給我親愛的朋友』,這一獻辭應標明這位學生對老師的促進。埃米爾·拉斯克的那兩部著作是《哲學邏輯和範疇學說:對於邏輯形式的主要領域之研究》(1911 年)和《判斷學說》(1912 年),這兩本書都非常清楚地顯示了胡塞爾的《邏輯研究》對他的影響。」海德格爾,《我進入現象學之路》,載於《面向思的事情》,第 92 頁。

[15] 伽達默爾曾經在回憶錄中鮮活地描述了哈特曼的學生是怎樣一群一群地跑去海德格爾那裡聽課的。參見伽達默爾著,陳春文譯,《哲學生涯》,北京:商務印書館,2003,第 15 頁;薩福蘭斯基,《海德格爾傳》,第 179 頁。

[16] 關於西方哲學中以系詞 to be 為核心的一組詞,比如 εἶναι,ειμι,τὸ ὄν,οὐσία,esse,sum,sein,Sein,to be,being,Being 的翻譯,目前中國主要有「是」、「存在」和「有」三種譯名。關於這三種譯法何者更接近 τὸ ὄν 和 εἶναι 的本意,學界目前主要存在以下幾種觀點:1. 以聶敏裡教授為代表的一些學者認為無論是「存在」、「是」還是「有」,若深入到 τὸ ὄν 和 εἶναι 的本意之中來看的話,這幾種譯法都是內在相通的。因而在深入了解及認識 τὸ ὄν 和 εἶναι 的本意的情況下沒有必要對其不同的翻譯深究差別。詳情見聶敏裡,《論巴門尼德的「存在」》,《中國人民大學學報》,2002 年第一期,第 45—52 頁。2. 以陳康、汪子嵩、王太慶、王路為代表的一些學者從 εἶναι 作為系詞用法的角度出發認為用「是」及以是作為詞根的一組詞來翻譯 τὸ ὄν 和 εἶναι 更貼切。詳情見王太慶,《我們怎樣認識西方人的「是」?》,《學人》第四輯,以及宋繼杰主編的《Being 與西方哲學傳統》

一書中所收錄的汪子嵩、王太慶、王路的相關文章：汪子嵩、王太慶，《關於「存在」和「是」》，宋繼杰主編，《Being 與西方哲學傳統》（上），保定：河北大學出版社，2002 年，第 12—47 頁；王太慶，《我們怎樣認識西方人的「是」》，宋繼杰主編，《Being 與西方哲學傳統》（上），第 55—70 頁；王路，《對希臘文動詞「einai」的理解》，宋繼杰主編，《Being 與西方哲學傳統》（上），第 182—211 頁。3. 以趙敦華教授為代表的一些學者主張按照約定俗成的原則可以在不同場合分用「是」、「在」、「有」來翻譯τὸ ὂν和εἶναι。詳情請見趙敦華的《西方哲學簡史》的序言部分或《Being 與西方哲學傳統》中所收錄的趙先生的相關文章：趙敦華，《「是」、「在」、「有」的形而上學之辨》，宋繼杰主編，《Being 與西方哲學傳統》（上），第 104—128 頁。事實上，在我們看來，這種翻譯上的困難並非源於我們漢語結構中沒有系詞「是」及其同源詞根的動名詞的問題所帶來的，實質上的問題毋寧說來源於 to be 這個詞在印歐語系中的特殊用法。在印歐語系之中，它自身就具有「是」、「存在」和「有」的三種用法和含義，無論斷定哪個用法是最為根本的，實質上都將有所遺漏。此外，如果我們以「是」和「是者」來對譯 to be 和 Being，又有些不符合漢語的表達習慣。因此，本文採取約定俗成的原則將 Sein 和 sein 譯為「存在」。

[17] 因為發表作品少，海德格爾在自己的求職路上遭遇了不少麻煩。在取得弗萊堡大學的任教資格之後，海德格爾沒能如願獲得因施耐德的離去而留下的天主教哲學教席，這個位置在 1916 年 7 月被授予了來自明斯特的正教授約瑟夫·蓋澤爾。見：薩福蘭斯基，《海德格爾傳》，第 99 頁。1920 年，海德格爾本有希望到馬堡大學接替轉到耶拿大學的馮特所留下的編外教授職位，但因為發表作品太少而沒能如願以償，這個職位被哈特曼得到。直到 1923 年 6 月 18 日，在胡塞爾的大力舉薦和他提交的《那托普報告》即《對亞里斯多德的現象學解釋 —— 解釋學處境的顯示》的雙重作用下，他才終於得到了馬堡大學的編外教授職位，但卻享有正教授的待遇和權力。見：薩福蘭斯基，《海德格爾傳》，第 173—174 頁。但《那托普報告》在當時並未公開發表，伽達默爾正是透過與那托普的關係私下讀到了這篇文章後受到巨大震撼，先是跑去弗萊堡大學後又跟隨海德格爾回到了馬堡大學。伽達默爾，《哲學生涯》，第 17、23、26 頁；（日）高田珠樹，劉文柱譯，《海德格爾：存在的歷史》（現代思想的冒險家們系列叢書），石家莊：河北教育出版社，2001 年，第 131 頁。然而，自他來到馬堡大學後，也一直未發表過專著，同樣也是因為發表作品太少的緣故，教育部 1926 年 1 月 27 日拒絕了馬堡大學對由海德格爾接替轉去科隆大學任教的哈特曼的教授職位的申請。即使在海德格爾提交了《存在與時間》的清樣，並在馬堡大學 1926 年 6 月 18 日繼續寫信申請的情況下還是被教育部駁回。只是後

導論

來當《存在與時間》於1927年公開發表並引起強烈反響後,教育部才終於在1927年10月19日授予了海德格爾教授職位。見:薩福蘭斯基,《海德格爾傳》,第196頁。由此我們可以看到長時間未發表作品給海德格爾帶來的麻煩,他在這些年中的聲譽只是透過自己的授課活動贏得並依靠學生們的口耳相傳才得到廣泛傳播的。當他來到馬堡大學之後,短短的時間之內就吸引了伽達默爾、約納斯、阿倫特等人。

[18] 有人認為海德格爾的博士論文指導教師是李凱爾特,其實不然。海德格爾於1912年轉入哲學系後隸屬於第二講座,負責人是天主教哲學家阿圖爾·施耐德(Arhur Schneider,1876—1945)。當時李凱爾特主持的是第一講座。第一講座的研究內容是一般哲學,在內容、範圍和方法上並沒有特別的規定。而第二講座的內容是天主教哲學,內容包括亞里斯多德哲學、中世紀經院哲學特別是托馬斯·阿奎那的哲學等內容。當海德格爾在1913年以《心理主義中的判斷理論》在弗萊堡大學獲得博士學位時,論文指導教師是施耐德。但他在1913年夏天離開了弗萊堡大學去到斯特拉斯堡帝國大學執教。李凱爾特則是海德格爾1915年春提交的大專院校任教資格論文《約翰·鄧·司各特的範疇學說和意義理論》的接收者。但根據薩福蘭斯基的記載,李凱爾特並沒有認真對待海德格爾的這篇論文,因為他認為海德格爾的天主教信仰和天主教哲學的研究背景使得海德格爾不太可靠,同樣的擔憂我們後來在胡塞爾那裡也可以看到,1917年,狄爾泰的女婿米施由馬堡大學轉到哥廷根大學後在馬堡大學留下了編外教授的席位,那托普一直想把這個位置辦成中世紀哲學講座。由於馬堡大學的新教氛圍和那托普的新教信仰,他於1917年10月上旬第一次向同為新教徒的胡塞爾徵求關於海德格爾的意見時,胡塞爾也因為海德格爾的天主教出身和天主教信仰而寫了偏保守的意見。除了信仰方面的原因之外,李凱爾特也即將轉去海德堡大學接替文德爾班的教席,這也牽扯了他不少精力。由此,李凱爾特將海德格爾的這篇任教資格論文交給了克雷伯斯來評閱,但後者卻恰恰是海德格爾的好朋友。在克雷伯斯的日記中這樣寫道:「在審讀論文時,我一直讓海德格爾坐在一旁,以便隨時就其中的難題進行討論。」1915年7月27日,海德格爾以「歷史科學中的時間概念」為題發表了就職演講,從此正式成為了弗萊堡大學哲學系的無薪講師。當然,讀大學時的海德格爾也在1911—1913年間參加了李凱爾特的講座和討論班,並且正是在李凱爾特的推薦下,海德格爾讀了拉斯克的作品。見薩福蘭斯基,《海德格爾傳》,第93—94頁;(日)高田珠樹,《海德格爾:存在的歷史》,第55頁,第87頁;(美)科克爾曼斯著,陳小文、李超杰、劉宗坤譯,《海德格爾的〈存在與時間〉》,北京:商務印書館,1996年,第8頁。張祥龍教授在《海德格爾傳》中也專門提到:「施耐德離去後,海德格爾轉

0.4 研究現狀

由里凱爾特教授指導，但他的真正『保護人』是好友拉斯洛斯基過去的導師、歷史教授芬克。芬克是位國際知名的學者，在哲學系有很大的發言權。」張祥龍，《海德格爾傳》，第 42 頁。海德格爾參加的李凱爾特的課程情況：1912 年夏季學期參與了 2 小時的講座課程「認識論與形而上學導論」，討論班：「判斷理論中的認識論練習」；1912—1913 年冬季學期參與了討論班「主體理論研討班」；1913 年夏季學期參與了 4 小時的講座課「邏輯學（理論哲學基礎）」，討論課「與亨利·柏格森著作相關的形而上學」；1913 年取得博士學位後他繼續在 1913 年—1915 年參加芬克和李凱爾特的講座以為教職論文的撰寫做準備，1913—1914 年冬季學期參加了李凱爾特 4 小時的講座課程「從康德到尼采的德國哲學——『當前』問題的歷史性導論」，「歷史哲學討論班——文化科學的方法論」，1914 年夏季學期參加了李凱爾特的認識論討論班，1914—1915 年冬季學期參加了「有關黑格爾的哲學分類學」討論班；1915 年夏季學期參加了討論課「洛采的《邏輯學》」並於 7 月 10 日在這個討論班上做了《問題與判斷》的演講。見 Heidegger，edited by Theodore Kisiel and Thomas Sheehan，*Becoming Heidegger -On the Trail of His Early Occasional Writings，1910—1927*，Northwestern University Press，Evanston，Illinois，2007，xxxviii xl。海德格爾參加的施耐德的課程的情況：1911—1912 年冬季學期，4 小時的講座課程「邏輯學與認識論」以及討論課「斯賓諾莎的倫理學」；1912—1913 年冬季學期：4 小時的「哲學史概論」和「知識理論」討論班，1913 年 7 月在施耐德的指導下完成博士論文。見 Heidegger，edited by Theodore Kisiel and Thomas Sheehan，*Becoming Heidegger -On the Trail of His Early Occasional Writings，1910—1927*，xxxviii，xxxix。

[19] 無論是海德格爾的天主教神學生時期還是他的哲學、數學與自然科學學生時期乃至做任教資格論文時期，海德格爾都有上芬克的課。他參加芬克的課程的情況：1911 年夏季學期：4 小時的「文藝復興時代（晚期中世紀史）」；1913 年夏季學期：4 小時的講座課程「文藝復興時代（晚期中世紀史）」；1913—1914 年冬季學期：4 小時的講座課程「宗教改革的起因」、4 小時的講座課程「中世紀世界觀及其精神文化的歷史」以及與該講座課程配套的高級研討班；1914 年夏季學期：4 小時的講座課程「歷史研究導論」、2 小時的講座課程「德國教會制度史」以及與該講座課程配套的高級研討班；1914—1915 年冬季學期：4 小時的講座課程「中世紀政治史概覽」、3 小時的講座課程「起源的記錄，尤其指涉從 6 世紀到三十年戰爭期間的德意志」以及與講座課程配套的高級研討班。見 Heidegger，edited by Theodore Kisiel and Thomas Sheehan，*Becoming Heidegger -On the Trail of His Early Occasional Writings，1910—1927*，xxxvii xl。

導論

[20] 海德格爾,《康德與形而上學疑難》,附錄 VI,第 250 頁。
[21] (美)理查·沃林著,張國清、王大林譯,《海德格爾的弟子:阿倫特、勒維特、約納斯和馬爾庫塞》,南京:江蘇教育出版社,2005 年,第 8 頁。譯名稍有改動。
[22] 新康德主義區分為馬堡學派的先驗邏輯進路和西南學派的文化價值進路。對於達沃斯論辯來說,更鮮明體現的是海德格爾與馬堡學派對康德解釋進路的區別。而對於海德格爾對西南學派的康德解釋進路的看法,他本人曾經在 1919 年夏季學期專門開設了「現象學與先驗價值哲學」的講座課程,主要梳理了新康德主義的西南學派所推崇的作為文化哲學的價值哲學是如何從 19 世紀晚期的文化概念一步步走向新康德主義的西南學派的價值哲學的。在海德格爾看來,在這個過程中,洛采造成了重要的作用(後來在 1925—1926 年冬季學期的講座「邏輯學 —— 關於真理之追問」中海德格爾又對洛采的思想進行了詳細的討論)。而文德爾班則首先為先驗價值哲學奠定了基礎,他將康德哲學中的真理解讀成價值,從而將價值哲學變成了批判的文化哲學。李凱爾特則進一步地發展了這種文化哲學和價值哲學,他試圖捍衛具有歷史性特徵的人文學科的獨立性,試圖建立屬於人文學科的獨特的方法論。在梳理完新康德主義弗萊堡學派的這一歷史起源和各位哲學家的主要觀點之後,海德格爾對其進行了批判,他認為李凱爾特的主觀性方法(subjective method)進路無法真正地在真(truth)和價值(value)之間建立聯繫。參見,M.Heidegger,*Towards the Definition of Philosophy*,第二部分,《現象學與先驗價值哲學》。不過,海德格爾在 1919 年戰時補救學期所開設的課程「哲學觀念與世界觀問題」中對西南學派的批判則更為直接,他指出,哲學要追求「作為源初科學」的目標,但新康德主義的批判的價值哲學並不能完成這樣的任務,因為它們將自己的標準置放在「理念」上以提供價值和有效性。但價值與有效性的問題並不只是理論化思維的產物,並不是邏輯推演的結果,因為有效性是由一個主體來賦予的,賦予價值是一種行為,而這種行為和主體的體驗結構關聯在一起。因此,要追求源初科學的哲學需要對體驗本身進行分析。他透過「問題體驗」和「講台體驗」來對體驗結構進行分析,透過前者,他把「東西」區分為前理論的前世界的東西、前理論的世界性質的東西、理論的對象性的形式邏輯的東西、理論的客體性質的東西。Heidegger,*Towards the Definition of Philosophy*,pp.97-99, p.186;海德格爾,《形式顯示的現象學 —— 海德格爾早期弗萊堡文選》,第 18 頁。在他看來,前理論的東西要比理論的東西更為源始,而它就是人的實際生命體驗,在海德格爾看來,生命體驗是一個無限流動的整體,理論化的方式是無法把握它的,因為理論化的方式必然要運用概念,但概念是使生命停滯的形式,因此就不可能真

0.4 研究現狀

正地把握生命；透過後者，經由講台體驗分析而得到了周圍世界，海德格爾指出，人首先是生活在一個周圍世界中的，在周圍世界中生活對於人來說，處處都是有意義的，一切都是世界性的。體驗並非對象化的「過程」，而是發生事件（Er-eignis）。當生命體驗發生時，它並非實物性、客觀化的存在者，它自有自己的明證性，這種明證性只對「我」和「我的體驗」來說有效，在生命體驗的過程中，同時也是有效性生效的過程。一門科學唯有在此基礎上才能建立起來。因為科學要有具體的、確定的對象，所以，一門關於體驗的科學就把體驗的非客體化性質消解掉了，因為它採取了理論的方式來處理體驗，於是這個過程也就是去生命化的過程，同時也去除掉了體驗本身的體驗特徵和發生事件特徵，只有到了這一層面時，才有了價值哲學，新康德主義西南學派的目的論的批判方法才能生效。對於具有前理論特徵的實際生命經驗或者說實際生命體驗，只能採取現象學的方式來把握，但這種現象學並非胡塞爾意義上的先驗現象學，而是一種「解釋學直覺」（Hermeneutical intuition），Heidegger，*Towards the Definition of Philosophy*，p.98，在這種意義上，他構建了「現象學的解釋學」，這個詞彙在《現象學與先驗價值哲學》中首次出現，Heidegger，*Towardsthe Definition of Philosophy*，p.112。於是，海德格爾在對新康德主義西南學派的批判的過程中，逐漸地走上了自己通往《存在與時間》的道路。

[23] 薩福蘭斯基，《海德格爾傳》，第 253 頁。

[24] 格魯嫩貝格，《阿倫特與海德格爾——愛與思的故事》，第 133 頁。

[25] 同上，第 130 頁。

[26] 海德格爾著，陳嘉映、王慶節合譯，熊偉校對，陳嘉映修訂，《存在與時間》，北京：三聯書店，2006 年，第 60 頁注 1。以後引用此書將會簡稱《存在與時間》（修訂譯本）。根據比梅爾教授的報告，海德格爾在 1923 年曾應舍勒的邀請在科隆康德學會做了《此在與真理》的演講。（德）比梅爾著，劉鑫、劉英譯，《海德格爾》，北京：商務印書館，1996 年，第 168 頁。

[27] 海德格爾，《存在與時間》（修訂譯本），第 60 頁，小注 1。值得我們注意的是，海德格爾的《存在與時間》的前身分別是 1924 年於馬堡神學家協會上發表的「時間概念」的演講和 1925 年夏季學期開設的「時間概念史導論」的講座課程。《存在與時間》雖然出版於 1927 年，但其寫作時間大致在 1925 年末—1926 年春，這對於理解我們本文的工作十分重要。

[28] 但其實，海德格爾不僅對卡西爾 1925 年出版的《符號形式的哲學》的第二卷比較關注，對於他 1923 年出版的第一卷也保持了高度的關注，在 1925 年夏季學期在馬堡大學

導論

的講座課程「時間概念史導論」中他對卡西爾的工作進行了述評，並提出了自己的批評意見。詳情見海德格爾著，歐東明譯，《時間概念史導論》，北京：商務印書館，2009 年，第 280—281 頁。

[29] 弗里德曼，《分道而行：卡爾納普、卡西爾和海德格爾》，第 6 頁。

[30] 同上，第 6 頁，腳註 9。

[31] 同上，第 6 頁，腳註 9。

[32] 弗里德曼教授在他的《分道而行 —— 卡爾納普、卡西爾與海德格爾》中還尤其報告道：「卡西爾在發表《符號形式的哲學》第三卷前補充了五個與海德格爾《存在與時間》有關的腳註。」他的《符號形式的哲學》第三卷與海德格爾的《康德書》一樣也出版於 1929 年。弗里德曼，《分道而行 —— 卡爾納普、卡西爾與海德格爾》，第 127 頁。

[33] 海德格爾的思想來源至少包括：亞里斯多德為代表的古希臘存在論；保羅、奧古斯丁、阿奎那、路德為代表的神學；胡塞爾的現象學；齊克果、尼采、杜斯妥也夫斯基、里爾克、特拉克爾對生存體驗的分析；狄爾泰、柏格森的生命哲學；謝林和黑格爾的唯心論和思辨神學、狄爾泰和施萊爾馬赫的解釋學以及肇始於赫爾德和洪堡，中經蘭克、德羅伊森，經由文德爾班、李凱爾特等人而流傳下來的德國歷史主義。

[34] 這是拉斯克的看法，也為海德格爾所繼承。薩福蘭斯基，《海德格爾傳》，第 84 頁。

[35] M.Heidegger，*Towards the Definition of Philosophy*，trans by Ted Sadler，The Athlone Press London and New Brunswick，NJ.2000，p.10.

[36] 海德格爾在 1919 年暑季學期於弗萊堡大學開設的講座課程「現象學與先驗價值哲學」中使用了這個詞，也是到目前為止在他出版的著作中第一次使用這個表述。Martin Heidegger，*Towards the Definition of Philosophy*，trans by Ted Sadler，The Athlone Press，2000，p.112. 後來，在他後期文本《從一次關於語言的對話而來 —— 在一位日本人與一位探問者之間》中，當回顧他的早期思想之路時，日本學者手塚富雄說：「在我們看來，九鬼伯爵沒有能夠對這些詞語作出令人滿意的解說，無論是在詞義方面，還是在您談到解釋學的現象學時所採用的意思方面。九鬼只是不斷地強調，解釋學的現象學這個名稱標誌著現象學的一個新維度。」在這裡，海德格爾對「解釋學的現象學」這個提法並沒予以更正，說明他當初可能也是用過這個詞的，即使他本人沒有用過這個詞，但也是認可這個提法的。海德格爾著，孫周興譯，《從一次關於語言的對話而來 —— 在一位日本人與一位探問者之間》，載於海德格爾著，孫周興譯，《在通向語言的途中》，北京：商務印書館，2004 年，第 94 頁。另外，這個文本其實並非對一次對話的真實記錄，而

是海德格爾自己的虛構性陳述，傳達的是他自己的思想。參見馬琳，《海德格爾論東西方對話》，北京：中國人民大學出版社，2010年，第225頁。

[37] 對於Dasein的譯名問題，目前中國學術界主要有三種譯法，一是陳嘉映教授為代表的「此在」譯法；一是張祥龍教授為代表的「緣在」譯法；一是熊偉教授和王慶節教授為代表的「親在」譯法。這三種譯法既各有所長，也各有所缺：「緣在」充分揭示出了Dasein是「存在在此存在出來的境遇」中的境遇感和處境感，將Dasein處身其中並牽帶出的因緣世界這層含義表達了出來，但「緣在」這個譯名在張祥龍教授那裡是以「緣」作為譯名詞根的一組譯名中的一個，除了「緣在」（Dasein），他還有「緣」（Da），「緣構發生」（Ereignis），緣構（ereignen），在緣（Da-sein），同緣在（Mitdasein），緣在的真態的（eigentlich）等一組譯詞。因此，「緣在」這種譯法的缺陷也是很明顯的：如果接受這種譯法就意味著要接受他這一組譯名。這頗有難度。其次，「緣」來自於佛學，若從緣起緣滅之意來思考，似乎其含義要比Dasein更為空靈虛幻一些，若望文生義地對該詞加以理解的話則恐怕使讀者無法體會到海德格爾在使用Dasein時想透過它與sein的牽連而傳達出的意思；「此在」的譯法優點是比較簡潔清楚，是一種直譯。但其也有缺陷，最直接的就是讀者無法看到Dasein與「人」的生存之間的關係。「親在」雖然很好地揭示了這個譯法與人，特別是與人的生存之間的關係。但「親在」的譯名更多地有一種再解釋和再闡發的意味在其中，有過多的意譯成分。因此這三種譯法各有優缺點。恐怕如果將這三種譯法的長處結合到一起就能真正生動而傳神地將Dasein的韻味傳達出來了，但在目前情況下，本文採取思維經濟原則取Dasein的直接譯法，即「此在」的譯名。關於這三種譯法各自的優缺點的說明和辨析，參見：海德格爾，《存在與時間》（修訂譯本），第498—501頁；陳嘉映，《也談海德格爾哲學的翻譯》，載於《中國現象學與哲學評論》（第二輯），第290—293頁；張祥龍，《海德格爾傳》，第154頁；張祥龍，《從現象學到孔夫子》，北京：商務印書館，2001年，69—93頁；張祥龍，《Dasein的含義與譯名——理解海德格〈存在與時間〉的線索》，載於《普門學報》第七期，2002年1月，第93—117頁；王慶節，《親在與中國情懷——懷念熊偉教授》，載於熊偉，《自由的真諦——熊偉文選》，北京：中央編譯出版社，1997年，第397—399頁；王慶節，《親臨存在與存在的親臨——試論海德格爾思想道路的出發點》，載於王慶節，《解釋學、海德格爾與儒道今釋》，北京：中國人民大學出版社，2009年，第88—91頁。

[38] 海德格爾，《存在與時間》（修訂譯本），第1、46頁。

[39] 在於1927年馬堡大學夏季學期的講課稿《現象學的基本問題》中，海德格爾在第一

導論

個腳註中宣告,這本書是《存在與時間》第一部第三篇「時間與存在」的修訂稿。(德)海德格爾著,丁耘譯,《現象學之基本問題》,上海:上海譯文出版社,2008年,第2頁。
[40] 1924年,海德格爾在馬堡康德協會上做了《時間概念》的演講。《存在與時間》中的基本思路在此講座中基本得到了勾畫。因此也有人將《時間概念》看作《存在與時間》的第一稿,將《時間概念史導論》看作《存在與時間》的第二稿。
[41] 高田珠樹,《海德格爾:存在的歷史》,第140頁。
[42] 海德格爾與雅斯貝爾斯的相遇與交往在某種意義上對於二人的思想發展都意義重大。二人初次相遇是在1920年4月28日胡塞爾的家中,那時大家正在慶祝胡塞爾的61歲生日。雅斯貝爾斯比海德格爾年長9歲,這年海德格爾31歲,雅斯貝爾斯40歲。雅斯貝爾斯本不是哲學出身,而是學醫學精神病學出身,因1913年出版的《心理病理學》而獲得自己的聲譽。後來,以1919年出版的《世界觀的心理學》為標誌,雅斯貝爾斯從心理學轉向哲學,海德格爾曾經花兩年的時間為雅斯貝爾斯的這篇文章寫書評,並兩易其稿,在和雅斯貝爾斯交流意見後,因為雅斯貝爾斯對這篇文章的態度不是很積極,海德格爾將這篇文章扣下沒發表,後來收於《路標》一書中。海德格爾和雅斯貝爾斯當時是因為反學院哲學和關注實際的生命經驗的共同旨趣而走到一起並從此開始了兩人終生的交往的。但他們二人的關係可以以1933年為界分成兩段,前半部分對於二人來說都是十分美妙的,海德格爾更是在1925年將阿倫特推薦到雅斯貝爾斯那裡去讀博士學位。但1933年無論因為什麼原因,海德格爾當上了納粹校長,因為雅斯貝爾斯的夫人是猶太人的緣故,二人的交往也冷淡了下來,於是二人頻繁的通信在1933年之後中斷了兩年,在1935年和1936年又謹慎地相互交換了幾封信之後雙方的通信中斷了6年之久,直到1942年雅斯貝爾斯才又給海德格爾寫了一封信,之後又是長達6年的時間,二人通信中斷。其中,在1945年海德格爾接受清除納粹委員會的審查時曾經拜託雅斯貝爾斯為他寫一份鑒定,但結果是寬厚的雅斯貝爾斯寫的鑒定對海德格爾十分不利。在1948年3月1日和1949年6月2日雅斯貝爾斯又寫給海德格爾兩封信之後,雙方才又開始恢復了通信,這種通信關係一直持續到了1963年。*The Heidegger—Jaspers Correspondence*(1920—1963),edited by Walter iemel and Hans Sancer,trans by Gary E.Aylesworth,Humanity Books,59 John Glenn Drive,New York,2003。薩福蘭斯基的《海德格爾傳》中也對海德格爾與雅斯貝爾斯的交往歷程做了很好的描述;格魯嫩貝格教授在《阿倫特與海德格爾——愛與思的故事》中也曾對海德格爾、雅斯貝爾斯與阿倫特三人之間在思想和生活上交流的故事給予了精彩的說明。

[43] *The Heidegger—Jaspers Correspondence* （1920—1963），2003，p.61.

[44] Ibid，p.73.

[45] 「正是在此講座課程期間，哲學系的系主任走進了海德格爾的辦公室並告訴他，『你現在必須出版點兒東西了。你有合適的手稿嗎？』」Heidegger，*Logic：The Question of Truth*，trans by Thomas Sheehan，Bloomington and Indianapolis：Indiana University Press，2010，translator's Forward.

[46] 海德格爾這篇文章的原型是 1961 年 5 月 17 日於基爾做的同名演講，後於 1962 年首次發表在艾裡克·武爾夫六十壽辰的紀念文集《生存與秩序》中，作為單行本則是在 1963 年出版，後收錄於《路標》一書中。參見海德格爾，《路標》，第 568 頁；（法）阿爾弗雷德·登克爾、（德）漢斯-赫爾穆特·甘德、（德）霍爾格·察博羅夫斯基主編，靳希平等譯，《海德格爾與其思想的開端》（海德格爾年鑒·第一卷），北京：商務印書館，2009 年，第 608 頁。

[47] 關於海德格爾解讀康德的作品，靳希平教授在《海德格爾的康德解讀初探》一文中做了很好的綜述。見靳希平，《海德格爾的康德解讀初探》，載於孫周興、陳家琪主編，《德意志思想評論》（第一卷），上海：同濟大學出版社，2003 年，第 39—60 頁。此外，DanielO.Dahlstrom 在他的《海德格爾在馬堡的康德課程》一文中也大致介紹了海德格爾解讀康德作品的情況。Daniel O.Dahlstrom，*Heidegger's Kant—Courses at Marburg*，載於 Theodore Kisiel 和 John van Buren 主編，*Reading Heidegger from the Start*，State University of New York Press，1994，pp.293-294.

[48] Heidegger，*TowardstheDefinitionofPhilosophy*，p.7，p.11，p.14，p.16，p.25，p.30，p.65，p.67，p.89.

[49] Ibid，p.104，p.109，pp.113-114，pp.120-124，p.131，p.144，p.148.

[50] Heidegger，*Phenomenology of Intuition and Expression*，trans by Tracy Colony，Continuum International Publishing Group，2010，p.2，p.52，pp.90-92，p.145，p.151.

[51] Heidegger，*The Phenomenology of Religious Life*，trans by Matthias Fritsch and Jennifer Anna Gosetti-Ferencei，Indiana University Press，2004，p.12，p.17，p.39.

[52] Heidegger，*Phenomenological Interpretations of Aristotle—Initiation into Phenomenological Research*，trans by Richard Rojcewicz，Bloomington & Indianapolis，

導論

Indiana University Press，2001，p.5.p.7，p.11，p.18，p.73。
[53] 海德格爾，何衛平譯，《存在論：實際性的解釋學》，北京：人民出版社，2009年，第26頁，第33頁，第73頁。
[54] 海德格爾，孫周興編譯，《海德格爾選集》，上海：上海三聯書店，1996年，第18頁。
[55] 海德格爾，歐東明譯，《時間概念史導論》，北京：商務印書館，2009年，第74頁，第92頁，第96頁，第122頁，第310頁，第323頁，第355頁。
[56] 海德格爾，《存在與時間》（修訂譯本），第13頁，第27—31頁，第127頁，第169頁，第234頁，第247頁，第258頁，第235頁，第363—366頁，第482頁。
[57] 海德格爾，《海德格爾選集》，第167頁。
[58] 載於《在通向語言的途中》，參見海德格爾，孫周興譯，《在通向語言的途中》，北京，商務印書館，1997年，第96頁、第107—108頁。
[59] 海德格爾，孫周興譯，《哲學論稿——從本有而來》，北京：商務印書館，2012年，第58頁，第77頁，第102頁，第183頁，第188頁，第211頁，第218頁，第265—266頁，第295頁，第330—333頁，第358頁，第472頁，第494頁。
[60] 海德格爾，《康德與形而上學疑難》，第二版序言。
[61] 同上。
[62] 標誌著海德格爾真正地走上自己的生存—存在論哲學道路的是1919年在戰時緊急學期上開設的「哲學觀念與世界觀問題」。在這之後，海德格爾曾分別在1921年夏季學期開設「關於亞里斯多德《論靈魂》的現象學實驗課程」（GA60）的研討班；1921—1922冬季學期開設講座課程「對亞里斯多德的現象學解釋——現象學研究導論」（GA61）；1922年夏季學期開設講座課程「對亞里斯多德關於存在論和邏輯學的有關論文的現象學解釋」（GA62）；在1922年10月份，他向馬堡大學哲學系提交的「那托普報告」（Natorp-Bericht）（其全稱是「對亞里斯多德的現象學闡釋——解釋學處境的顯示」，因為其是為應徵馬堡大學的副教授一職而提交給那托普的，所以學界簡稱其為「那托普報告」，它第一次發表於《狄爾泰年鑒》第六捲上，目前也有孫周興教授的譯本）也是對亞里斯多德的解釋著作；1922—1923年冬季學期開設「對亞里斯多德的現象學解釋」（GA62）（圍繞《尼各馬可倫理學》VI，《論動物》和《形而上學》VII）的研討班；1923年暑季學期開設討論課「初級現象學練習：亞里斯多德《尼各馬可倫理學》」；1923—1924年冬季學期開設討論課「高級現象學練習：亞里斯多德《物理學》B」；1924年夏季學期開設「亞里斯多德哲學的基本概念」的講座課程（GA18）、開設了討論課「高級研

究班：亞里斯多德與經院哲學，托馬斯的 *De ente et essential*（《論存在與本質》），卡耶坦的 *De nominum analogia*（《論名稱的類比》）」，1924 年 12 月 1 日—8 日，在多地做了以《根據亞里斯多德的此在與真在而對〈尼各馬可倫理學〉第 VI 卷的解釋》的演講；在 1924—1925 年冬季學期中開設的有關柏拉圖《智者篇》的課程中也用了相當大的篇幅來探討亞里斯多德《尼各馬可倫理學》中的內容；1927 年暑季學期開設了討論課「高級討論班：亞里斯多德存在論與黑格爾的邏輯學」；1928 年夏季學期開設討論課「關於亞里斯多德《物理學》卷 III 的現象學練習」；1929 年夏季學期開設了高級討論班「與亞里斯多德的 *De anima*（《論靈魂》）、*De animalium motione*（《論動物運動》）與 *De animalium incessu*（《論動物前進》）相關的生命的本質」；1931 年夏季學期開設講座課程「亞里斯多德：《形而上學》第九卷第 1—3 章」（GA33）；1940 年第一個三分之一學年開設討論班「關於形而上學基本概念的工作共同體（亞里斯多德，《物理學》B1）」；1942—1943 年冬季學期開設討論班「亞里斯多德《形而上學》Q10 和 E4」；1944 年夏季學期開設討論班「高級練習：亞里斯多德《形而上學》g 卷」；1951 年夏季學期開設討論班「閱讀練習，亞里斯多德《物理學》B1 和 g1—3」；1951—1952 年冬季學期開設討論班「亞里斯多德 G 和《形而上學》q10」。除了這些比較集中的處理亞里斯多德哲學的講座和研討班，他還在很多其他的課程中提及亞里斯多德，比如他 1927 年的課程「現象學的基本問題」中就也有討論亞里斯多德哲學。

[63] 海德格爾曾經在 1924—1925 年冬季學期開設講座課程「柏拉圖的智者」（GA19）；1930—1931 年冬季學期和薩德瓦爾特一起開設了高級討論班「柏拉圖的《巴門尼德》」，並且這個討論班延續到了 1931 年夏季學期；1931—1932 年冬季學期開設講座課程「論真理的本質 —— 關於柏拉圖的洞穴比喻和《泰阿泰德》篇」（GA34），同時，肇始於該講座課程，海德格爾後來寫成了《柏拉圖的真理學說》一文，該文曾在 1947 年與《關於人道主義的書信》一道出版，後收錄於《路標》中；1933 年夏季學期開設討論班「關於柏拉圖的《斐德羅》，中級」。

[64] 海德格爾曾經在 1929 年夏季學期開設「德國的唯心論（費希特，黑格爾，謝林）與當代哲學問題」的講座課程（GA28）；1930—1931 年冬季學期開設「黑格爾的精神現象學」的講座課程（GA32）；1936 年夏季學期開設「謝林關於人類自由的本質」的講座課程（GA42）；1941 年第一個三分之一學年開設「謝林：關於他對人的自由的本質的探討的重新解釋」的講座課程（GA49）。海德格爾也曾開設過若干圍繞黑格爾哲學的討論班：1925—1926 年冬季學期的「高級討論班：現象學練習（黑格爾《邏輯學》第一卷）」；

導論

1929 年夏季學期，與講座課程「德國唯心論與當代哲學問題」配套的討論課「與主講座相關的唯心論語實在論初級練習（黑格爾《精神現象學》導言）」；1934 年夏季學期的「關於黑格爾的高級學習小組：耶拿時期的實在哲學（1805/1806）」；1934—1935 年冬季學期的「初級練習：黑格爾《論國家》」，「高級練習：繼續黑格爾《精神現象學》」，這個討論班一直延伸到 1935 年夏季學期；1942 年夏季學期的高級討論班「黑格爾的《精神現象學》」，在這一學期寫了《黑格爾〈精神現象學〉導論解釋》的文章，收於 GA68。這個討論班一直延續到 1942—1943 年冬季學期，在冬季學期中，海德格爾做了《黑格爾的經驗概念》的演講，後收錄於《林中路》；1943 年夏季學期開設了討論班「高級練習：黑格爾《精神現象學》B，自我意識」；1955—1956 年冬季學期開設討論班「黑格爾的邏輯學：本質學說」；1956—1957 年冬季學期開設討論班「黑格爾的《邏輯學》（論開端）」；1958 年 3 月 20 日在普羅旺斯的「新學院」大廳做了《黑格爾與希臘人》的演講，後又於 1958 年 7 月 26 日在海德堡科學院全體會議上做了同名演講。首次出版於 1960 年伽達默爾的 60 壽辰紀念文集《新思想中希臘人的在場》，後收錄於《路標》(1967) 中。

[65] 1935 年之後，海德格爾多次以尼采作為自己的闡釋主題，開設了一系列有關尼采的講座課程。這些課程分別是：1936—1937 年冬季學期的「尼采：作為藝術的強力意志」(GA43)；1937 年夏季學期的「尼采在西方思想中的形而上學上的基本位置：相同者的永恆輪迴」(GA44)；1938—1939 年冬季學期的「尼采的第二個不合時宜的考察」(GA46)；1939 年夏季學期的「尼采關於作為認識的強力意志的學說」(GA47)；1940 年第二個三分之一學年的「尼采：歐洲虛無主義」(GA48)

[66] 1932 年夏季學期，海德格爾開設了講座課程「西方哲學的開端：阿那克西曼德和巴門尼德」(GA35)；1942—1943 年冬季學期，他開設了講座課程「巴門尼德」(GA54)；1943 年夏季學期開設了講座課程「西方思想的開端：赫拉克利特」、1944 年夏季學期開設了講座課程「邏輯學：赫拉克利特的邏各斯學說」(GA55)。

[67] 海德格爾著，王煒譯、熊偉校，《給理查森的信》，載於孫周興選編，《海德格爾選集》（下），上海：上海三聯書店，1996 年，第 1278 頁。

[68] Heidegger，*Fruehe Schriften*，Frankfurt am Main，Vittorio Klostermann，1978，S.437.

[69] 海德格爾著，孫周興譯，《林中路》，上海：上海譯文出版社，2004 年，卷首頁。

[70] 海德格爾著，王煒譯、熊偉校，《給理查森的信》，載於孫周興選編，《海德格爾選集》（下），第 1277 頁。

[71] 孫周興選編，《海德格爾選集》（下），第 1277 頁。

[72] 同上，第 1277 頁。

[73] 對於 ontology（Ontologie）的漢譯，通常有「本體論」和「存在論」兩種，當然最近也有一些學者比如孫周興教授將其翻譯成「存在學」。但是為了盡可能地避免混淆和誤解，對於通行的譯名，在沒有存在根本性的謬誤或者不至於影響漢語讀者對該詞的理解的前提下，本文將採取約定俗成的原則盡可能地採用漢語學界通行的譯名。關於 ontology，漢語學界通常為了區分海德格爾對該詞的用法和以往的哲學傳統對該詞的用法的差異而將傳統哲學中的 ontology 翻譯成「本體論」，將海德格爾處的 ontology 翻譯成「存在論」，本文也將承接此種用法和理解。這種翻譯的根據在於，海德格爾處的 ontology 是要恢復其作為一門對「存在」進行追問的學問的源初意義，但以往的 ontology 恰恰遺忘了存在本身，而變成了對某種存在者也就是「實體」的追問。不過需要我們注意的是，「本體論」這個譯名並非完美的，它也是有問題的，正如張志偉教授指出的，這個譯名很容易讓漢語讀者望文生義，認為它是研究「本體」的學說。但實際上，在西方哲學史中，傳統意義上的 ontology 是研究 substance 的學問，substance（實體）和 accident（偶性）是一對概念，二者對應的拉丁詞分別是 *substantia* 和 *accidens*，而這兩個拉丁詞又可以追溯到古希臘語的 οὐσία 和 συμβεβηκός。但「本體」（noumema）這個概念在哲學上出現的時期則要晚得多，直到康德哲學中才作為專門的哲學術語出現，在康德的《純粹理性批判》中，與 noumena（本體）相對應的概念是 phenomena（現象）。相關情況參見張志偉主編，《形而上學讀本》，北京：中國人民大學出版社，2010 年，第 4 頁；張志偉，《〈純粹理性批判〉中的本體概念》，《中山大學學報》（社會科學版），2005 年 6 月，第 61—67 頁。

[74] 西元前 323 年，亞歷山大大帝去世，因為雅典廣泛興起的反馬其頓的浪潮，作為亞歷山大大帝老師的亞里斯多德也受到牽連，於是他遠走自己母親的故鄉卡爾塞斯，並不幸地在西元前 322 年去世。他去世後手稿交由亞里斯多德在呂克昂學園的繼承人同時也是他的圖書館繼承人的特奧弗拉斯托斯（Theophrastos）保管，在他大約於西元前 285 年前後去世之後，這些文稿被交給了他的侄子奈琉斯（Neleus）保管，奈琉斯最後將這些手稿帶到了位居於小亞細亞的斯凱帕西斯（Scepsis），之後這些文稿被埋在了一個地窖裡，直到西元 1 世紀被發現後交由安德羅尼柯來加以整理。相關情況參見 Georgios Anagnostopoulos，「Aristotle's Works and the Development of His thought」，載於 *A Companion to Aristotle*（Blackwell Companion to Philosophy），edited by

導論

Geogrios Anagnostopoulos，Blackwell Publishing Ltd，2009，p.15。汪子嵩、范明生、陳村富、姚介厚，《希臘哲學史 3》，北京：人民出版社，2003 年，第 31—32 頁，第 39—40 頁；趙敦華，《西方哲學通史 —— 古代中世紀部分》，北京：北京大學出版社，1996 年，第 168 頁；余紀元，《亞里斯多德倫理學》，北京：中國人民大學出版社，2011 年，第 4 頁。

[75] ἐπιστήμη 這個詞既可以翻譯成「科學」，也可以翻譯成「知識」。

[76] 《尼各馬可倫理學》1094b19-28、1104a3-10。Aristotle，Nicomachean Ethics，trans by Terence Irwin，second edition，Indianapolis：Hackett Publishing Company，1999，pp.2-3，pp.19-20；亞里斯多德著，廖申白譯，《尼各馬可倫理學》，北京：商務印書館，2010 年，第 7 頁，第 38 頁。

[77] 我們在此需要注意，儘管亞里斯多德那裡的第一哲學是形而上學，因為他的第一哲學就是本體論（或存在論），從廣義上來說就可以等同於形而上學，但嚴格地說，他的形而上學與他的本體論並不完全等同，因為在亞里斯多德那裡形而上學的內容也包括研究終極原因和第一原則的神學，因此內容要比本體論更為寬泛些。

[78] 《形而上學》1017a9-1017b10。Aristotle，*The complete Works of Aristotle*，editedby Jonathan Barnes，the revised Oxford translation，volume two，Princeton University Press，1985，p.1606；亞里斯多德著，苗力田譯，《形而上學》，載於苗力田主編《亞里斯多德全集》（第七卷），北京：中國人民大學出版社，1993 年，第 121—122 頁；亞里斯多德，《形而上學》第五卷第 7 節，聶敏裡譯，載於張志偉主編，《形而上學讀本》，第 54—55 頁。然而，亞里斯多德本人並沒直接運用這樣的表述，他在《形而上學》第五卷第七節中對這幾個詞的相應表述分別是，「存在一方面就偶性而言，一方面就自身而言」（1017a7）、「就本身而言者是指範疇類型所表示的那些」（1017a25）、「『存在』和『是』還表示真，而『不存在』表示不真而是假的，對於肯定和否定也是一樣」（1017a31）、「『存在』還表示上述例子中有些是就潛能而言的，有些是現實而言的。」（1017b1 3）聶敏裡譯，載於張志偉主編，《形而上學讀本》，第 54—55 頁。

[79] 《形而上學》1017a25，聶敏裡譯，見張志偉主編，《形而上學讀本》，55 頁。

[80] 關於 οὐσία，目前漢語學界主要有三種譯名，其一為「本體」，其二為「實體」，其三為「本是」。第一種譯法以汪子嵩先生為代表。參見汪子嵩，《亞里斯多德關於本體的學說》，北京：人民出版社，1997 年。第二種譯法是漢語學界的通常譯法。第三種譯法以余紀元先生為代表。參見余紀元，《亞里斯多德論 on》，載於《哲學研究》1995 年第 4 期，

76

第 63—73 頁，亦見於宋繼杰主編，《Being 與西方哲學傳統》（上），保定：河北大學出版社，2002 年，第 212—229 頁。鑒於「本體」的譯名有可能引起讀者的誤解和望文生義，而「本是」的譯名又並非常見，「實體」的譯名又廣為流傳，並且其並非澈底錯譯，所以本文採取約定俗成的原則依然採取「實體」的譯名。但「實體」這一譯名的確也有自身的缺陷，值得我們注意。亞里斯多德處的οὐσία本意是用來研究什麼存在與如何存在的問題。無論是他區分的第一實體還是第二實體都既不「實」，也沒有可見的「體」，因此對譯於作為真正的存在的οὐσία的確並非最好的選擇。但這種缺憾也並非為漢語學界所獨有，毋寧說對οὐσία的這種誤解源遠流長，在οὐσία拉丁化的過程中，主要有兩個拉丁譯名，即 *essentia* 和 *substantia*。余紀元教授指出，「拉丁文譯者在譯οὐσία這個詞時，力圖反映它與『to be』的衍生關係，便根據拉丁文陰性分詞發明了 *essentia* 一詞，昆蒂良、塞納卡等人都是這樣譯的。波埃修斯在評註亞里斯多德邏輯著作時，根據οὐσία的意思（οὐσία在邏輯中意思為主項或主體、載體），以 substantia（站在下面）一詞譯之，不過他在神學著作中仍用『essentia』翻譯。但由於波埃修斯的邏輯注釋在中世紀十分有影響，逐漸地，*substantia* 便成為οὐσία一詞的主要譯法。」見余紀元，《亞里斯多德論 on》，載於宋繼杰主編，《Being 與西方哲學傳統》（上），第 221 頁。但從這兩個拉丁譯詞來說，如果對二者進行比較，οὐσία的意思其實更接近於 *essentia*，而非 *substantia*。這兩個拉丁詞在進一步現代化時就相應地變成了 essence 和 substance。然而，若嚴格來說，亞里斯多德那裡更接近於這個 *substantia* 的是ὑποκείμενον，不過這兩個詞也有區別，前者的本意是「站在下面的東西」，而後者的本意是「躺在下面的東西」。ὑποκείμενον在拉丁化的過程中變成了 *subiectum*（基礎、基底）。*subiectum* 後來在近代哲學中逐漸演變成了 subject（主體）。此外，近代哲學中尤其是洛克意義上的 substance 與亞里斯多德的οὐσία的含義也早已相去甚遠。因此，將οὐσία翻譯成「實體」也實非最佳選擇。進一步而言，更值得我們注意的是，無論將οὐσία翻譯成「本體」也好、「實體」也好，還是「本是」也好，海德格爾恐怕都難以認可，在他看來，在將οὐσία拉丁化為 *essentia* 和 *substantia* 的這個過程中已經存在了誤譯和缺失。而 substance（實體）的譯法更明顯是近代哲學的產物，於是他將我們通常譯作「實體」的οὐσία翻譯成「在場」（das Anwesen），而將通常被譯作「主體」的ὑποκείμενον翻譯成「已經呈放出來的東西」。參見海德格爾著，孫周興譯，《尼采》（下），北京：商務印書館，2002 年，第 1041 頁；透過這種翻譯，他就將在傳統形而上學和認識論中已經被實體化和主體化了的οὐσία和ὑποκείμενον從其在哲學史上傳承下來的含義中解放了出來，而力圖恢復其在他看來的源始的、動態的含義。這一過程其實很好地展現了

導論

海德格爾的現象學方法中的解構這一環節。不過，如果我們觀察一下西方哲學史的話，會發現一個很有意思的現象，那就是「實體」和「主體」到黑格爾那裡又走向了合流，黑格爾更是在《精神現象學》中提出了「實體即主體」的思想。

[81] 尼古拉斯·布寧、余紀元編著，《西方哲學英漢對照辭典》，北京：人民出版社，2001年，第615頁，「形而上學」條目。

[82] Eisler Rudolf，*Worterbuch der philosophischen Begriffe*，Berlin1929.zweiter Band，S.344，轉引自張志偉、馮俊、李秋零、歐陽謙，《西方哲學問題研究》，北京：中國人民大學出版社，1999年，第13頁。

[83] 張志偉主編，《形而上學讀本》，2010年，第4頁。

[84] 海德格爾，《存在與時間》（修訂譯本），第1頁。

[85] 同上，第1頁。

[86] 同上，第22頁。

[87] 同上，第22頁。

[88] Destrucktion這個詞，王慶節教授在他的譯著《康德與形而上學疑難》中將其翻譯成「拆建」，這是很有道理的。因為海德格爾在運用Destrucktion這個詞的時候，並非像後現代主義的解構主義者們那般只強調它的破壞性的一面。海德格爾在使用它時同時要強調建設性的一面，即要將既往的哲學概念和哲學體系打破之後，把被它們固化了的東西鬆動、釋放出來，讓它們從其源頭處重新湧動、生長出來。但我們認為用「拆建」來翻譯Destrucktion尚有一些不太確切之處。理由如下：1.海德格爾在《現象學的基本問題》中明確地說現象學的方法有三重環節：現象學還原，現象學建構和現象學的Destruktion，他認為這三個環節是彼此相互貫通，你中有我，我中有你的，它們之間在實行時並不像某種機械程式那般前後相繼的運行關係，而是同時進行的，在還原中有Destruktion，同時在Destruktion的時候有建構。在這種意義上，「拆建」用來形容作為這三重環節所組成的整體的現象學方法似乎更為確切些。如果用這個詞來只對應Destruktion這個環節則有可能讓人們誤解現象學的Destruktion與現象學的其他兩重環節的關係。2.另外，「拆建」這個詞也有可能會讓人們對海德格爾解讀康德的意圖產生誤解。因為這裡面的「建」總是和「拆」對應的，他要拆的是以往哲學中的理論體系，概念化的表達方式和話語方式。但與此同時，他並沒有要「建」出來另一種規範性的、體系性的、理論化的存在論。在某種意義上，他要做的就是要敞露存在論的源頭，然後試圖描述和展示從這個源頭中能如其所是地發生什麼樣的東西。事實上，在海德格爾看來，

哲學和思想是歷史性的，而不是體系性的。3. 如果跳出《康德書》的視野，而從海德格爾哲學的整體來看，尤其是從他的早期思想來看，把 Destruktion 這個詞翻譯成「拆建」也有不太確切之處。Destruktion 這個詞在他的哲學中很早就出現了。譬如他在 1919—1921 年間寫成的《評卡爾·雅斯貝爾斯〈世界觀的心理學〉》中就多次出現過這個詞。而且這個詞在這篇書評中占有重要地位，Destruktion 的方法是他早期弗萊堡講座中 (1919—1923) 取得哲學突破的重要因素之一。見海德格爾，《評卡爾·雅斯貝爾斯〈世界觀的心理學〉》，載於海德格爾著，孫周興譯，《路標》，商務印書館，2011 年，第 6 頁，第 40 頁。當海德格爾在早期弗萊堡講座時期中（包括對雅斯貝爾斯《世界觀的心理學》的書評）運用 Destruktion 的時候，他的本意是說要把以往的理論體系、概念體系及其背後的思維方式打破，從而把被它們板結了、固化了、去生命化了的源始生命體驗重新釋放出來。在《存在與時間》中他也堅持這樣的看法，「我們把這個任務了解為：以存在問題為線索，把古代存在論傳下來的內容解構成一些原始經驗——那些最初的、以後一直起著主導作用的存在規定就是從這些源始經驗獲得的。」見海德格爾，《存在與時間》（修訂譯本），第 26 頁。所以如果我們從海德格爾哲學的整體來看，把 Destruktion 翻譯成「解構」要更為合適些。

[89] *Philosophie als strenge Wissenschaft*（*Philosophy as a rigorous science*）即「作為嚴格科學的哲學」是胡塞爾在發表於 1911 年的《哲學作為嚴格的科學》中提出的思想。由於他的這篇文章是應李凱爾特之邀為《邏各斯》雜誌所撰寫的，發表於《邏各斯》雜誌的第一期上。因此，胡塞爾的這篇文章又被稱為「邏各斯論文」。

[90] *Philosophie als Urwissenschaft*（*Philosophy as original science*）即「作為源初科學的哲學」這一思想是海德格爾在於 1919 年的戰時補救學期所開設的課程「哲學觀念與世界觀問題」中所提出的思想。見 Heidegger，*Towards the Definition of Philosophy*，trans by Ted Sadler，The Athlone Press，London and New Brunswick，NJ，2000，p.53。

[91] 在某種意義上，胡塞爾的這句作為現象學標誌性口號的「回到事情本身」是針對新康德主義者李普曼在《康德及其模仿者》中所提出的「回到康德去」的口號而提出來的。在胡塞爾看來，面對復興的各種哲學思潮，諸如新黑格爾主義、實證主義、馬克斯主義、齊克果的生存主義等等時只回到康德去是不夠的，真正要緊的是要能夠回到事情本身。在某種意義上，這種想法與蘇格拉底的「自知其無知」和笛卡爾的「我思故我在」（*Cogito ergo sum*）一樣是一種真誠然而卻有些激進的思想。

[92] 胡塞爾，倪梁康譯，《哲學作為嚴格的科學》，北京：商務印書館，2002 年，第 69 頁。

導論

[93] 參見倪梁康,《胡塞爾現象學概念通釋》,北京:三聯書店,2007 年,第 502 頁;海德格爾,孫周興編譯,《形式顯示的現象學 —— 海德格爾早期弗萊堡文選》,上海:同濟大學出版社,2004 年,編者前言,第 6—7 頁。

[94] 這個所謂的「方法論之爭」主要事關自然科學與精神科學或者說人文科學應該採取何種研究方法的問題。在德國,在黑格爾於 1831 年去世之後,形而上學的思辨方法走向了瓦解和終結,因此在 19 世紀中期以來,自然科學和實證科學不再採取思辨的方法從事科學研究,而採取了經驗的、歸納的、實證的方法進行研究,取得了長足進步。與此形成鮮明對照的是,哲學卻隨著黑格爾宏大的思辨哲學體系的瓦解而走向了瓦解和崩潰,這種情況不僅在哲學中存在,在歷史學、社會學、經濟學、法學等人文科學或者說精神科學甚至是神學中也同樣存在。於是,人文科學或者說精神科學就要在自然科學和實證科學面前為自己的獨立性辯護,這種辯護主要圍繞下面這個問題展開:人文科學與精神科學究竟是否有不同於自然科學與實證科學的研究方法。有一種觀點認為,自然科學的經驗的、歸納的和實證的方法同樣適用於人文科學,以此觀點指導下的人文科學應該建成為一種體系哲學,世紀末出現的馬赫和阿芬那琉斯等人的實證主義和新康德主義馬堡學派就是這種看法的典型代表,他們在哲學上的報復小得出奇。而與此針鋒相對的另外一種觀點認為,人文學科有自己獨特的方法論,那就是對歷史和歷史理性的重視,人文學科的研究應該採取一種歷史的方法。不過,這種意義上的歷史精神卻不再以黑格爾的思辨形而上學的面貌出現,毋寧是帶有了經驗、歸納性的特徵。比如歷史學中就出現了像尼布爾、蘭克、德羅伊森和特洛爾奇為代表的批判的歷史學研究,社會學領域中出現了以反實證主義精神從事社會學研究的馬克斯·韋伯,經濟學領域中出現了德國以施莫勒為代表的歷史經濟學派,他們與以門格爾為首的奧地利經濟學派形成了鮮明的對照。而在法學領域中盛行的則是以薩維尼為主導的歷史法學派。在哲學領域中的典型代表就是狄爾泰和新康德主義西南學派。關於德國有關「方法論之爭」的一般性介紹,參見:Andrew Barash,*Martin Heidegger and the Problem of Historical meaning*,revised and expanded edtion,New York:Fordham University Press,2003,第一章,「19 世紀德國思想中歷史意義問題的誕生」,pp.1-56。關於德國歷史主義(historicism)的興起,參見(美)格奧爾格·G·伊格爾斯,彭剛、顧杭譯,《德國的歷史觀》,南京:譯林出版社,2006 年;(德)弗里德里希·梅尼克,陸月宏譯,《歷史主義的興起》,南京:譯林出版社,2009 年;(意)卡洛·安東尼,黃豔紅譯,《歷史主義》,上海:格致出版社、上海人民出版社,2010 年。有關德國歷史經濟學派的一般情況和基本觀點以及奧地利經濟

0.4 研究現狀

學派和德國歷史經濟學派的爭論，參見：(美)布魯斯·考德威爾，馮克利譯，《哈耶克評傳》，北京：商務印書館，2007 年，第一卷，第 17—119 頁。

[95] 朱剛，《理念、歷史與交互意向性 —— 試論胡塞爾的歷史現象學》，載於《哲學研究》，2010 年 12 期，第 68 頁。

[96] Husserliana（胡塞爾全集），VI，S.385. 轉引自倪梁康，《歷史現象學與歷史主義》，《西北師大學報》（社會科學版），2008 年 7 月刊（第 45 卷第 4 期），第 7 頁。

[97] 海德格爾，《給理查森的信》，載於《海德格爾選集》，第 1274 頁。

[98] 海德格爾，《評卡爾·雅斯貝爾斯〈世界觀的心理學〉》」，孫周興譯，載於海德格爾，《路標》，第 45 頁。

[99] 海德格爾，《路標》，第 42 頁。

[100] 同上，第 7 頁。

[101] 同上，第 6 頁。

[102] 海德格爾，《在通向語言的途中》，第 107 頁。

[103] 海德格爾，《存在與時間》（修訂譯本），第 46 頁。

[104] 同上，第 46 頁。

[105] 同上，第 47 頁。

[106] 海德格爾，《現象學之基本問題》，第 2 頁。

[107] 海德格爾，《存在與時間》（修訂譯本），第 5 頁。

[108] 因為如果從《現象學之基本問題》的內容來看，嚴格地說，只有第二部分的第 20 節「時間性與時間狀態」、第 21 節「時間狀態與存在」和第 22 節「存在與存在者：存在論差異」才真正地是《存在與時間》中所計畫的第一部分第三篇的內容，其餘的內容則可以看作《存在與時間》的前史，即從哲學史上的諸種本體論中引出存在與時間的關係。

[109] *The Heidegger—Jaspers Correspondence* (1920—1963)，2003，p.61.

[110] Ibid，p.73.

[111] 海德格爾，《存在與時間》（修訂譯本），第 27 頁。

[112] 關於海德格爾的 Fundamentalontologie，漢語學界通譯為「基礎本體論」，但王慶節教授指出，海德格爾運用這個詞不僅是用它來指一種未來可能的存在論的「基礎」部分，同時它也是這種存在論的初始部分，因此改譯為「基始存在論」，意為「基礎初始」之意，本文認為這種理解是有道理的，因此本文選用此譯名。參見海德格爾著，王慶節譯，《康德與形而上學疑難》，1 頁腳註 1。

81

導論

[113] 海德格爾,《康德與形而上學疑難》,第一版序言。
[114] 同上,第一版序言。
[115] 同上,第四版序言,第 1 頁。
[116] 同上,第四版序言,第 2 頁。
[117] 同上,第四版序言,第 2 頁。
[118] 同上,第四版序言,第 2 頁。
[119] 海德格爾,《存在與時間》(修訂譯本),第 27 頁。
[120] 同上,第 28 頁。
[121] 同上,第 28 頁。
[122] 同上,第 28 頁。
[123] 海德格爾,《康德與形而上學疑難》,第一版序言。
[124] 同上,附錄 I,《〈康德書〉札記》,第 238 頁。
[125] 赫拉克利特,殘篇60.ὁδὸς ἄνω κάτω μία καὶ ἡ αὐτή,如果按照古希臘原文來翻譯的話,這句漢譯並不準確。這個句子的主語是ὁδὸς,也就是第一個單詞,「路」,第二個詞ἄνω和第三個詞κάτω是副詞,前者是「向上」(upward) 的意思,後者是「向下」(downward) 的意思。第四個詞μία的意思是「一」。第五個詞και是連詞「和」,「並且」的意思。最後的那兩個詞是強指代詞,相當於「the same」。那麼,如果完整地把這句話連在一起說就是「向上的路與向下的路是一條並且是同一條路」(The road upward and downward is the one and the same one)。
[126] 見海德格爾,《康德與形而上學疑難》,附錄 V,第 297—303 頁。
[127] 詳情見 Martin Weatherston,*Heidegger's Interpretation of Kant:Categories,Imagination and Temporality,*Palgrave Macmillan,2002,pp.1-2.
[128] Heidegger,*Phenomenological Interpretation of Kant's Critique of Pure Reason,*trans by Parvis Emad and Kenneth Maly,Bloomington & Indianapolis:Indiana University Press,1997,p.2.
[129] 海德格爾,《哲學論稿——從本有而來》,第 265 頁。
[130] 關於牟宗三先生對海德格爾的康德解釋的介紹與批評,參見牟宗三,《智的直覺與中國哲學》,北京:中國社會科學出版社,2008 年,第 21—113 頁。關於對牟宗三先生批評的評價,參見倪梁康,《牟宗三與現象學》,《哲學研究》,2002 年第十期,第 42—48 頁;畢游塞,《論牟宗三對海德格爾的康德解釋的質疑》,潘兆雲譯,載於成中英、馮俊

主編,《康德與中國哲學智慧》,中國人民大學國際中國哲學與比較哲學研究中心譯,中國人民大學出版社,2009 年,第 180—201 頁。

[131] 孫周興,《海德格爾對康德哲學的存在學改造》,原載於《南京大學學報》,1991 年第二期,後在修訂後收錄於《後哲學的哲學問題》。孫周興,《後哲學的哲學問題》,北京:商務印書館,2009 年,第 123—142 頁。

[132] 見葉秀山,《海德格爾如何推進康德哲學》,《中國社會科學》,1999 年第三期,第 118—129 頁。

[133] 原載於湖北大學哲學研究所《德國哲學》編委會編,《德國哲學論文集》13 卷,1993 年,第 1—24 頁。再版於張祥龍,《德國哲學、德國文化與中國哲理》,上海:上海外語教育出版社,2012 年,第 171—191 頁。

[134] 參見靳希平,《海德格爾的康德解讀初探》,載於《德意志思想評論》(第一輯),第 45—60 頁。

[135] B.Han-Pile,*Early Heidegger's Appropriation of Kant*,in A Companion to Heidegger,edited by Hubert L.Drefus and Mark A.Wrathall,Blackwell Publishing,2005,pp.80-101.

[136] Frank Schalow,*The Kantian Schema of Heidegger's Late Marburg Period*,in *Reading Heidegger from the Start*:*Essays in His Earliest Thought*,edited by Theodore Kisiel and John van Buren,State University of New York Press,1994,pp.309-326.

[137] Heidegger,*Phenomenological Interpretation of Kant's Critique of Pure Reason*,trans by Parvis Emad and Kenneth Maly,Bloomington & Indianapolis,Indiana University Press,1997,p.49.

第1章　海德格爾的現象學方法與基始存在論視野中的康德哲學

在1925年到1930年這段時間內,海德格爾對康德哲學的解讀一直秉持的是現象學的原則和方法。甚至他在1927—1928年冬季學期開設的講座課程的標題就叫做「對康德《純粹理性批判》的現象學解釋」。顯然,「現象學」在這裡並不僅僅是一個形式化的名稱,它代表了海德格爾實質性的思想傾向,即要對康德哲學進行一番現象學的解釋。如果我們充分注意到海德格爾後期不再特別地聲稱他自己的哲學是現象學的,那麼,海德格爾在這段時期主張的現象學方法就更值得我們留意。

在1920年代,海德格爾開設了一系列研究和處理作為一門哲學和一種哲學方法的「現象學」的講座課程。主要有:1919年暑季學期的「現象學與先驗價值哲學」(GA56/57),[1]1919—1920年冬季學期的「現象學的基本問題」(GA58),1920年夏季學期的「直覺與表達的現象學」(GA59),1920—1921年冬季學期的「宗教現象學導論」(GA60),1921—1922年冬季學期的「對亞里斯多德的現象學解釋:現象學研究導論」(GA61),1923—1924年冬季學期的「現象學研究導論」(GA17),1925年夏季學期的「時間概念史導論」(GA20),1927年出版的《存在與時間》,1927年夏季學期的「現象學之基本問題」(GA24)。

那麼,海德格爾在這裡說的現象學究竟是什麼意思?與胡塞爾的現象學又有什麼不同?他的現象學方法的獨特性體現在哪裡?他為什麼要運用自己的現象學去解讀康德哲學,特別是他的時間學說?對康德哲學進行現象學解釋與他自己的哲學問題——追問存在的意義問題之間又有著怎樣的一種內在關聯?他又是怎樣走到對康德哲學尤其是他的時間學說的現象學解釋的?與

第 1 章　海德格爾的現象學方法與基始存在論視野中的康德哲學

海德格爾的基始存在論相關聯，康德哲學在他看來有哪些創見，又有哪些缺陷？這些問題將是本文致力於解決的問題。

要澄清這些問題，我們不妨先從理解海德格爾的現象學方法開始。要完成這步工作我們又可以先從考察《存在與時間》中對「現象學」的界定來切入。

1.1　海德格爾的現象學方法

1.1.1　《存在與時間》中對「現象學」含義的說明

在《存在與時間》第七節中，海德格爾對「現象學」進行了解釋。在他看來，現象學從本性上來說是一種「運動」，它要不斷地去貫徹和執行自己的主旨，即「回到實事本身」。因此，現象學不能是一個特定的「流派」或「立場」。「從本質上來說，現象學並非只有作為一個哲學『流派』才是現實的。比現實性更高的是可能性。對現象學的領會唯在於把它作為可能性來把握。」[2]

海德格爾從構詞法和詞源學的角度對「現象學」（Phaenomenologie）這個詞進行了說明。他透過構詞法的分析把 Phaenomenologie 這個詞拆解成了前後兩個部分，即 Phenomenon 和 logos，繼而又將這兩個詞的詞源分別追述到了它們的古希臘語形式即 Φαινόμενον 和 λόγος。

就前者而言，它來源於古希臘動詞 Φαίνεσθαι，是 Φαίνω 的中動態。Φαίνω 的基本意思是把……帶到光亮處，或把……置於光明中，因此作為中動態動詞 Φαίνεσθαι 的意思就是自己於光明中伸展出、展示出……的意思。在這個基礎上，海德格爾指出 Φαινόμενον，的意思是「就其自身顯示自身者，公開者」。[3] 但就顯現而言，某物可以作為它自身所是的那樣顯現出來，也可以作為它自身所不是的那樣顯現出來，同時也可以作為自身雖不顯現但卻

可以透過顯現出來的東西而呈報出來。海德格爾指出，第一種是真正的顯現，它顯現出來的是現象（Phaenomen），它的現身方式是「顯現」（sich zeigen）。第二種是褫奪的顯現，它顯現出來的是假象（Schein），它的現身方式是「顯似」（scheinen）。第三種則是顯現的變式，它顯現出來的是顯像（Erscheinung），它的現身方式是「顯—像」（erscheinen）。海德格爾指出，只有第一種是最根本、最本真的，後兩者是它的變式，並以各種方式奠基於它之中。前者是本真的現象概念，後兩者是流俗的現象概念。但流俗的現象概念並不是需要被否定、被拋棄的，毋寧它提供了一個進入研究、進入解釋學循環的入口。

　　就後者而言，它來源於古希臘名詞 λόγος。在這個詞之中，有各種各樣看似彼此競爭而又相互糾纏的含義，諸如理性、判斷、概念、根據等。但海德格爾指出，這些理解雖然沒錯，但卻沒能抓住 λόγος 的主導含義與源始含義——話語。作為話語的 λόγος 可以與 δηγοῦν 勾連起來，後者的基本意思是「把言談之時『話題』所及的東西公開出來」[4]。這種公開具有一種展示結構，就是將……展示出來讓人來看，從而它就是亞里斯多德意義上的 ἀποφαίνεσθαι（有所展示）。海德格爾指出，λόγος 的這種展示、讓……被看見，在自身之中就已經有了綜合（σύνθεσις）的結構形式（Strukturform）。但這種綜合併不是心理學意義上或認識論意義上的綜合，即不是將表象連結在一起的綜合，而是讓其種東西在與其他東西並置的時候，讓這種東西作為該東西本身被看見。正是在此意義上，某種東西在這種「讓……被看見」之中，才有可能作為遮蔽狀態或去蔽狀態被看見，因此才有了真與假。海德格爾指出，真理本不是主體符合客體、認識符合對象意義上的真理，也不是作為一個命題是否成真意義上的真理，毋寧原本地是去除遮蔽，讓某種東西素樸地展示出來、呈現出來的意思。古希臘的真理就是這種去除遮蔽意義上的真理。海德格爾進一步指出，在古希臘意義上，「『真』是 αἴσθησις（知覺）

87

第1章　海德格爾的現象學方法與基始存在論視野中的康德哲學

對某種東西的素樸的感性覺知」[5]。同時，純粹 'νοεῖν（認識）也和這種意義上的 λόγος 相關，但在海德格爾這裡，他將 'νοεῖν 看作直覺，而未取它通常的含義——認識。「純粹 'νοεῖν 則以素樸直覺的方式覺知存在者之為存在者這種最簡單的存在規定性。」[6] 這樣，當本 λόγος 身意味著讓某人去觀看、去感知和覺知某種東西時，λόγος 也就有了「理性」的含義。進一步地，又因為 λόγος 一方面關涉到作為行為的 λέγειν（言說，展示），另一方面又關涉到作為 λέγειν 內容的 λεγόμενον（言談所及的東西），就後者而言，海德格爾又將其界定為 ὑποκείμενον，他又對這個詞進行了創造性的解讀，不把它解讀成「基質」，也不把它解讀為「載體」，而是解讀為「凡著眼於存在談及存在者之際總已經現成擺在那裡作為根據的東西」[7]。在這種意義上，λόγος 又有了「根據」（ratio）的含義。此外，作為 λόγος 在 λέγειν 中談及的 λεγόμενον，就其總要在與其他的 λεγόμενον 的關係中才能得到清楚的展示而言，「λόγος 又具有關係與相關的含義。」[8] 這樣，海德格爾也就解釋清楚了，為什麼 λόγος 作為話語的含義在它的諸種意義中具有優先地位了。

當解釋清楚了 Φαινόμενον 和 λόγος 的原始含義後，「現象學」的意義就很清楚了。如果用一個表達式來表述的話，「現象學」就是 λέγειν τὰ φαινόμενα（將現象展示出來），於是，現象學就意味著「讓人從顯現的東西本身那裡如它從其本身所顯現的那樣來看它」。[9]

但這種對現象學的界定不過只是一種形式化的界定。我們在這種界定中尚看不出海德格爾與胡塞爾的現象學有什麼實質性的不同。因為胡塞爾的現象學也主張「回到實事本身」（zu den Sachen selbst），也同樣主張讓某物如其自身所是的那樣來顯現。能體現出海德格爾與胡塞爾的現象學的區別的關鍵，需要在對現象和現象學的概念去形式化的過程中才能展現出來。海德格爾指出，對於現象學來說，要緊的是要讓東西如其自身所是的那樣顯示出來，但在其顯現的過程中卻總有作為其所不是的東西顯像出來的可能性，甚

1.1 海德格爾的現象學方法

至有可能顯似為「假象」。在後兩種意義上，處於問題中心的東西的本來面貌也就被遮蔽了。但海德格爾指出，即使如此，在「顯像」與「假象」之中也有「現象」作為依據。「現象學總是通達這種東西的方式，總是透過展示來規定這種東西的方式。」[10] 海德格爾指出，這種作為現象學的對象的東西就是「存在者的存在」。於是，海德格爾的現象學的現象概念便總是與存在者相關。「現象學的現象概念意指這樣的顯現者：存在者的存在和這種存在的意義、變式和衍化物。」[11] 在這種意義上，現象學就明確地等同於存在論，毋寧在海德格爾看來，現象學就是存在論，它唯有作為存在論才是可能的。而就存在論主要研究存在的意義，追問和探究這個問題要依賴在存在論層面上和存在者層面上具有雙重優先地位的此在（Dasein）才為可能而言，現象學具體而微地就等同於基始存在論。

海德格爾明言，在基始存在論中，此在對自身的存在總是已經有所領會，有所解釋的了。於是「從這種探索本身出發，結果就是現象學描述的方法論意義就是解釋」[12]，這樣，現象學自身也就包含了解釋學，或者說解釋學和現象學就是一體的。「此在的現象學就是解釋學。」[13] 問題到此也就清楚了，海德格爾在對「現象學」這個詞去形式化的過程中，對它進行了實質性的改造：他明確地將現象學的現象界定為存在者的存在，因此，現象學就是要研究這種存在者的存在的存在論。但若就存在者之存在的意義早已經被人們遺忘了，而且不僅如此，人們甚至遺忘了對這種問題的提問，這樣就帶來了對問題和內容的雙重遺忘。就此而言，首先就必須要重提存在問題。能在這方面有所作為的就是此在，因為此在在自身的生存中對存在有所領會、有所作為，這種對存在的領會和對存在的作為內在地就包含了對存在的解釋在內。從而，海德格爾就從作為存在論的現象學出發得到了將解釋學包含在自身之中的方法論。在這種意義上，現象學的也就是解釋學的，解釋學的也就是現象學的。這一切看似清楚，但卻存在一個問題，為什麼對現象學這

第 1 章　海德格爾的現象學方法與基始存在論視野中的康德哲學

個術語去形式化的過程中一定得到的是存在者的存在，而不是胡塞爾的意向性，不是他的意向對象或意向相關項？海德格爾憑什麼斷定作為現象學的現象的就是存在者的存在？從現象學作為「讓人從顯現的東西本身那裡如它從其本身所顯現的那樣來看它」[14]，這個形式性的定義到作為研究存在者之存在的存在論，中間的這一個跳躍是如何發生的？海德格爾與胡塞爾的現象學之間的實質性差異又是怎樣形成的？只有把這個問題解說清楚，我們才能明晰海德格爾的現象學到底意味著什麼，才能清楚當他對康德哲學，尤其是對康德時間學說進行現象學的解讀的時候，到底運用的是怎樣的方法。為了解答這個問題，我們需要做一個「迂迴」，暫時返回到海德格爾早期弗萊堡講座時期——這一時期是他哲學真正的發源地，恰恰是在早期弗萊堡講座中，海德格爾贏得了哲學和方法論上的雙重突破，進而走上了自己的道路。我們認為，他在早期弗萊堡講座時期中的哲學突破主要體現在他重塑了哲學觀，他認為哲學不應該是胡塞爾意義上的「作為嚴格科學的哲學」，而應該是「作為源初科學的哲學」。他在方法論上的突破則體現在，與他對哲學的重塑相應，他對現象學進行了解釋學的改造，同時對解釋學進行了現象學的改造。

1.1.2　海德格爾對現象學的解釋學改造

一般看來，海德格爾思想在 1930 年代發生了一次「轉向」，據此可以區分出「海德格爾 I」和「海德格爾 II」，並且海德格爾本人也認可了這種區分。[15] 但根據 Kisiel 教授的研究，其實早在 1916—1919 年期間，海德格爾的思想就已經發生過一次轉向了。在他看來，早期海德格爾的弗萊堡講座[16] 是他哲學真正的突破期。[17] 在我們看來，這種看法是有道理的。海德格爾在早期弗萊堡講座中的這種「突破」使他真正踏上了通往《存在與時間》的道路，他的哲學從此有了自己鮮明的特徵，既不同於胡塞爾的現象學，也不同於狄爾泰的解釋學，同時也有別於新康德主義弗萊堡學派的先驗價值哲學。這種

1.1 海德格爾的現象學方法

「突破」就在於他型塑了自己的哲學觀並發展出了與之相符合的方法論。

在這一段時期，海德格爾試圖重新界定哲學，即對哲學的研究內容和哲學的本性進行界定，同時發展出一種與前者相適合的研究方法。他的工作在於要發展出一種可以超越胡塞爾的體系性研究以及以狄爾泰、李凱爾特等人為代表的歷史性研究但同時又能將雙方的優點都保留下來的新的思想方式：一方面是胡塞爾現象學對無前提性和明證性的「回到實事本身」（zu den Sachen selbst）的理論追求，另一方面是狄爾泰等人對生命和歷史主題的研究以及對解釋學方法的運用。但這個過程不是簡單地拼湊工作，也就是說並不是簡單地將現象學嫁接到解釋學之上，或者簡單地將解釋學附加在現象學之上，毋寧要透過對哲學的本性、內容、方法和原則進行重新審視、界定和區劃來實現。在此意義上，他認為哲學不應該是體系性的「作為嚴格科學的哲學」（*Philosophie als strenge Wissenschaft*）（胡塞爾）[18]，也不應該是一種先驗價值哲學（新康德主義西南學派）或先驗邏輯哲學（新康德主義馬堡學派），同時也不能是世界觀哲學（狄爾泰）。而應該是「作為源初科學的哲學」（*Philosophie als Urwissenschaft*）[19]。在海德格爾看來，這種觀念不僅對於哲學本身的自我理解十分關鍵，而且對於正確地理解以往的各種哲學理念以及各種人文學科也同樣重要。唯有從「作為源初科學的哲學」的觀念出發，對前者的理解才有可能。「嚴格地說，如果沒有哲學作為源初科學的觀念的話，歸屬於哲學史中的東西以及在其他歷史語境中的東西甚至不能被勾畫出來。」[20]

如果要實現「作為源初科學的哲學」，就必須在兩個方向上實現突破，一方面要重新贏得哲學本真的自我理解、贏得它真正的主題和內容，另一方面要發展出一種與其內容和本性相適合的方法。這一切之所以可能，祕密就在於歷史性的引入。

要讓哲學贏得自己真正的主題和內容，就需要獲得對哲學真正的自我理

第 1 章　海德格爾的現象學方法與基始存在論視野中的康德哲學

解,而反過來只有哲學贏得了真正的自我理解,才能讓哲學有可能把握住那真正重要之事。這就涉及哲學的「動因」(Motiv)問題了。在海德格爾看來,哲學首先是個動詞,是哲思(philosophieren),而不應該是各種各樣既定的知識體系以及由這些知識體系組成的知識彙編,也不應該被歸結到各種事質聯繫(Sachzusammenhang)中。否則,就會錯失哲學的本性。真正的哲學要從它立足於其中的核心現象贏得自己的起點,這種核心現象就是「歷史性」。海德格爾指出,「歷史性(das Historische)是核心現象」[21],「歷史性對於我們來說是這樣一種現象,它應該能夠開啟通往哲學的自我理解的道路」[22]。

歷史性之所以能成為哲學研究的起點,是和哲學的研究內容內在相關的,因為後者自身就是歷史性的。哲學真正的研究內容既不應該是柏拉圖的理念(ἰδέα),也不應該是亞里斯多德的「實體」(οὐσία),既不應該是「先驗意識」、「先驗邏輯」或「先驗價值」,也不應該是各種各樣紛繁雜陳的世界觀,毋寧應該是「源初的實際的生命經驗」,哲學既要以實際的生命經驗為研究內容,又要以其為動因,從中發生,進而達成自我理解。只有做到這一步,才能真正地理解哲學。海德格爾指出,「哲學的自我理解問題總是被輕視了。如果澈底地把握這個問題的話,就會發現,哲學從實際的生命經驗中產生。在實際的生命經驗之中,哲學回到實際的生命經驗。實際的生命經驗是基本的。」[23] 因此,海德格爾不僅將實際的生命經驗看作是哲學的研究內容,而且也將它看作是哲學自身的源發領域,哲學自身就從實際的生命經驗中發生,並站立於實際的生命經驗中就實際的生命經驗本身進行哲思。

海德格爾的「實際的生命經驗」與作為在 19 世紀末 20 世紀初興起的生命哲學的研究對象的「生命」不同。生命哲學採取理論化、客觀化的方式來研究生命,這種研究方式和致思取向總把生命當作一個已經客觀化了的對象來研究,從而就截斷了實際的生命經驗之流,對生命經驗本身進行了去生命

1.1 海德格爾的現象學方法

化處理，未能把握住實際的生命經驗的源發性、湧動性和生成性。同時，生命哲學也未能將自身的動因真正安置於生命自身之中。海德格爾之所以將哲學的研究內容定位為「實際的生命經驗」，是要向哲學的「起源」做更進一步的追溯和探究，這種理念來自於現象學對「無前提性」和「自明性」的追求。在海德格爾看來，哲學真正的「起源」或「源始性」不應是笛卡爾的「我思」，也不應該是胡塞爾的意識的意向性。這兩種哲學的源頭依然具有近代認識論主客二分思維模式的痕跡，依然沒能將歷史性組建進自身之中，因而並非真正源始的。採取一種理論化、客觀化的、體系化的方式無法真正把握住哲學的「動因」和「起源」。要真切地把握住二者必須歷史性地領會哲學的起源。因為後者自身就是歷史性的。海德格爾指出，「源始性（Urspruenglichkeit）之意義並非一個外在於歷史的或者超越於歷史的理念，不如說，此種意義顯示在這樣一類事情上，即：「無前提性本身唯有在實際地以歷史為取向的固有批判中才能被充實。」[24] 所以，哲學追尋的「源頭」是歷史性的。因此他才要建立「作為源初科學的哲學」。

那麼，什麼是「實際的生命經驗」？海德格爾指出，「經驗意味著：1. 經驗著的行為，2. 透過這種行為經驗到的內容」[25]，那麼，「實際的」又是何意呢？又該怎麼樣獲得呢？他指出，「『實際的』的概念……唯有透過『歷史性』概念才能被領會」。[26] 那麼，海德格爾在這裡所說的「歷史性」究竟是什麼意思？它的獨特之處是什麼？為什麼它會將海德格爾意義上的實際的生命經驗與生命哲學對生命的思考區分開來？

與此相關，就涉及「作為源初科學的哲學」的研究方法問題。如果要對「實際的生命經驗」這種現象進行研究，就需要對「現象」自身有正確的理解。現象包括三個環節：內涵意義（Gehaltssinn）——被經驗到的內容、關聯意義（Bezugssinn）——被經驗到的內容是以何種方式被經驗到的，以及實行意義（Vollzugssinn）——關聯意義是被如何實行的。[27] 海德格

第 1 章　海德格爾的現象學方法與基始存在論視野中的康德哲學

爾恰恰在這種實行意義上來使用「歷史」和「歷史性」。實際的生命經驗的獨特之處，就在於它的歷史性不是一種客觀意義上的歷史，毋寧是一種實行歷史，它就處在與實際的生命經驗的內涵意義和關聯意義的共屬一體的結構之中。「實際的生命經驗本身……它乃是一個根本上按其固有的實行方式看來『歷史的』現象，而且首先並不是一個客觀歷史性的現象（我的生命被視為在當前中發生的生命），而是一個如此這般經驗著自身的實行歷史性的現象（vorzugsgeschichtliches Phaenomen）。」[28] 恰恰透過這種理解，海德格爾不僅將歷史性與歷史科學對歷史的思索區分開了，而且也與狄爾泰的歷史方法區分開了。並且，在海德格爾看來，狄爾泰恰恰因為沒有在「實行歷史」的意義上去理解歷史，進而形成歷史意識，才導致錯失了源初的歷史現象。[29]

　　海德格爾指出，實際的生命經驗是源發的，是實行歷史式的，因此不能用理論化、概念化、客觀化的方式來把捉，否則，一旦當理論化的態度、方法和概念生效，那就截斷了實際生命經驗之流，將其變成了理論化反思和審視的客觀對象，這樣會造成生命本身的去生命化。如果要採取理論化、客觀化的方式來研究實行歷史性的實際的生命經驗，就必然錯失它。甚而只有在這樣做的時候，才會有理論化、客觀化的對象。前者是對後者的褫奪。「只有當歷史性的自我從自身中走出來，進入了去生命化的過程中時，理論的東西才存在。一切理論的東西不可避免的條件；只有去生命化後，概念才出現。」[30] 於是，因為李凱爾特的先驗價值哲學、胡塞爾的現象學，以及那托普的先驗邏輯所運用的概念、方法和態度都已經是理論化的，因此都不能真正地把捉並呈現源發的實際的生命經驗。[31] 他們都沒有從實行歷史的意義上看待實際的生命經驗，從而把後者變成了理論化、客觀化的對象，沒能真正「回到實事本身」。

　　鑒於此，為了把握與展現源發的實際的生命經驗，就必須找到一種前理

論、前客觀化的方法，在這個方向上，現象學「回到實事本身」的態度以及如其自身所是的那樣去呈現事物的致思取向本來是一個理想的選擇，但由於胡塞爾現象學採取理論化、客觀化、概念化的方法去理解「實事」，從而可能截斷實際的生命經驗之流，使其去生命化，為了防止這一危險，海德格爾就必須要重塑現象學。如上文所述，真正的現象學不僅要保留回到實事本身的態度，以實行歷史式的實際的生命經驗本身作為自己的研究內容並將其展現出來，而且自身亦要以其為「動因」，從中發生。只有做到這些，現象學的態度才能得到真正的捍衛與維護。就後者而言，海德格爾指出，「現象學的基本態度唯有作為生命本身的生活態度才能達到。」[32] 就前者而言，現象學要能夠如其所是地將實行歷史式的實際的生命經驗展現出來，而不至於將其扭曲、毀壞乃至去生命化。在這種意義上，現象學在回到和展現實際的生命經驗的過程中，就包含了對實際的生命經驗的直覺和理解在內，而對生命經驗的直覺和理解顯然二者有著內在的關聯，直覺之中總是已經有了理解，理解也總是在直覺中的理解。同時，對實際的生命經驗的理解之中總是已經包含了對它的解釋和體驗在內，這毫無疑問是解釋學的用武之地。所以，現象學和解釋學其實就從源發的實際的生命經驗的源頭處而來並因為後者而具有了內在契合、勾連和相互改變、相互融通的可能。因此，海德格爾指出，「作為對體驗的體驗、對生命的理解，現象學的直覺乃是解釋學的直覺。」[33]

於是，我們就看到了，正是基於實際的生命經驗自身，從它作為哲學的動因、研究內容和傳達方式這個基源出發，及由此而來的事先引導，使得海德格爾發展出了一種新型的哲學方法，它既非胡塞爾意義上的現象學，亦非狄爾泰意義上的解釋學，更非簡單得將現象學加諸解釋學之上或將解釋學加諸現象學之上，毋寧從其源頭處就展現了一種源發性和內在的共屬一體性。換個說法，恰恰是「自在生命的內在歷史性」[34] 使得同時既是現象學直覺又是解釋學直覺的方法成為可能。也恰恰是在這種意義上，他既對胡塞爾的現

第1章 海德格爾的現象學方法與基始存在論視野中的康德哲學

象學做了解釋學的轉換，也對狄爾泰的解釋學進行了現象學的轉換。一種真正意義上的現象學，毋寧從其源頭處就該是「現象學的解釋學」[35]。

這樣，我們就理解了，海德格爾其實在他早期弗萊堡講座中就已經對現象學進行了重新理解和改造。一方面對現象學進行了解釋學轉換，另一方面對解釋學進行了現象學轉換。在他眼中，現象學毋寧就是「解釋學的現象學」或者「現象學的解釋學」。在他走向《存在與時間》的道路上，源初的實際的生命經驗逐漸變成了此在，它的實際性便變成了此在的生存論規定。現象學研究的對象也逐漸地轉化成了存在者的存在，在這裡尤其指的是此在的生存。同時，正是在這種新充實的哲學理念和方法論的指導下，在他走向《存在與時間》的道路上，也對胡塞爾的現象學進行了批判和清理。

1.1.3 現象學的解釋學視域中的胡塞爾現象學

經過上一節的「迂迴」，我們更好地展示了海德格爾在《存在與時間》中稱現象學就是存在論，具體而微地就是要透過基始存在論來追究存在者的存在的因由了，同時我們也更明白為什麼他明確地說現象學就是解釋學了。但是，當海德格爾對現象學實施這種解釋學的轉換時，卻不得不面對一個問題，那就是如果他要證成自己的現象學的解釋學，就不得不面對胡塞爾的現象學的問題，他必須透過證明胡塞爾的現象學的缺陷和不足，從而才能證明自己的現象學更符合現象學「回到實事本身」的主旨。如果缺乏這一步，那對於我們恰切地理解他的哲學和思路，就是不完整的。事實上，海德格爾在提出基始存在論，甚至是在解釋康德時，的確也是把胡塞爾當作自己的對手的。

在《存在與時間》中，因為各種原因，海德格爾並沒有對胡塞爾的現象學進行批判。但這並不意味著海德格爾沒有對胡塞爾的現象學進行過反省和批判，事實上，他在《存在與時間》的前身，即1925年夏季學期馬堡大學的

1.1 海德格爾的現象學方法

講座課程「時間概念史導論」中已經做了這一工作。

在《時間概念史導論》中,海德格爾指出,胡塞爾的現象學有三大發現,這也是現象學的三大貢獻,即「意向性」、「範疇直覺」和「先天」。海德格爾指出,意向性的根本建制(Verfassung)是意向行為(Intentio)與意向對象(Intentum)的共屬一體性結構。範疇直覺是這個結構的具體化,並且只有在意向性的這一根本建制的基礎上才得以可能。海德格爾指出,範疇直覺的意義在於,透過這種行為可以讓各種觀念性的複合物作為一般之物立足於自身而顯現、展示出來,與此同時卻不必依賴於思想的主體,也就是說這種觀念性的複合物可以依賴自身而在範疇直覺之中展示出來,與此同時卻既不需要一個康德意義上的本體(nouema)作為將其聚攏在一起的根據,也不必依賴於主體的先天認識形式,它的顯現不依賴主體的先天認識能力。以此為基礎,範疇直覺「這一發現的重要意義在於:透過它哲學研究就將有能力更為清晰地捕捉先天(Apriori)」。[36] Apriori 來自於 a priori,這個拉丁詞與 a posteriori 是一對概念,前者本意指的是「來自先前的東西」,後者本意指的是「來自後來的東西」。海德格爾完全在 a prior 的這種本意上來使用這個詞。在這種意義上,「先天」就不是一個認識論的概念,毋寧變成了一個存在論概念。海德格爾指出,在現象學的視野中,「先天」具有普遍有效性,並且這種普遍有效性並非來自於主體的主體性。即它不是康德認識論意義上的先天。先天的優先性毋寧說的是存在對於存在者的優先,存在先行於存在者。所以,海德格爾認為,先天的知識並不是內在於意識的有關意向性的結構的知識,而是通達及把握存在結構的知識。

雖然胡塞爾的現象學有這樣的幾大貢獻,但它卻有明顯的缺陷。海德格爾接下來對胡塞爾有關純粹意識的四個存在規定進行了批判:

第一個命題,意識是內在的存在。海德格爾指出,「內在」總意味著「在……之中」。如果我們把一個蘋果放到箱子中,那麼,蘋果與箱子的關係

第 1 章　海德格爾的現象學方法與基始存在論視野中的康德哲學

就是這種意義上的「在……之中」。於是,「內在」不是針對存在者自身的存在的規定,倒不如說是在意識領域、體驗領域之內的規定,它往往是建立在意識之內的存在者與其他存在者之間的存在聯繫上的規定。於是,海德格爾指出,「在這裡獲得規定的,只是存在者之間的存在聯繫,而不是存在本身」。[37] 這樣,他認為胡塞爾這條對意識的存在規定,失敗了。

第二個命題,意識是在絕對的被給予性意義上的絕對的存在。海德格爾指出,這一命題在這裡展示的依然不是自在自足的存在者之存在。因為「被給予性」這個詞在這裡就表明,它指示的是一個存在者怎樣作為另一個存在者的對象被把捉、被體驗的。而被給予性的這個詞的定語「絕對的」在這裡表明的是對一個存在者被把握為另一個存在者的對象這種被把握狀態。所以,它展現出來的依然是一種存在者被把捉成另一種存在者之對象這回事兒。在這種意義上,海德格爾指出,這個規定依然沒能展現原本的存在者之存在,毋寧展示的是「反思的可能對象這個意義上的存在者」。[38]

第三個命題,意識是在「無需存在者也可達到存在」意義上的絕對給予的存在。海德格爾指出,胡塞爾的這個命題在這裡無非意味著意識是自我組建、自我構成的。它不再依賴於其他的對象或他者的存在來證成或給予自身的存在,毋寧在構成方式上它的這種自我構成的性質就讓意識的存在具有了「第一性存在」——亦即「當下在場的存在」——的優先地位。不過,這只是意味著意識作為主體性,它具有優先於其他存在者以及其他客體性的優先地位。所以,海德格爾指出,胡塞爾的這個命題並沒有研究存在者之存在,而只是研究了意識早於其他存在者的排序而已,它只是一種形式上的「更為早先的存在」。

第四個命題,意識是純粹的存在。海德格爾指出,意識之為意識,已經脫離了生命的實際性,不是此時此地的意識,也不是特別地屬於我的意識,在這種意義上,它毋寧是一種純粹意識。純粹意識總已經脫離了實際性的個

體化,脫離了生命的本在。因此,它實質上依然不是存在者之存在。

所以,在上述意義上,海德格爾指出,胡塞爾的這四個命題研究的依然是意向性的結構及其特徵,而忽視了意向對象,即意向式存在者的存在,同時依然沒能追問存在的意義問題和人的存在。胡塞爾的現象學之所以忽視了這些問題,主要原因在於他的現象學「研究也受到了一種古老傳統之魅力的影響,確切地講,正是在關係到有關現象學所獨具的課題即意向性的最源初規定的時候,現象學尤其受到了這個傳統的吸引」。[39] 海德格爾指出,現象學及其受到吸引的傳統對存在本身和意向式存在者之存在的遺忘,充分表明了在此在的歷史 —— 亦即此在在其歷世方式(Geschehensart)中總有沉淪的傾向。為此,若要重提存在問題,若要重新把握存在者之存在並將其把握為哲學的核心問題,就必須讓人亦即此在從其沉淪中擺脫出來。這不僅需要一種現象學的解釋學,但同時,也意味著要對忽略了存在問題和存在意義問題的傳統哲學(包括現象學在內)進行一種解構。於是,在就此在的存在追問存在的意義而需要對此在進行生存—存在論的現象學的解釋學的闡釋的同時,還需要對一般性的現象學方法進行更實質的說明。

1.1.4 現象學方法的三重環節

無論是在《存在與時間》中,還是在《現象學之基本問題》中,抑或在《對康德〈純粹理性批判〉的現象學解釋》中,他都始終內在地把現象學理解成一種「回到實事本身」並將實事本身如其自身所是的那樣描述或展現出來的方法,而不是將其理解成一種特定的哲學立場或哲學流派。「現象學是一種方法概念,如果它對自己有正確理解的話。」[40]

不過,正如我們在「《存在與時間》中對『現象學』的含義的說明」一節中所指明的,對於海德格爾來說,現象學也就等同於存在論。而真正的存在論要以存在的意義為研討主題。但根據以往哲學以及流俗的理解,存在總是

第 1 章　海德格爾的現象學方法與基始存在論視野中的康德哲學

存在者的存在,在這種意義上,對存在的追問最終都變成了對存在者的追問。那麼,是否能首先正確地提出存在問題,取決於是否能正確地把捉存在現象。為此,就必須將視角從存在者引渡回存在本身,首先是引渡回存在者的存在。海德格爾指出,這一步工作就是現象學還原的工作。在他看來,現象學還原並不是胡塞爾意義上的本質還原或先驗還原,毋寧是由存在者返回到存在者的存在本身。所以,我們必須銘記,海德格爾的現象學還原總已經是與他的存在論勾連在一起的了。「對我們來說,現象學還原的意思是,把現象學的目光從存在者的(被一如既往地規定了的)把握引回對該存在者之存在的領會(就存在被揭示的方式進行籌劃)。」[41] 就一般意義上的存在者並不具有對存在有所作為、有所領會而只有此在才能對自己的存在有所領會、有所作為、有所籌劃的意義上來說,在現象學還原中總已經內蘊了作為現象學直覺的解釋學直覺的現實性和可能性,因此,現象學的還原事實上也同時是一種解釋學還原。

不過,海德格爾指出,現象學還原自身只是一種防禦性的方法,它的作用只是將人們從存在者引渡回存在者的存在本身。現象學還原實行的只是目光和視角的轉換,但卻對存在本身的界定和描畫無能為力。因此還必須從正面的、積極的意義上去對存在本身進行界定。但海德格爾指出,存在本身首先並不如存在者那般觸目,並不容易被人們輕易地把捉到,毋寧它在其動態的去存在(zu sein)之中才現身。而存在的去存在往往就是此在就其自身的生存可能性而進行的籌劃,所以,對存在的積極的、肯定的言說、表述和展現,其實就是「這一對預先所予的存在者(向著其存在以及其存在之結構)的籌劃」[42],而這種籌劃是現象學方法的第二個環節,即「現象學的建構」。

海德格爾進一步指出,除了現象學還原和現象學建構之外,現象學的方法還包含第三個環節,即現象學解構。這是因為,在海德格爾看來,對存在的考察總是從存在者尤其是在存在論層面上和存在者層面上具有優先地位的

1.1 海德格爾的現象學方法

此在的存在入手或者說以之為起點來實行的,而此在的存在及對其的領會和籌劃卻總是受制於此在的特定的實際經驗及其可能經驗的限制。明確地說,這就是受制於此在的實際性及其具體的歷史處境的限制。不特如此,海德格爾又進一步指出,哲學研究自身也有這一特點,即也受制於它的特定的歷史處境。所以,在不同時代對於存在者及其某一個存在領域的把握方式及把握到的結果往往是彼此各異的。此在就其生存來說,自身就是歷史性的。在這種意義上,對於不同時代、不同處境中的此在的存在,即此在的實際性及其生存經驗的通達方式、表述方式,和解釋方式都是不同的。因此,現象學如果為了實現它自身的主題和研究內容,即就此在的存在而追問存在的意義,就需要對從傳統中傳承下來的各種哲學理論、概念方式和解釋方式進行解構,從而把被哲學概念、體系和理論所固定化了的實際的生命經驗亦即此在的存在解放出來,並讓它如其自身所是的那樣湧現、傳達出來。這種意義上的「解構」必定是對傳統的概念、體系的批判性拆解。而這種拆解本質上是對存在者的存在亦即其存在結構的內在籲求。「一種解構,亦即對傳承的、必然首先得到應用的概念的批判性拆除(一直拆除到這些概念所由出的源泉)便必然屬於對存在及其結構的概念性闡釋。」[43]

在海德格爾看來,現象學的這三重環節,即現象學的還原、建構和解構之間並不是一個彼此分立、前後相繼的一套方法的不同環節。毋寧這三者是內在地共屬一體、一併發生的。首先,現象學的還原中就已經包括了現象學的建構和解構,若無對以往哲學以及其表述方式、概念方式的鬆動和拆解,被其遮蔽的此在的存在就無法被還原出來,在這個過程中也無法對此在的存在有所領會、展現和建構,因此,現象學還原是一種解構式的建構性還原。其次,解構也必須是在現象學的還原之中的建構,當對傳統哲學的概念方式和結構體系進行拆解的同時,也是在向著此在的存在的還原,而就在這種拆解和還原中,也包含了對此在的存在的領會,這就是一種建構。第三,就現

第 1 章　海德格爾的現象學方法與基始存在論視野中的康德哲學

象學就是存在論、就是要對此在的存在進行研究和發掘的意義上而言，現象學建構就是要對此在的存在有所領會，有所籌劃，又必須包括對傳統的概念方式、理論方式和表述方式的批判性拆解，亦即解構式還原。「現象學方法的這三個基本環節：還原、建構、解構，在內容上共屬一體，並且必須在它們的共屬性中得到闡明。」[44]

因此，現象學的還原、建構和解構共屬一體，現象學的還原之中就具有解構，現象學的解構之中就具有還原和建構。就解構是對傳承下來的哲學、理論的批判性拆解的意義而言，哲學亦即現象學，在其本性上就是歷史性的。恰恰是建立在這種理解的基礎上，海德格爾在構思《存在與時間》的基始存在論時，內在地包含了對傳統存在論的歷史進行解構，而對康德哲學的解構自然就屬於這一思路的有機組成部分。海德格爾對康德哲學的現象學解釋就依循的是現象學還原、建構和解構的方法，當然，就正如我們前文所述，現象學方法的這三個環節同時也就是現象學的解釋學。

然而，在海德格爾這裡，現象學就是存在論，運用現象學的三重方法的最終目的，是構建存在論，亦即將存在的意義追問並傳達出來。但存在的意義在傳統形而上學的歷史中卻總有被遺忘的命運，其主要表現就是總把對存在的追問變成了對存在者的考察。因此，要想真正地將存在的意義傳達出來，就首先需要區分存在者與存在者的存在，亦即要澄清存在與存在者之間的存在論差異，進而在此基礎上為構建存在論做好準備，並向它走上一程，而這就是海德格爾的基始存在論。就海德格爾對康德哲學，尤其是他的時間學說的現象學解讀是行進在《存在與時間》中所提供的基本思路的指引下而言，在我們具體切入海德格爾對康德時間學說的現象學解釋的解讀之前，還需要進一步廓清他對康德時間學說進行的現象學解釋的思想背景。

1.2　存在論差異、存在建制與時間性

1.2.1　存在與存在者之間的存在論差異

　　由上所述，在海德格爾這裡，現象學就是存在論，現象學的方法就是存在論的方法。當運用現象學的還原、建構和解構對現象本身進行觀審，也就是由存在者返歸到存在，從而對存在的意義和結構進行解說與闡明。因為「從現象學的意義來看，『現象』在形式上一向被規定為作為存在及存在結構顯現出來的東西。」[45] 就這種解說與闡明總是包含了此在對自身的存在的理解和領會來說，這種現象學總是現象學的解釋學。唯有以此為方向，才能真切地把存在和存在的意義問題納入視域，並循著此在之存在的方向追問存在的意義，從而為一種可能的存在論奠定基礎。

　　但以往的哲學為什麼沒有能夠真正地抓住存在和存在的意義問題呢？一方面是因為它們缺乏一種真正的方法，亦即現象學的解釋學。另一方面是因為它們總是把存在等同於存在者，而忽略了存在與存在者之間的存在論差異。不過，海德格爾又指出，要想將在存在與存在者之間的這種存在論差異納入視野，又首先需要對存在有所領悟。「僅當我們掌握了對存在本身的領悟，我們才能確認存在及其與存在者的區別。」[46] 因此，在這種意義上，在存在領會與存在論差異的闡明之間又存在著解釋學的循環。

　　但並非一切存在者對它自身的存在都有所領會，只有在存在者層面次上具有優先地位的此在才能在其存在中對他自己的存在有所領會，並且，他以一種對自己的存在有所領會的方式對自己的存在有所作為，亦即，此在會根據自己對存在的領會來籌劃自己的能在。「此在在它的存在中對這個存在具有存在關係。」[47] 對於此在來說，其存在自身就具有去存在（zu sein）和向來我屬性（Jemeinigkeit）。而其他非此在式的存在者，對自身的存在既不擁有領會，又無所作為。它們的存在都是現成性的，並且唯有與此在的存

第1章 海德格爾的現象學方法與基始存在論視野中的康德哲學

在發生關聯,才被賦予存在意義。海德格爾將此在的存在性質稱為「生存論性質」(Existenzialien),而將非此在式的存在者的存在性質稱作「範疇」。[48] 因此,此在向來首先是其能在,而不是某種本質已經固化了的現成性的存在者,它既不是笛卡爾的我思(ego cogito),不是「能思想的東西」(res cogitans),也不是康德的先驗統覺,更不是胡塞爾的先驗自我。「此在總是從它所是的一種可能性、從它在其存在中這樣那樣領會到的一種可能性來規定自身為存在者。」[49]「領會」在這裡不能從認識論上進行理解,即此在對自身存在的領會不是將自己作為一個客體進行認知性的把握,因為對此在存在的認知性的把握固然包含了對存在的領會,但這種領會卻不是最源始的領會,因為此在在與存在者的實踐性、技術性的交道中也包含了對存在的領會。只從認知性的角度出發將無法完整而真切地把握對存在的領會,毋寧說「在所有對存在者的施為中都已經有了對存在的一種領悟,無論該施為是絕大多數人所謂理論性的特殊認知,還是實踐的—技術的施為」。[50]

所以,此在對它自身的存在的領會毋寧說優先於對存在者的理論性的認知行為和實踐行為,後兩者其實唯有在存在領會基礎上才是可能的。在這種意義上,此在對自身存在的領會屬於此在生存的基本規定,屬於此在生存的生存論建構。「本源的、生存論上的領會概念」是此在「在最本己存在能力之存在中領會自身」。[51] 因此,此在其他可能的行為方式都植根於此在對自己存在的領會之中,後者是前者得以可能的生存論條件。

上文中對此在對自身存在亦即生存的領會描述了這麼多,做了很多否定性的規定,然而,這種「領會」究竟是什麼意思呢?海德格爾指出,「領會更確切的意思是,向一種可能性籌劃自己,在籌劃中一直逗留在一種可能性之中。」[52] 而在此在向著自己的能在的籌劃之中,又總是包含有雙重要素:首先,此在向著自己的可能性進行籌劃的過程中展示了此在的存在能力。其次,此在在向著自己的可能性進行籌劃的過程中生存地領會了自身。所以,

在這種意義上，此在怎樣領會它的能在，也就怎樣面對這種生存可能性來籌劃自己的生存，從而此在也就怎樣生存，展現出相應的實際性。但海德格爾又指出，此在的存在本質上是「在─世界─之中─存在」，因此，此在對自身的生存的籌劃也是向著此在的「在─世界─之中─存在」的可能性的籌劃，在這種此在對生存的領會和籌劃之中，也就同時包括了對此在生存於其中的世界和與此在共在此的其他此在以及非此在式的存在者的籌劃，因此，此在對其能在的籌劃向來不是對孤立的、原子化的主體的籌劃。

在上述意義上，唯有此在才能特別地提出存在問題，唯有此在才對存在有所領會、有所作為。因此，現象學亦即存在論，需要辨識清楚存在與存在者之間的存在論差異，同時亦要澄清作為此在式的存在者和非此在式的存在者之間的存在論差異，對存在論的問題──存在的意義問題的追問也必須因循此在的存在和此在對存在的領會來制定方向，從而去澄清此在的存在論結構和存在論建制（Verfassung）。

1.2.2　此在存在的生存論建制：在─世界─之中─存在

海德格爾指出，存在領會是此在基本的生存論環節，是此在的存在論建制的基本要素。此在生存的基本建制（Verfassung）是「在─世界─之中─存在」（In-der-Welt-sein），這也是此在生存的本質性建構。海德格爾用連字符把這幾個詞連接在一起，目的是為了表明這幾個要素彼此結成一個互相勾連、彼此內嵌、不可分割的整體，對其中某一個要素的說明都勢必會連帶出其他的要素。因此，要從一個整體性結構的角度來把握此在存在的這一基本建制。此在對自身存在的領會，也就是對自己的「在─世界─之中─存在」的領會。這種意義上的存在領會意味著「居而寓於（Wohnen bei）……，同……相熟悉（vertraut seinmit）」。[53] 就這個形式上的規定來說，前者意味著，此在總是依寓於自己處身其中的世界而存在，只有世界對於存在於此

第1章　海德格爾的現象學方法與基始存在論視野中的康德哲學

的此在已經揭示開來的時候，作為此在的存在者才能接觸到在世界之內的非此在式的、具有現成存在方式的存在者。舉個例子來說，唯有此在在自己的生存活動中將本己的世界組建起來，並讓世界在此在的存在在此之中揭示出來，此在才能遭遇類似於桌子、椅子、石頭之類的具有現成存在方式的存在者。如果後者並沒有進入此在透過生存所建構起來的世界之中，它根本就不會向此在顯現、揭示出來。因此，此在的「在之中」總意味著「在世界之中」。

然而，此在的「在世界之中」並不意味著類似於放在紙箱子之中的蘋果與裝著蘋果的紙箱子之間的這種物理空間意義上的「在之中」，此在與「世界」之間的關係也不是類似的一個物體放在另一個物體之內的物理空間關係。「絕沒有一個叫做『此在』的存在者同另一個叫做『世界』的存在者『比肩並列』那樣一回事。」[54] 此在的「在世界之中」總是「消散於世界之中」，總是「已經分散在乃至解體在『在之中』的某些確定方式中」[55]。此在的這些所謂的「在之中」的某些確定方式就是指此在與世內存在者的各種各樣的交道方式，海德格爾將此稱為「操勞」（Besorge）。「操勞」必須在前認識論、前科學的存在論意義上得到理解，它的基本意思是「料理、執行、整頓」[56]。操勞是操作著的、實踐著的、使用著的。在此在的操勞活動中被組建進此在的世界之中，並因而在此在的周圍世界中顯現出來的存在者，就因為與此在的這種生存論關聯而需要被生存論式的領會。它同樣不能從認識論意義上進行理解，不能是認識論式的專題化的研究對象。

海德格爾借用古希臘的詞彙πράγματα（物）來表達這種透過此在的操勞活動而被納入此在的世界之中的存在者。因為πράγματα在古希臘是指在πρᾶξις（實踐）中一般地與之交道、處理或有所作為的東西。不過，在這裡，海德格爾進一步地將其明確為「用具」。但「用具」之為用具，並不是指專門有某種用途的某物，彷彿其有用性是該物的某種屬性似的。情況毋寧是，一個物之為用具，是因為此在的操勞活動將其帶入世界之中而與一個用具整體

發生關聯。「屬於用具的存在的一向總是一個用具整體。只有在這個用具整體中那件用具才能夠是它所是的東西。用具本質上是一種『為了作⋯⋯的東西』。」[57] 用具總在用具的整體性之中得到揭示和解釋。

海德格爾指出，用具在此在的操勞活動中的這種存在方式是一種「上手狀態」（Zuhandenheit），此時，用具在它的「為了作⋯⋯」之用中與此在發生關聯。此在對用具的使用在得心應手的狀態中時，二者之間的關係便不是主體面對客體的認識關係，而是渾然一體、物我兩忘的生存論狀態，在這種存在論關係中，尚未有主客二分的差別相。與此同時，在此在的操勞活動中，用具之間在彼此相互指引的整體中揭示出了非此在式的存在者的整體。「上手事物之為用具，其存在結構是由指引來規定的。」[58] 於是，那些不需要透過此在的實踐活動才能當下上手的存在者便可以透過整個相互指引的用具整體而成為當下上手的存在者，在這種意義上，自然存在物便也可以透過此在的操勞活動被組建進此在的世界之中。海德格爾把此在在操勞活動中對當下上手的用具的觀照稱為「環視」（Umsicht）。這樣，經過上述說明，海德格爾就顯明了什麼叫做「在─世界─之中─存在」：「在世界之中存在就等於說：尋視而非專題地消散於那組建著用具整體的上手狀態的指引之中。」[59] 指引（verweisen）在這裡也是生存論意義上的規定，不能從存在者層次上的規定進行理解，它就內在於上手事物，組建著上手事物的上手狀態，組建了用具的用具狀態。用具在其用具狀態中透過指引形成了上手事物彼此之間的指引聯絡，這些指引聯絡在相互牽絆纏繞中就結成了一個共屬一體的整體，這就是意蘊（Bedeutsamkeit）。此在對自身生存的領會就向著這樣的意蘊並受這樣的意蘊的引導來實行。海德格爾指出，「指引聯絡作為意蘊組建著世界之為世界」。[60]

不過，此在的生存在世向來不只是與非此在式的存在者打交道，同時也需要與其他同樣是此在式的存在者打交道。此在的存在不是自己孤立的存

第 1 章　海德格爾的現象學方法與基始存在論視野中的康德哲學

在，在它的生存之中，透過指引也會指向其他此在。在此意義上，此在的在世向來也是與其他此在共同在—世界—之中—存在。其他的此在透過周圍世界前來照面，與此在發生關聯。與此在透過操勞與世界內的存在者打交道的方式不同，此在與其他此在的交道方式則是操持（Fuersoge）。操持也在此在的在—世界—之中—存在中有其根源。「凡此在作為共在對之有所作為的存在者則都沒有上手用具的存在方式；這種存在者本身就是此在。這種存在者不被操勞，而是處於操持之中。」[61] 此在透過操持來在它的周圍世界中揭示其他此在的方式是顧視（Ruecksicht）與顧惜（Nachsicht）。與此在在其操勞活動中「環視」著地對非此在式的存在者有所揭示一樣，其他的此在也有同樣的存在方式，因此，此在便同其他的此在一道在周圍世界中共同操勞於與非此在式的存在者的交道活動中，並在這個過程中它們彼此在其周圍世界中透過操持相互揭示。

就此在在操勞活動中，非此在式的存在者不僅具有「當下上手狀態」，同時亦有生存論意義上的變式即「現成在手狀態」（Vorhandenheit）而言，此在在操持活動中與其他此在式的存在者的共同在世也並不總是本真本己狀態，同時亦有生存論意義上的變式即「沉淪於常人」的非本真本己狀態。所以，在這種意義上，此在的在—世界—之中—存在也總有本真本己性和非本真本己性之別。只有本真本己地生存著的此在，才能揭示出此在真正的存在。

1.2.3　此在的生存論建構：操心與時間性

由上所述，此在基本的存在論建構是「在—世界—之中—存在」，它是一個統一的整體結構。此在向來也總是在「此」存在，並在「此」伸展開來。現身情態（Befindlichkeit）、領會（Verstehen）和話語組建了此在存在在此的展開狀態。此在對自身存在的領會，正如我們在 1.2.1 中表明的，就是對

自身能在的籌劃。但此在卻總有逃避自己的能在而沉淪於常人之中的傾向，為此，就必須讓此在能從其非本真本己狀態回歸到本真本己狀態，從而真正地面對自己的在世以及自己的能在。但若要做到此點，必須將死亡納入自己的生存。

此在之所以有沉淪於常人的傾向，主要原因就是逃避著自己的死亡。將此在的「向終結存在」扭曲為「存在到頭」，將死亡推遠為未來的某個時間點上發生的某個事件，似乎只是人生的一個終結點而已。但這種意義上的死亡並不是本真本己的生存論意義上的死亡。在生存論上來看，死亡是此在無所逃避的，具有向來我屬性，每個此在都必須親自去死，在這種意義上，任何人的死都無法被他人代替，此乃其一。其二，死亡是一種懸臨，它就有如一把達摩克利斯之劍，懸在人生此在的頭上，隨時可能突然闖入此在的生存之中。「死亡是完完全全的此在之不可能的可能性。於是死亡綻露為最本己的、無所關聯的、不可踰越的可能性。作為這種可能性，死亡是一種與眾不同的懸臨。」[62] 在這種意義上，死亡對於此在的生存的作用就有如上帝之再臨對於基督教信眾的原始信仰經驗的組建作用：一方面，死亡必定會來臨；另一方面，它何時來臨卻不確定。因此，只有將死亡組建進此在的生存之中，將此在在世的存在領會為「向終結存在」，才能讓此在回歸到本真本己狀態，讓此在領會到，能在是此在最本己的存在，此在必須自己承受這種可能性，必須自己籌劃能在。

但此在總有逃避向死存在的傾向，若想讓此在在生存中本真本己地占有死亡，需要畏這種現身情態。海德格爾指出，「向死存在本質上就是畏」，「在畏中，此在就現身在它的生存之可能的不可能狀態的無之前」。[63] 因此，此在在畏中，透過面向死亡、聽從良知的呼聲而下定決心的方式將死亡組建進生存之中，從而讓此在本真地以領會著自己存在的方式籌劃自己的能在。在這種意義上，此在總是生活在它的可能性之中並將這些從將來而來的可能性

第1章　海德格爾的現象學方法與基始存在論視野中的康德哲學

帶向當前。此在的生存就是操心（Sorge），操心就是此在存在的意義，而操心的意義就是時間性。

　　時間性由三重環節組成，分別是將來、曾在和當前化。而時間性的這三重環節又植根在操心的結構之中。海德格爾指出，在時間性的這三重環節中，將來具有源始而本真的地位。此在的生存向來從將來中取得自己的生存可能性。此在也在領會著自己的存在之際向著自身的能在來籌劃自己的存在，此在在自己的生存中「保持住別具一格的可能性而在這種可能性中讓自身來到自身，這就是將來的原始現象」[64]。當此在先行向自己的能在下定決心之際，它必須回到自身承擔起自己的存在，即需要承擔起自己的被拋境況，這就意味著此在從其將在發源而同時又是它的曾在。此在的曾在源始地與此在的將來聯繫在一起，毋寧它因為將來才能本真地是其曾在。「只有當此在是將來的，它才能本真地是曾在。曾在以某種方式源自將來。」[65] 所以，曾在就是將來著的曾在，將來就是曾在著的將來。與此同時，曾在和將來又從自身中放出當前化。在這種意義上，曾在、將來與當前化三者彼此勾連、相互蘊含，構成了一個統一的現象。時間性因而也就是這三者的有機結合與統一，「我們把如此這般作為曾在著的有所當前化的將來而統一起來的現象稱作時間性。」[66] 海德格爾指出，時間性本質上並不存在，而是到時（zeitigen）。時間性是綻出地統一地到時。是此在之將來，曾在和當前化共屬一體式地在當下瞬間（Augenblick）綻出式地到時。「將來、曾在狀態和當前這些視野格式的統一奠基在時間性的綻出統一性之中。」[67] 恰恰因為時間性，此在對其自身的存在的領會和籌劃成為可能。也使此在生存的本真本己性和非本真本己性成為可能。

　　正如我們上文所述，此在的生存就是操心，就此在的存在是一個本真的能整體存在這個意義來說，操心也就是這樣的本真的能整體存在。海德格爾指出，操心的基本結構是「先行於自身的—已經在（世界）中的—作為寓於

110

(世內照面的存在者)的存在」。[68] 這一基本結構是一個整體結構，該結構中的各個組成要素植根在時間性之中。其中，「先行於自身」的根源在於此在的「將來」，「已經在（世界）中」的根源在於此在的「曾在」，「作為寓於（世內照面的存在者）的存在」的根源在於此在的「當前化」。就此在的生存總是「在—世界—之中—存在」來說，此在的操心這一整體結構就是對此在在世的操心，其中又總包含了對其他非此在式的存在者的操勞活動，以及對其他此在式的存在者的操持活動。就它們的實行總是在世界之中展開而言，世界之被組建的可能性就植根在此在的操心活動之中，從而源於時間性的到時。「世界奠基在綻出的時間性的統一視野之上，於是世界是超越的。為使世內存在者能夠從世界方面來照面，世界必定已經以綻出方式展開了。」[69]

1.2.4 時間性、歷史性與存在論歷史的解構

因此，在《存在與時間》中，或者更一般地說在海德格爾前期哲學的思路中，時間和時間性思想意義重大，毋寧說它是海德格爾展開對此在的生存—存在論分析以追問存在的意義問題的一個關鍵性中點。但如果就完整把握海德格爾的思路來說，我們必須把他的歷史性思想納入視域，給予足夠重視。

首先，在歷史性和時間性之間存在著內在的勾連，對其中一個方面的完整解說要求必須以澄清另一個方面為條件。對時間性的解說若無歷史性的解說為補充，是不完整的，對歷史性的解說若無時間性為前提，也是缺乏根基的。「時間性也就是歷史性之所以可能的條件，而歷史性則是此在本身的時間性的存在方式。」[70] 正是在這個意義上，針對基始存在論，海德格爾才說，「要追問存在的意義，適當的方式就是從此在的時間性與歷史性著眼把此在先行解說清楚。」[71] 所以，我們在重視時間性思想對於理解海德格爾《存在與時間》的意義的同時，必須重視他的歷史性思想。

第1章　海德格爾的現象學方法與基始存在論視野中的康德哲學

其次，在《存在與時間》中，歷史性之所以重要還在於它是把握此在的本真的能整體存在的內在要求。這是因為，在透過對此在的生存—存在論分析贏得了此在的諸生存樣式後，海德格爾指出要贏得此在的本真的能整體存在，這必須透過此在將死亡組建進自己的生存之中的「向—終結—存在」才得以可能。透過對此在的「向—終結—存在」的分析，就在操心中給出了此在的「時間性」。可以認為，時間性恰恰是由「死亡」這一「終端」所給出的。但海德格爾接下來又明確指出，若要真正地保有此在的本真的能整體存在，只把握「死亡」這一終端並不完整，因為對於此在來說，還有「出生」另一「終端」，因此需要將這一終端也納入視野。「只有這個生死『之間』的存在者表現出所尋求的整體。」[72] 如果將重點只放在由死亡這一終端所開啟出的時間性的話，那麼就會導致「始終未經重視的不僅是向開端的存在，而且尤其是此在在生死之間的途程」。[73] 事實上，只有將這一由「開端」和「終結」組建進生存論之中所保有的整體才護持了此在的本真的能整體存在。而對這一途程進行生存—存在論分析，得到的就是此在的歷史性。因此，對歷史性進行考察，是把握此在的本真的能整體存在的內在要求。

在將「出生」這一維度引入生存論建構後，海德格爾開始同時強調「死亡」和「出生」這兩個終端對於此在的生存—存在論意義。此在由此就在其存在中保存了在「出生」和「死亡」「之間」的存在論樣式。但這樣的「出生」和「死亡」並不是現成存在意義上的。並不是當此在「出生」之後，這一「出生」對於此在的生存就不再起建構作用，彷彿只是固化在過去的某一個事件似的，同樣，「死亡」也不是對於此在生存在世不起組建作用，彷彿只是一個在將來的某一個時刻才出現的事件似的。在海德格爾看來，此在在生存論意義上需要將「出生」和「死亡」這兩個終端都組建進自身的生存中。「從生存論上領會起來，出生不是而且從來不是在不再現成這一意義上的過去之事；同樣，死的存在方式也不再是還不現成的，但卻來臨著的虧欠。」[74] 情況恰

恰相反,「實際此在以出生的方式生存著,而且也已在向死存在的意義上以出生的方式死亡著。」[75] 因此,此在在其生存之中實際上是生存在這兩個終端的「之間」。

在海德格爾看來,此在在這兩個終端之間的生存,並不是一條現成的、既定的軌道,彷彿此在好像只是用生存中的各個瞬間把它一段一段地填滿似的,這種理解是一種對此在生存的非本真理解。此在在這兩個終端之間的生存,毋寧是「此在的本己存在先就把自己組建為途程(Streckung),而它便是以這種方式伸展自己(sich erstrecken)的」。[76] 此在在出生與死亡之間的生存,不是現成性的,也不是已經固化了的,毋寧是由此在自身伸展著的途程規定的。海德格爾把「這種伸展開來的自身伸展所特有的行運」[77] 稱作「演歷」(geschehen)。此在的「演歷」在此在的生存中實行。就此在的生存在世本質上就是操心,而操心的建構的整體性又只有在時間性之中並透過時間性才得以可能,時間性是操心得以可能的源始條件而言,此在的「演歷」也以時間性為根據。就演歷是此在的歷史性最核心的生存論規定來說,此在的歷史性因此便奠基於時間性之中。

在海德格爾看來,時間性是綻出的。在時間性綻出之統一性中,將來、曾在和當前化共屬一體地到時,此在的存在的歷史性在這種時間性中奠基,它首要地關聯於曾在狀態。海德格爾指出,此在的歷史性是「根據綻出視野的時間性而在其曾在狀態中是敞開的」。[78] 這種敞開之所以可能,緣於此在在其生存—存在論建構中著眼於自身的能在來領會並籌劃自己的生存。而這種領會和籌劃乃是面向可能性來實行的。其方式是,「它直走到死的眼睛底下以便把它自身所是的存在者在其被拋境況中整體地承擔下來」。[79] 此在籌劃自己的能在,就是要透過決心先行進入到種種可能性之中。但這些可能性卻並不能從死亡處取得,而必須回到此在的實際生存之實際性及其解釋學處境中來。「先行到可能性不意味玄思可能性,而恰恰意味著回到實際的『此

第1章 海德格爾的現象學方法與基始存在論視野中的康德哲學

上面來。」[80]

此在的實際的「此」，標誌著此在總是擁有一個世界，是一種在世的存在。這種在世不僅意味著此在自己的「在—世界—之中—存在」，而且意味著此在還與其他此在共同在世。此在的在世總必須面對各種各樣從傳統中承傳下來的關於此在的解釋，儘管這些解釋有可能是非本真的，但生存上的本真領會卻要著眼於此在的本真能在而將這些解釋組建進自身的生存中，從其中贏得本真的解釋以及種種生存可能性，而不能將其一併丟棄。「生存上的本真領會不是要從流傳下來的解釋中脫出自身，它倒向來是從這些解釋之中、為了反對這些解釋同時卻也是為了贊同這些解釋才下決心把選擇出來的可能性加以掌握。」[81]

這樣，此在為了充實其本真的整體能在而下定的決心不僅是面對「死亡」這個終端，同時也必須面對其「開端」這個終端，需要將傳統中流傳下來的種種解釋和可能性承受下來。因此，此在不只要向其本真的能在下定決心，而且也要下決心回到被拋境況。「下決心回到被拋境況，這其中包含有：把流傳下來的可能性承受給自己。」[82] 海德格爾將此稱為此在的「源始演歷」。

然而，此在向來又總是有沉淪於常人之中的非本真傾向，因此，若要獲得自己生存的本真本己性，就必須能先行到死之中去。於是，源始演歷只有在如下意義上才能是本真的，即必須面對死亡，將死亡本真本己地納入生存之中，從而才能真正地把從傳統中繼承下來的各種關於此在的生存的解釋以及可能性傳承給此在，此在借此才能本真地籌劃自己的生存。「此在在這種源始演歷中自由地面對死，而且借一種繼承下來的，然而又是選擇出來的可能性把自己承傳給自己。」[83] 海德格爾將此在在本真決心中的這種源始演歷稱為「命運」（Schicksal）。

同時，此在向來是與其他的此在共同在此，此在的在世向來是共其他的此在一併在世。於是，此在的演歷向來是與其他的此在的共同演歷。這就構

成了共同體或民族的演歷,海德格爾將其命名為「天命」(Geschick)。天命不僅挾裹了此在,而且構築了包括此在在內的「一代人」的命運。「此在在它的『同代人』中並與它的『同代人』一道具有命運性質的天命,這一天命構成了此在的完整的本真演歷。」[84]

由上述分析可知,此在在決心的召喚下回到自身的生存時,不僅要承擔起自己本真本己的生存樣式,而且要把從傳統中流傳下來的各種生存解釋和生存可能性承傳下來。海德格爾將這種承傳稱為「重演」(Wiederholung)。所謂的「重演」,「就是明確的承傳,亦即回到曾在此的此在的種種可能性中去」。[85] 不過,我們需要注意,這種重演既不是將曾在此的此在的種種生活經歷再重新生存一遍,不是要讓過去發生的事情再簡單地返回到此在的生存之中,也不是尼采意義上的「相同者的永恆輪迴」,毋寧是此在從其下了決心要贏得本真的能整體存在中,對曾在此的種種可能性進行籌劃,將其組建進自己的能在之中。所以,海德格爾指出,「我們把重演標識為承傳自身的決心的樣式,此在透過這種樣式明確地作為命運生存。但若是命運組建著此在的源始的歷史性,那麼歷史的本質重心……在生存的本真演歷中,而這種本真演歷則源自此在的將來。」[86] 而此在的將來向來是由此在的向死而在而揭露出來的時間性的一個環節,所以,海德格爾就這樣將歷史性植根於時間性之中了。就歷史性是對傳統中流傳下來的生存可能性的演歷和重演而言,它的重心更多地存在於時間性中的曾在狀態。但海德格爾又明確說過,時間性之三重環節曾在、當前化和將來向來是共屬一體地綻出式地到時,三個環節是彼此勾連、相互融通的。在此在的歷史性的生存結構中,時間性的這種綻出結構必然也依然存在,所以,雖然此在的歷史性更多地在時間性之曾在狀態中敞開自身,但這種敞開卻是以時間性的綻出的方式回到以前的曾在狀態,和曾在的東西並以命運方式重演種種可能性之際將其籌劃進此在的能在了。「在這樣以命運方式重演種種曾在的可能性之際,此在就把自己『直接地』帶

第1章　海德格爾的現象學方法與基始存在論視野中的康德哲學

回到在它以前已經曾在的東西，亦即以時間性綻出的方式帶回到這種東西。而由於以這種方式把遺產承傳給自己，『出生』就在從死這種不可踰越的可能性回來之際被收進生存，只有這樣，生存才會更無幻想地把本己的此在的被拋境況接過來。」[87]

於是，我們看到，在海德格爾這裡，就歷史性要從時間性的綻出式到時中產生並在此在的曾在狀態中敞開自身，從而得以讓此在以籌劃自己之能在的方式借助命運和重演承傳過去的生存可能性的意義上來說，時間性是歷史性的根據和可能性的條件。另一方面，海德格爾認為，此在在生存論意義上當遭遇死亡這一「終端」時會回返到自身的本己本真的生存之中，從而敞露出操心的意義是時間性。時間性的曾在、當前化和將來共屬一體地以綻出的方式統一到時，以這種方式，此在總是面向自己的能在及生存的種種可能性來籌劃自己的生存，雖然此在是著眼於將來而在世的，但供憑此在選擇的那些種種生存可能性並非是無中生有的，毋寧是透過從命運及演歷的方式「重演」曾在此的此在的種種生存可能性中取得的。「只有實際而本真的歷史性能夠作為下了決心的命運開展出曾在此的歷史，而使得可能之事的『力量』在重演中擊入實際生存，亦即在實際生存的將來狀態中來到實際生成。」[88]在這種意義上，海德格爾才說，「歷史性是此在本身的時間性的存在方式。」[89]

這樣，對於此在來說，在根據對自身在─世界─之中─存在的領會籌劃自己的能在時，必須從曾在狀態中取得生存的可能性。因為時間性是在當下瞬間（Augenblick）綻出式地統一到時，所以，對於理解此在的存在亦即生存來說，不僅要充分注重它的能在和去存在的本性，而且也要充分注重它承傳傳統中留下來的生存可能性的一面，也就是說要足夠重視此在的歷史性。

在此基礎上，海德格爾更進一步地認為，對於存在問題的提法，以及建構一種對存在的意義的本真領會的存在論，也要歷史性地加以理解和領會。

1.2 存在論差異、存在建制與時間性

首先,對於存在問題的提法來說,必須重視歷史性。要想正確地提出問題,必須將歷史性組建進提出問題的可能性及對問題的可能提法之中。在海德格爾看來,基始存在論的主要任務是追問存在的意義。但對這一問題的提出需要始終銘記,對存在的追問並非無歷史的,毋寧首先要將哲學史上各種對存在問題的提法進行一番追問,從而將以往的各種提法納入自己提出問題的視域之中,以便找到一種真切地提出存在問題的方法並能在提問中真正地保有追問的對象——存在的意義,而不至於將問題和內容雙重遺忘的提出問題的方法。「對存在的追問……其本身就是以歷史性為特徵的。這一追問作為歷史的追問,其最本己的存在意義中就包含有一種指示:要去追究這一追問本身的歷史……要好好解答存在問題,就必須聽取這一指示,以便使自己在積極地據過去為己有的情況下來充分占有最本己的問題的可能性。」[90]

其次,對於建構一種可能的存在論來說,也必須將歷史性納入視域並將其組建進這種可能的存在論自身之中。海德格爾的哲學工作在於要追問存在的意義,但以其為內容而組建起的基始存在論並不只是各種各樣的存在論中的一種,毋寧它是存在論的基礎和初始的階段。因此,如果存在論本身是可能的,必須以基始存在論為根基,由此發生。此外,其他各種各樣的區域存在論也必須以基始存在論為根據,後者為前者清理出地基、勾畫出區域。在海德格爾看來,為了達到這個目標,必須將存在論的歷史——亦即由存在問題在「傳統」中的各種提法以及各種存在論理論在存在問題的問題域中相互對待和爭執中而展現出來的歷史性——納入視域並組建進基始存在論自身之中,從而才能為存在論贏得真正的研究內容——存在的意義。

為此,必須一方面對傳統的各種各樣的存在論理論對存在問題和存在的意義所造成的遮蔽進行「解構」,進而得到關於存在的真正的源始經驗。「以存在問題為線索,把古代存在論傳下來的內容解構成一些原始經驗——那些最初的、以後一直起著主導作用的存在規定就是從這些源始經驗獲得的。」

第 1 章　海德格爾的現象學方法與基始存在論視野中的康德哲學

[91] 另一方面，透過對傳統存在論的這種解構工作，可以指出傳統存在論的缺憾和限度，從而為一種可能的存在論奠定可能性。此外，在海德格爾看來，這種對傳統存在論歷史的解構，並非外在於存在論的，毋寧它就內蘊於存在問題的提法之中，並且唯有在提出存在問題時這種解構才有可能真正實施。「解構存在論歷史的工作在本質上本來是存在問題的提法所應有的，而且只有在存在問題的提法範圍之內才可能進行。」[92] 當然，在《存在與時間》中，解構存在論歷史的工作並未能如他計畫得那樣完成，但這卻是他思路的內在組成部分，也是他在《存在與時間》之後對康德哲學，尤其是對《純粹理性批判》進行現象學解釋的原因所在。

1.3　基始存在論視野中的康德哲學

1.3.1　存在論歷史的解構與對康德哲學的現象學解釋

在《存在與時間》的思路和計畫中，海德格爾的目標是透過對此在進行生存—存在論分析得到時間性，進而以時間為視域去追問並呈現存在的意義，從而為一般存在論奠基。正如我們前文所述，這個思路包含兩個部分，一個是從存在到此在，從此在到時間性和時間，這是在現存的《存在與時間》中已經完成了的。另一部分工作是以時間性和時間為視野去解構存在論的歷史，進而從時間走向存在。這部分工作並未能按照《存在與時間》的計畫那樣去完成，他後來解讀康德的思想、亞里斯多德的思想，實質上都是在為完成這個計畫做準備。根據這個思路來看，《存在與時間》的第一部和第二部之間實質上存在著相互解釋的關係，就第二部的研究內容尤其是對康德的時間學說的解讀是第一部的研究內容的「歷史性導論」，而第一部的研究內容又必然催生出第二部的研究內容並成為第二部的思想背景而言，在這兩部分內容之間就必然形成了解釋學的循環。海德格爾之所以秉持這樣的思路，主要原

1.3 基始存在論視野中的康德哲學

因在於他認為哲學是歷史性的。

根據海德格爾的計畫，在運用解構的方法去解構存在論歷史時，焦點主要集中於康德、笛卡爾和亞里斯多德。其中，首要的是要對康德思想進行解釋。就這種解釋採取的是解構的方法，並且以基始存在論建構中得到的時間和時間性思想為理論線索和主導背景的意義上來說，海德格爾計畫中的這種解構便是「現象學的」，就他的前期哲學的現象學總是關涉於對此在的生存—存在論分析來說，這種「現象學」便總含有現象學的還原和建構環節，並因而是現象學的解釋學的。

根據我們在 0.2.3 和 0.3 中的介紹，海德格爾在《存在與時間》之後涉及對康德哲學進行現象學解釋的作品主要有《現象學的基本問題》、《邏輯的形而上學基礎》、《對康德〈純粹理性批判〉的現象學解釋》以及《康德與形而上學問題》。這幾部作品中的思路依然籠罩在由《存在與時間》投射出來的基始存在論的砲彈的射程之內。

但海德格爾在循著時間的視域解構傳統存在論以追問存在的意義這個問題時，為何要對康德哲學進行解釋？原因何在？在我們看來，原因主要有如下幾點，我們在導論中對此已經有所交代，但為了行文方便，我們認為在這裡做出更明確、更扼要的說明是有必要的：

首先，對康德哲學進行現象學解釋是完成《存在與時間》的計畫的內在要求。這一方面是因為康德哲學明確地透過「劃界與批判」的方式來勘定形而上學的可能性邊界，從而探討「未來的形而上學」是否可能，以及如何可能。在海德格爾看來，這本身就是在討論存在論問題，因此康德哲學是存在論歷史上的一個重要節點。他便因此「在康德那裡，我尋覓我所提出的存在問題的代言人」。[93] 另一方面是因為，海德格爾在《存在與時間》提供的基始存在論中，雖然完成了由存在到此在，再由此在到時間性和時間的思路，但接下來如何由時間走向存在卻成為了一個問題。但他透過閱讀發現，在康德

第1章　海德格爾的現象學方法與基始存在論視野中的康德哲學

的哲學那裡，時間與存在有著內在的勾連，「在準備1927—1928冬季學期關於康德《純粹理性批判》的課程時，我關注到有關圖式化的那一章節，並在其中看出了在範疇問題，即在傳統形而上學的存在問題與時間現象之間有一關聯。這樣，從《存在與時間》開始的發問，作為前奏，就催生了所祈求的康德闡釋的出場。」[94] 這樣，對於海德格爾來說，「康德的文本成為一處避難暫棲地」。[95] 當然，海德格爾這裡的說法其實也有不太確切之處，因為他絕不是到1927—1928年冬季學期才發現在康德的圖式論中蘊含存在與時間的內在關聯，即使如果不提1925年的《邏輯學：關於真理之追問》，他至少在《存在與時間》中就已經有此發現了。譬如在《存在與時間》的第八節中，海德格爾計畫在第二部分的第一篇中研究「康德的圖型說和時間學說——提出時間狀態（Temporalitaet）問題的先導」。[96]

其次，從外在的原因來看，《存在與時間》發表之後，很大程度上被人們誤解了。讀者要麼認為這本書建構了一種哲學人類學，比如胡塞爾在重讀這本書後就認為海德格爾和舍勒一道墮入了哲學人類學的窠臼之中。要麼認為這本書是在建構一種類似雅斯貝爾斯哲學的存在主義。這種情形和康德第一版《純粹理性批判》的遭遇有些類似。在康德1781年出版了《純粹理性批判》第一版後，他的批判哲學往往被人們誤解為不過是另一種貝克萊哲學，於是，一方面出於自我辯護的目的，另一方面出於闡明思想、便於傳播的目的，他寫了《未來形而上學導論》來澄清自己的哲學和立場。現在，海德格爾也需要一本著作來澄清自己的基始存在論，表明他的哲學致力於解決的是存在的意義這樣的存在論問題，而不是構建一種哲學人類學或者一種存在主義。「到1929年，已經變得很清楚，人們誤解了《存在與時間》中提出的存在問題。」[97] 因此，他也需要借助於對康德哲學的闡釋來表明，透過在人類此在與時間之間建立一種可能的關聯來呈現一般的存在的意義，從而為存在論或為形而上學奠基，這一做法並非他的獨創，而是有著哲學史的背景。他

1.3 基始存在論視野中的康德哲學

的基始存在論的工作只是將康德那裡思出的內容向前推進一步而已。「在一般存在論的歷史發展過程中,對存在的解釋究竟是否以及在何種程度上曾經或至少曾能夠同時間現象專題地結合在一起?為此必須探討的時間狀態的成問題之處是否在原則上曾被或至少曾能夠被清理出來?曾經向時間性這一度探索了一程的第一人與唯一一人,或者說,曾經讓自己被現象本身所迫而走到這條道路上的第一人與唯一一人,是康德。」[98] 在這種意義上,海德格爾力圖表明,自己的工作是承接康德哲學的主旨、接續康德哲學的思路而已。「同時,本書 [99] 作為『歷史性』的導論會使得《存在與時間》第一部分中所處理的難題(Problematic)更加清晰可見。」[100]

於是,海德格爾就必然走上對康德哲學,尤其是他的時間學說的現象學解釋的道路。但他的這種現象學解釋,當面對各種版本的康德解釋——譬如心理學的解釋、認識論的解釋、邏輯學的解釋——時,必然會受到各種挑戰和質疑,於是,他必須為自己的現象學解釋進路也就是存在論進路進行辯護,他必須回答這樣的幾個問題:1. 康德的《純粹理性批判》提供的究竟是一種認識論還是一種存在論?是致力於解決認識論問題還是在為形而上學奠基?2. 如果康德的《純粹理性批判》是要構建一種存在論,那麼,康德哲學在何種意義上與他的基始存在論有著內在的連結,並能作為他的「存在」問題的代言人?3. 康德在何種意義上是向著時間及時間性走得最近的一人,他又何以被自己的發現嚇到並後退了?4. 作為海德格爾以時間為視域追問存在的意義問題這條思路上的「避難暫棲地」的康德哲學,是否給他提供了足夠的庇護,從而能幫他將這條路走完,抑或康德的退卻在海德格爾面前也挖掘了一道「深淵」,僅憑基始存在論卻難以踰越?5. 海德格爾將康德的時間理論解讀成「在—世界—之中—存在」的時間,這種現象學的解釋學的闡釋是成功的嗎?抑或他的這種闡釋對於存在的意義問題的挖掘依然不夠深入、不夠源始,尚需向源頭處更推進一步?

第 1 章　海德格爾的現象學方法與基始存在論視野中的康德哲學

1.3.2　康德的《純粹理性批判》與形而上學奠基

與新康德主義不同，海德格爾認為康德哲學，尤其是《純粹理性批判》致力於解決的問題並不是知識的客觀有效性如何可能的認識論問題，而是作為未來的一種科學的形而上學如何可能的存在論問題。因此，康德的《純粹理性批判》的目標毋寧是要為形而上學「奠基」（Grundlegung）。

那麼，什麼是為形而上學「奠基」呢？海德格爾指出，「形而上學奠基……是對形而上學之內在可能性所進行的建築術意義上的劃界與標明，這也就是說，去具體地規定形而上學的本質。」[101] 在這種意義上，康德的批判哲學，尤其是他的《純粹理性批判》主要目的就是要來探討形而上學之可能與不可能的邊界。

正如我們在 0.3.2 中所曾簡短介紹的那樣，形而上學這個詞來源於古希臘。在中世紀的時候被一分為四：本體論、神學、宇宙論和心理學。海德格爾指出，後三者研究的是特殊的存在者，因此被稱作特殊的形而上學（*Metaphysica specialis*），前者研究的是一般存在者的知識，因此被稱作「一般形而上學」（*Metaphysica generalis*）。這是就形而上學的研究內容進行的區劃。與此同時，與內容相應，形而上學如果要成為一門「科學」，還需要可靠的方法。就形而上學要追求的內容是極其嚴格而又要具有「普遍的約束力」這重意義上來講，形而上學的研究內容要能夠「獨立於偶然的經驗」，而追求一種先天的、出自理性的原則和方法。這就是康德所謂的「批判」的方法。「我所理解的批判，並不是對某些書或者體系的批判，而是就它獨立於一切經驗能夠追求的一切知識而言對一般理性能力的批判，因而是對一般形而上學的可能性或者不可能性的裁決，對它的起源、範圍和界限加以規定，但這一切都是出自原則。」[102]

形而上學奠基作為對形而上學內在可能性的區劃和探索，就總包括對內容和方法兩方面的研究。就內容來說，特殊形而上學的對象：上帝、自然（世

1.3 基始存在論視野中的康德哲學

界）和人（靈魂）總是「超感性存在者的知識」[103]，因此，對這樣的知識是否可能的探索又總是反彈回存在者作為存在者的揭示狀態或敞開狀態的問題上，也就是「對存在者本身的一般公開狀態的內在可能性的發問」。[104] 無論存在者的一般公開狀態，還是存在者作為存在者的敞開狀態，都內在地蘊含了存在建制（Seinsverfassung）。恰恰是因為這些存在者的存在建制，諸種存在者才能公開出來或敞開出來。在這種意義上，作為存在論的存在建制問題總是優先於存在者是否能被認識的認識論問題。毋寧後者要在前者的基礎上才能得到澄清。這樣，形而上學的內在可能性的問題便被轉化成了對存在建制進行探討的存在論問題，進而也就變成了去澄清存在建制的結構和機制這樣的存在論問題。在海德格爾看來，康德的「哥白尼革命」就不再是由讓認識主體符合認識對象，轉為讓認識對象符合認識主體的認識論上的革命，而變成了由存在者返歸到存在者的存在的存在論革命。他的先驗哲學因此追問的也是「存在」和「存在建制」的問題，在這種意義上，海德格爾認為康德的先驗哲學就不再是「先驗哲學」了，而變成了「超越論哲學」，這種哲學想要說出的主題與他自己的基始存在論的研究主題是一樣的。所以，當他的思路發生困難時，他才找到康德作為存在問題的代言人，作為他的「避難暫棲地」。

但康德哲學的進路畢竟與海德格爾的基始存在論的進路不同。海德格爾的思路是透過澄清存在與存在者之間的存在論差異，進而透過對此在進行生存—存在論分析來展示此在的生存論建構，將此在存在的意義規定為操心，而後者的意義又是時間性。而對於康德哲學的進路來說，他的《純粹理性批判》的核心問題是「先天綜合判斷如何可能」。如果按照從古希臘到德國古典哲學的傳統看法，「判斷」總是和真與假這樣的真理問題相關，「綜合判斷」與「分析判斷」又總是和是否能擴展知識的內容與範圍相關，「先天」和「後天」總是和知識的客觀有效性是否依賴於經驗相關。如果從哲學的這個傳統來

第 1 章　海德格爾的現象學方法與基始存在論視野中的康德哲學

看，康德的「先天綜合判斷」必定處理的是認識論問題。但海德格爾卻不這樣看，他認為「真理」首先和「遮蔽狀態」、「去蔽狀態」相關，是「遮蔽」還是「去蔽」是判斷是否真理的標準，在他的前期哲學中，他認為真理就是「去除遮蔽」[105]。因此，真理首要的意義並不是主體符合客體，或客體符合主體這種符合論意義上的真理觀。在這兩種對真理的看法中，海德格爾認為前者是源初意義上的真理，後者是派生意義上的真理，後者唯有在前者的基礎上才有是否「符合」的可能性。在海德格爾看來，綜合判斷與分析判斷無論是否能拓展知識的內容和範圍，已經包含有對存在者之存在的先行領會了。因此，康德的《純粹理性批判》處理的根本不是認識論問題，而是形而上學問題，更具體地說是存在論的內在可能性問題，要呈現的是存在者的存在建制，他的「哥白尼革命」也是由存在者轉回存在，由存在者層面的知識轉回到存在論層面的知識。「《純粹理性批判》不是一種關於存在者層面上的知識（經驗）的理論，而是一種存在論知識的理論。」[106] 這種轉向之所以關鍵，是因為存在者層面的知識或真理總需要以存在論層面的知識或真理為準則和根據，後者為前者奠定基礎，前者以後者為指導。不過，如果想得到存在論知識，也需要有個前提，那就是首先需要奠立一般的形而上學或存在論。所以，在海德格爾看來，恰恰本於這個思路，康德才要透過《純粹理性批判》來為形而上學奠基。而就方法層面來說，形而上學的奠基就是從建築術的意義上將存在論的結構清理出來，使它的輪廓、脈絡和面貌得到大致的勾畫。

儘管我們在這裡已經展示了海德格爾是怎樣將對康德的《純粹理性批判》由認識論的解讀轉變成了存在論的解讀的，以及是怎樣將知識的普遍有效性問題轉變成了為形而上學奠基的存在論之可能性問題的，但在這裡依然還有一個問題有待澄清，海德格爾究竟是怎樣理解康德的 Transzendentalphilosophie 的？它怎樣從「先驗哲學」變成了「超越論哲學」？海德格爾本人又是怎樣理解康德的 Transzendenz 的？它怎樣從「超

驗」變成了「超越」？

1.3.3 康德的超越論題與主體的主體性

Transzendenz，transzendent 和 transzendental 這三個詞有著共同的拉丁語詞源 transcendence，而它又來源於拉丁語中的動詞 transcendere。transcendere 這個詞的基本意思是「越過」、「超過」或「穿過」，總之有越過邊界、超過邊線的意思，transcendence 作為從這個動詞派生而來的名詞也就有了相應的「超過、越過」的意思。[107]康德在《純粹理性批判》中將 Transzendenz 和 transzendent 借用過來，並依此發明了 transzendental 這個詞。在康德的文本中，Transzendenz 的基本意思是「超驗」，transzendent 的基本意思是「超驗的」，transzendental 的基本意思是「先驗的」，雖然這幾個詞都含有「超越」的意思，但我們認為在康德的批判哲學體系範圍內來看，傳統的漢譯是有道理的。這是因為，在康德那裡，他堅持了「物自體」和「現象界」的二元論區分。或許有人認為他的這種二元論是無奈之舉，還有人認為物自體是個失敗之舉，譬如新康德主義馬堡學派就堅持這種看法。但在我們看來，康德的這種二元論毋寧是有意為之的結果。因為從他的批判哲學體系看來，不止要解決普遍有效的知識何以可能的認識論問題，同時還要解決自由如何可能的道德哲學問題。自啟蒙運動以來，自然科學取得了長足進步，但與此同時哲學卻沒能取得相應的進展，這主要是因為在經驗論和唯理論的長期爭論下，哲學對知識的普遍必然性的證明越來越陷入了危機之中。但在啟蒙理性的鼓舞下，人們對理性的能力有著普遍的樂觀和自信，認為哲學沒能為知識的普遍必然性提供證明並不是說具有普遍必然性的知識不存在，真實情況恰恰相反，這種知識是存在的，歐幾里德幾何學和牛頓物理學就是代表。真正出了問題的是哲學，因為哲學沒有能夠為知識的普遍必然性提供證明，這被看作是哲學的恥辱。康德在《純

第 1 章　海德格爾的現象學方法與基始存在論視野中的康德哲學

粹理性批判》中提出的「知性為自然立法」的思想以及實施的不是讓主體符合客體，而是讓對象符合知識的哥白尼式的革命，就致力於解決這個問題。除此之外，康德還需要為「自由」提供辯護。這是因為，隨著牛頓物理學的廣泛傳播和近代機械論思維的盛行，人們對普遍必然性的追求大行其道，在這種意義上，人的自由就有失落的危險。畢竟，如果整個世界都處於普遍必然性的自然因果律的統治之下，世間萬物都受制於嚴格的自然因果律的控制的話，那作為自然中的一個環節的人就不可能擁有自由。因此，人的尊嚴和自由就有隕落的危險。對於人來說，如果沒有了自由和尊嚴，那麼就將和自然界中的存在者沒什麼區別，人與石頭、花草比起來沒有什麼獨特之處和高貴之處，如果這是實情，對於人類來說將是件難以忍受的事情，道德、文化以及一切精神之物就都有隕落的危險。於是，康德在為知識的普遍必然性提供論證的同時，更要為人的自由做論證，從而捍衛人在自然面前的尊嚴，當然，在康德這麼做的同時，也是在自然科學面前捍衛哲學的尊嚴。因此，康德在《實踐理性批判》中提出「理性為自身立法」，「自由即自律」。

在上述意義上，康德對物自體和現象界的二元區分一方面可以將知識嚴格地限制在現象範圍內，從而依據人的先天認識形式保證知識的普遍必然性和客觀有效性。另一方面則限制知識，為人類的道德和自由領域留下地盤。就此而論，其實康德提供了兩種「超越」，一種是向內的超越，即向主體的先天認識形式的超越，一種是向外的超越，即向物自體的超越。康德指出，內在的超越是可能的，但外在的超越是不可能的。因為物自體超出了人類的經驗界限，從而就人類的理性能力而言，無法形成有關物自體的普遍有效的知識，否則，如果人類的認識能力妄圖超越經驗的界限而去認識物自體的話，就只能產生先驗幻相。於是，物自體和現象界之間的這種二元區分在理論理性範圍內只具有消極意義，但到了實踐理性範圍內之後，這種消極意義卻轉化為了積極意義。因為雖然物自體不可以認識，但卻可以思想。於是，在理

1.3 基始存在論視野中的康德哲學

論理性領域內被排除出去了的上帝、靈魂和世界在實踐理性的領域內又被請了回來，變成了實踐理性的三個公設，即上帝存在、靈魂不朽和意志自由。

在這個大背景下，康德對 transzendental 進行了如下界定，「我把一切不研究對象，而是一般地研究我們關於對象的認識方式——就這種方式是先天地可能的而言——的知識。」[108] 在這種意義上，在康德哲學範圍內，transzendental 指的是研究在邏輯上先於經驗並使經驗和知識得以可能的人類的先天認識形式的知識。所以，雖然它有超越於經驗的含義，但譯為「先驗的」是沒有問題的。另外，他將 transzendent 界定為：「……純粹知性的原理只應當有經驗性的應用，而不應當有先驗的應用，亦即超出經驗界限的應用。但是，一個取消這些界限，甚至讓人踰越這些界限的原理，就叫做超驗的。」[109] 在這裡，就 transzendent 超越於經驗的界限並取消這個界限的意義來說，是超驗的。

但在海德格爾眼裡，由於康德的工作本意在於為形而上學奠基，而不是為了解決認識論問題，因此，要緊的不是去追問具有普遍必然性的知識如何可能的認識論問題，而是去關注存在論知識如何可能的存在論問題。海德格爾在 transzendent 這個詞的本意，即「跨越」、「跨過」、「超過」的意義上來使用它，「照其詞義，『超越』的意思是跨越、越過、穿越，有時也有勝過的意思。我們按照本源的詞義來規定這個哲學概念，並不十分顧及哲學上的傳統看法，反正這些傳統用法歧義甚多、很不確定」。[110] 在海德格爾看來，如果就 transzendent 的哲學含義來說，它最基本的意思有兩個：「1. 與『內在』相對的『超越』（transcendent），2. 與『偶然』相對的『超越』（transcendent）。」[111]

就前者而言，這種意義上的「超越者」是存在於意識和靈魂之外的東西。而意識總是對它自身之外的東西有所認識的意識，因此勢必與意識之外的「超越者」關聯起來。因此，「超越者作為某種外在的現成在手

第1章　海德格爾的現象學方法與基始存在論視野中的康德哲學

的東西（Ausserhalbvorhandenes）同時就是那站在對面的東西（das Gegenueberliegende）。」[112] 在這種意義上，海德格爾指出，如果打個不恰當的比方的話，主體（既意識和靈魂的）內在和外在之間的關係就類似於一個盒子的內部與外部的關係，所謂的超越就是如何超越這內部和外部之間的區分或障礙。於是，「超越」就意味著推倒盒子的牆壁，從而讓內在和外在勾連起來，也就說要能讓意識或靈魂的內部與外部勾連起來，「超越」因此是一種「路徑」或「進路」。對於這種進路，無論是心理主義的解釋、生理學的解釋還是尋求意向性的幫助，都無法清晰地予以說明。這是因為，在海德格爾看來，如果要清晰地闡釋這種意義上的「超越」概念，在原則上必須依賴於主體的概念、此在的概念。「沒有它，穿越障礙或邊界的問題就無意義了！與此同時，一切也會很清楚，超越的問題依賴於如何界定主體的主體性，以及此在的基本建制。」[113] 海德格爾指出，這種意義上的超越內在地與知識的形成相關，因此被界定為「認識論的超越觀念」。

就後者而言，這種意義上的「超越者」是與偶然性相對的東西。偶然性就意味著有條件性，而與偶然性相對立的是無條件性。海德格爾指出，這種意義上的超越是一種關係型概念，「這種關係是在有條件的一般的存在者——主體和所有可能的對象都歸屬它——與無條件者之間的關係」。[114] 這種意義上的超越總是向某種超越了偶然性的東西的超越。就有條件者和無條件者在西文語境中往往會和基督教的背景聯繫起來而言，作為無條件者的超越者往往就是指具備創造能力的創造者，有條件者往往就是指受造物或者說被造物。這樣，無條件者也就往往等同於神聖者，也就是上帝。海德格爾將這種意義上的超越界定為「神學的超越觀念」。海德格爾指出，這兩種意義上的超越可以整合在一起。他透過對康德的「在我們之外」的分析，得出了結論：「整部康德的《純粹理性批判》都在圍繞超越問題打轉，後者在其最源初的意義上不是一個認識論問題，而是自由問題。」[115]

1.3 基始存在論視野中的康德哲學

在此基礎上，海德格爾認為，對於「超越」，需要把握如下幾點：(1) 超越總和主體相關，主體作為主體而超越，「成為主體就意味著超越」[116]，而主體就是此在，此在的生存總是超越的。海德格爾明言，「超越……是此在存在的基本建制」[117]。在這種基本建制的基礎上，此在與存在者的關聯行止和交道行為得以可能。(2) 超越之超越所朝向超越的方向是「世界」。(3) 由 (2) 而來，此在之超越的存在建制就是在─世界─之中─存在。「那個一向屬我的存在者，那個我自身一向所是的存在者，其基本建制含有『在─世界─之中─存在』。我自身與世界是同屬一體的，它們屬於此在建制之統一，並且同等本源地規定了『主體』。換言之，我們一向自身所是的存在者，此在乃是超越者。」[118] 由此，在海德格爾的基始存在論的視野中，此在自身就是超越者，此在在其生存活動中就是超越，這種超越是向在─世界─之中─存在的超越，而超越問題在其最本己的意義上就是自由問題。因此，海德格爾指出，在─世界─之中─存在和自由是此在生存的兩個本質性建構因素。[119] 不過，這裡需要我們注意的是，海德格爾這時談論的自由既不是康德意義上的先驗自由，即不是意志自由，也不是實踐意義上的自由，即不是政治自由或經濟自由，同時更不是其他道德哲學意義上的自由，而是基始存在論意義上的自由，指的是此在在對自身的存在有所領會的基礎上籌劃自己的能在。

由此，海德格爾依照自己的基始存在論的視野去理解和解釋康德的 transzendent 和 transzendental，這樣就既超越了新康德主義的視角，也超越了心理主義或生理主義的視角，同時也超越了胡塞爾從意識的意向性出發的現象學視角。在海德格爾的視角中，在康德那裡，transzendent 和 transzendental 總是和此在亦即主體相關，總是對主體的主體性的描述。但康德之所以沒能向前推進一步走到基始存在論，在海德格爾看來，主要原因之一在於康德忽略了世界現象，沒能正確地領會此在的在─世界─之中─存在這一基本生存論建制。「我們將會看到康德難題的基本困難是怎樣根源於

第 1 章　海德格爾的現象學方法與基始存在論視野中的康德哲學

他沒能識別世界現象以及沒能澄清世界概念這一失敗之處 —— 他和他的後繼者都沒能做到此點。」[120] 而就世界現象總是和此在相關，在—世界—之中—存在是此在的基本生存論建制來說，康德就沒能將此在的存在納入視角。因此，在這種意義上，康德「沒有先行對主體之主體性進行存在論分析」。[121] 不過，康德卻依然是向著基始存在論走得最遠的一人，因為他已經「將時間現象劃歸到主體方面」，只不過「他對時間的分析仍然以流傳下來的對時間的流俗領會為準，這使得康德終究不能把『超越論的時間規定』這一現象就其自身的結構與功能清理出來」。[122] 不過，其實在海德格爾看來，康德之所以沒能向前再前進一步而走到基始存在論意義上的時間性思想，不是因為他沒有這樣的想法，毋寧是因為他被自己的發現 —— 超越論想像力 —— 嚇壞了，超越論想像力在康德面前製造了一道「深淵」，面對這道深淵，他退縮了。[123] 那這就意味著，康德其實在自己的《純粹理性批判》中已經窺見基始存在論及時間性之堂奧了，那麼，既然解釋康德意味著要說出康德的未竟之言，我們就必須進一步向前推進一層，以展示海德格爾的這一思想歷程。

正如上文所述，在海德格爾眼裡，康德的《純粹理性批判》是一次為形而上學奠基的任務，而所謂的奠基就是內在地探究存在論之可能性與不可能性的邊界，也就是探討存在論知識的內在可能性。哥白尼革命因此是從存在者層面的知識轉向存在論層面的知識。超越相應地也就是在存在論知識中的存在領會問題。因此，超越總是展示出了主體的主體性。而如果在基始存在論的視野中來看的話，超越總是此在的超越，是向在—世界—之中—存在的超越，於是，超越隸屬於此在的存在領會，因此是主體的主體性的體現。但超越之為超越之所以可能，是因為作為主體的人的此在的有限性所引起的，超越性植根於有限性之中，而有限性就凸顯了時間性，所以超越性的根源在時間性之中。這樣，海德格爾對《純粹理性批判》的解釋，就向著時間性以及時間與存在之間的關聯邁進了一步。但具體而微地，海德格爾對《純粹理

性批判》的現象學解釋是如何展開的?他是怎樣在對《純粹理性批判》的逐步解讀中一步步得到了上述的結論與看法?他又是怎樣對康德的時間學說進行現象學解釋,從而完成基始存在論與解構康德存在論之間的解釋學循環的呢?本文接下來將主要圍繞海德格爾在 1925 年到 1930 年之間對康德哲學進行解釋的作品,其中又尤其以《康德書》為核心,透過梳理海德格爾對康德的《純粹理性批判》,尤其是康德的時間學說的現象學分析的具體進路,來嘗試回答上述問題。我們認為,在海德格爾對康德時間學說進行現象學解釋的道路上,有四個要點十分關鍵,他對這四個要點也尤為重視:首先,他將知識的構成要素拆解成純直覺和純思維,並賦予作為純粹直覺形式的時間以重要作用。其次,是純粹綜合將純直覺和純思維「契合」(fuegen)起來。第三,純粹綜合之所以可能主要在於圖式論。第四,純粹綜合的基源在於超越論想像力,超越論想像力是康德為形而上學提供奠基工作要真正追溯至的「源頭」。超越論想像力之所以具有如此關鍵的地位和功能,祕密在於時間和時間性。但海德格爾認為康德在這個發現面前退縮了,因此沒能走到基始存在論面前。我們接下來將圍繞這四個要點來展示海德格爾對康德《純粹理性批判》,尤其是他的時間學說的現象學解釋的具體進程。

注解

[1] 關於 Transzendenz,transzendental 和 transzendent 這三個詞的翻譯問題,最近一些年在中國學界幾乎引起了一場混亂,其混亂程度僅次於 Being 和 Ereignis 的翻譯。這場爭論主要發生在德國古典哲學研究者和現象學研究者之間。在德國古典哲學研究者看來,Transzendenz 應該被翻譯成「超驗」,transzendental 譯成「先驗的」,transzendent 則譯成「超驗的」。而在現象學研究者看來,Transzendenz 應該被翻譯成「超越」,transzendental 翻譯成「超越論的」,transzentent 翻譯成「超越的」。應該說,這兩種譯法在各自的領域範圍內其實各有道理,但麻煩的地方在於,胡塞爾和海德格爾都很關注,甚至解釋過康德哲學。此時,若涉及現象學對康德哲學的讀解時究竟該選擇什麼譯名呢?本文認為,無論採取德國古典哲學的譯法來統領現象學的譯法

第 1 章　海德格爾的現象學方法與基始存在論視野中的康德哲學

還是用現象學的譯法來統領古典 哲學的譯法都是不合適的。因此，本文採取分而治之的原則，在談到德國古典哲學的語境中時，會採取德國古典哲學界的通用譯法，而在現象學的語境中，則採取現象學界的通用譯法。相關討論參見：孫周興，《超越·先驗·超驗——海德格爾與形而上學問題》，載於孫周興、陳家琪主編，《德意志思想評論》（第一卷），上海：同濟大學出版社，2003 年，第 82—101 頁；倪梁康，《Transcendental：含義與中譯》，《南京大學學報》2004 年，第三期，第 72—77 頁，《再次被誤解的 transcendental —— 趙汀陽「先驗論證」讀後記》，《世界哲學》，2005 年，第五期，第 97—98 頁，第 106 頁；趙汀陽，《先驗論證》，載於《世界哲學》2005 年，第三期，第 97—100 頁，《再論先驗論證》，《世界哲學》2006 年，第三期，第 99—102 頁；鄧曉芒，《康德的「先驗」與「超驗」之辯》，《同濟大學學報》（社會科學版），2005 年，第五期，第 1—12 頁；陸丁，《先驗論證的邏輯分析》，《世界哲學》，2005 年，第四期，第 60—68 頁；張浩軍，《Transzendental：「先驗的」抑或「超越論的」—— 基於康德與胡塞爾的思考》，《哲學動態》，2010 年，第十一期，第 78—83 頁；王慶節，《「Transzendental」概念的三重定義與超越論現象學的康德批判 —— 兼談「transzendental」的漢語譯名之爭》，《世界哲學》，2012 年第四期，第 5—23 頁。

[2] 海德格爾，《存在與時間》（修訂譯本），第 45 頁。
[3] 同上，第 34 頁。
[4] 同上，第 38 頁。
[5] 同上，第 39 頁。
[6] 同上，第 40 頁。
[7] 同上，第 40 頁。
[8] 同上，第 40 頁。
[9] 同上，第 41 頁。
[10] 同上，第 42 頁。
[11] 同上，第 42 頁。
[12] 同上，第 44 頁。
[13] 同上，第 44 頁。
[14] 同上，第 41 頁。
[15] 關於「海德格爾 I」與「海德格爾 II」以及海德格爾本人對這種區分的態度和看法。參見海德格爾著，陳小文譯，《我進入現象學之路》，載於《海德格爾選集》，第 1280—

1288頁。

[16] 這裡專指海德格爾在 1919—1923 年期間於弗萊堡大學任教的時期。他在這時期開設的講座課程主要有：「哲學觀念與世界觀問題」（戰時補救學期，GA56/57），「現象學與先驗價值哲學」（1919 年暑季學期，GA56/57），「現象學基本問題」（1919—1920 年冬季學期，GA58），「直覺與表達的現象學」（1920 年暑季學期，GA59），「宗教現象學導論」（1920—1921 年冬季學期，GA60），「奧古斯丁與新柏拉圖主義」（1921 年暑季學期，GA60），「對亞里斯多德的現象學解釋：現象學研究導論」（1921—1922 年冬季學期，GA61），「對亞里斯多德的現象學解釋：本體論與邏輯學」（1922 年暑季學期，GA62），「存在論：實際性的解釋學」（1923 年暑季學期，GA63）。除此之外，他還開設了大量的討論班（seminar）。

[17] 參見 Theodore Kisiel，*The Genesis of Heidegger's Being and Time*，London：University of California Press，1993，p.15，p.18，p.21。

[18] *Philosophie als strenge Wissenschaft* 即「作為嚴格科學的哲學」是胡塞爾 1911 年發表的《哲學作為嚴格的科學》中提出的思想。

[19] 關於「作為源初科學的哲學」（*Philosophie als Urwissenschaft*）的觀念，海德格爾在《哲學觀念與世界觀問題》的第二節中進行了集中論述。參見 Martin Heidegger，*Towards the Definition of Philosophy*，trans by Ted Sadler，The Athlone Press，2000，pp.11-23。

[20] Ibid，p.18.

[21] Martin Heidegger，*Phaenomenologie des religioesen Lebens*，Vittobio Klostermannn Frankfurt am Main，1995，S.34；Martin Heidegger，*The Phenomenology of Religious Life*，trans by Matthias Fritsch and Jennifer Anna Gosetti-Ferencei，Indiana University Press，2004，p.22. 值得注意的是，海德格爾在早期弗萊堡講座中並未像他後來在《存在與時間》中那樣明確地區分 Historie 和 Geschichte，因此，在早期弗萊堡講座中，就海德格爾對 Historische 和 Geschichtlichkeit 的使用都強調源始而本真的歷史的意義上而言，我們都將其譯作「歷史性」。

[22] Martin Heidegger，*Phaenomenologie des religioesen Lebens*，S.31；Martin Heidegger，*The Phenomenology of Religious Life*，trans by Matthias Fritsch and Jennifer Anna Gosetti-Ferencei，p.24.

第1章　海德格爾的現象學方法與基始存在論視野中的康德哲學

[23] Martin Heidegger，*Phaenomenologie des religioesen Lebens*，1995，S.8；Martin Heidegger，*The Phenomenology of Religious Life*，Indiana University Press，2004，pp.6-7.
[24] 海德格爾，《評卡爾·雅斯貝爾斯〈世界觀的心理學〉》，孫周興譯，載於，《路標》，北京：商務印書館，2000年，第7頁。
[25] Martin Heidegger，*Phaenomenologie des religioesen Lebens*，1995，S.9；Martin Heidegger，*The Phenomenology of Religious Life*，2004，p.7.
[26] Martin Heidegger，*Phaenomenologie des religioesen Lebens*，1995，S.9；Martin Heidegger，*The Phenomenology of Religious Life*，2004，p.7.
[27] 參見 Martin Heidegger，*Phaenomenologie des religioesen Lebens*，1995，S.63；Martin Heidegger，*The Phenomenology of Religious Life*，2004，p.43.
[28] 海德格爾，《評卡爾·雅斯貝爾斯〈世界觀的心理學〉》，載於《路標》，第37—38頁。
[29] 詳情參見，Martin Heidegger，*Phaenomenologie des religioesen Lebens*，S.33；Martin Heidegger，*The Phenomenology of Religious Life*，trans by Matthias Fritsch and Jennifer Anna Gosetti-Ferencei，p.23。
[30] Martin Heidegger，*Towards the Definition of Philosophy*，trans by Ted Sadler，The Athlone Press，2000，pp.186-187；海德格爾，《形式顯示的現象學──海德格爾早期弗萊堡文選》，孫周興譯，上海：同濟大學出版社，2004年，第18頁。
[31] 關於海德格爾對李凱爾特的先驗價值哲學的批判，參見 Martin Heidegger，*Towards the Definition of Philosophy*，p.81，pp.138-171；海德格爾對胡塞爾的現象學的批判延續了那托普對現象學的指責而向前推進，見 Martin Heidegger，*Towards the Definition of Philosophy*，p.85；關於海德格爾對那托普的批判，參見 Martin Heidegger，*Towards the Definition of Philosophy*，pp.90-92，Martin Heidegger，*Phenomenology of Intuition and Expression*，trans by Tracy Colony，Continuum International Publishing Group，2000，pp.73-99。
[32] 海德格爾，《形式顯示的現象學──海德格爾早期弗萊堡文選》，第15頁。
[33] 同上，第19頁。
[34] 同上，第19頁。
[35] 海德格爾在1919年暑季學期於弗萊堡大學開設的講座課程「現象學與先驗價值哲學」中使用了這個詞，也是到目前為止在他出版的著作中第一次使用這個表述。Martin

Heidegger，*Towards the Definition of Philosophy*，The Athlone Press，2000，p.112. 後來，在他後期文本《從一次關於語言的對話而來 —— 在一位日本人與一位探問者之間》中，當回顧他的早期思想之路時，日本學者手塚富雄說：「在我們看來，九鬼伯爵沒有能夠對這些詞語作出令人滿意的解說，無論是在詞義方面，還是在您談到解釋學的現象學時所採用的意思方面。九鬼只是不斷地強調，解釋學的現象學這個名稱標誌著現象學的一個新維度。」在這裡，海德格爾對「解釋學的現象學」這個提法並沒予以更正，說明他當初可能也是用過這個詞的，即使他本人沒有用過這個詞，但也是認可這個提法的。海德格爾，《從一次關於語言的對話而來 —— 在一位日本人與一位探問者之間》，孫周興譯，載於《在通向語言的途中》，北京：商務印書館，2004 年，第 94 頁。另外，這個文本其實並非對一次對話的真正記錄，毋寧是海德格爾自己的虛構性陳述，傳達的是他自己的思想。參見馬琳，《海德格爾論東西方對話》，北京：中國人民大學出版社，2010 年，第 225 頁。

[36] 海德格爾，《時間概念史導論》，第 95 頁。
[37] 同上，第 138 頁。
[38] 同上，第 139 頁。
[39] 同上，第 175 頁。
[40] 海德格爾著，丁耘譯，《現象學之基本問題》，上海：上海譯文出版社，2008 年，第 24 頁。
[41] 同上，第 25 頁。
[42] 同上，第 25 頁。
[43] 同上，第 26 頁。
[44] 同上，第 27 頁。
[45] 海德格爾，《存在與時間》（修訂譯本），第 74 頁。
[46] 海德格爾，《現象學之基本問題》，第 305 頁。
[47] 海德格爾，《存在與時間》（修訂譯本），第 14 頁。
[48] 同上，第 52 頁。
[49] 同上，第 51 頁。
[50] 海德格爾，《現象學之基本問題》，第 376 頁。
[51] 同上，第 378 頁。
[52] 同上，第 378 頁。

第 1 章　海德格爾的現象學方法與基始存在論視野中的康德哲學

[53] 海德格爾，《存在與時間》（修訂譯本），第 64 頁；Heidegger，*Sein und Zeit*，Vittorio Klostermann，Frankfurt am Main，1976，S.73。
[54] 海德格爾，《存在與時間》（修訂譯本），第 64 頁。
[55] 同上，第 66 頁。
[56] 同上，第 67 頁。
[57] 同上，第 81 頁。
[58] 同上，第 87 頁。
[59] 同上，第 89 頁。
[60] 同上，第 103 頁。
[61] 同上，第 141 頁。
[62] 同上，第 288 頁。
[63] 同上，第 305 頁。
[64] 同上，第 370 頁。
[65] 同上，第 371 頁。
[66] 同上，第 372 頁。
[67] 同上，第 415 頁。
[68] 同上，第 372 頁。
[69] 同上，第 415 頁。
[70] 同上，第 25 頁。
[71] 同上，第 25 頁。
[72] 同上，第 422 頁。
[73] 同上，第 422 頁。
[74] 同上，第 424 頁。
[75] 同上，第 424 頁。
[76] 同上，第 424 頁。
[77] 同上，第 425 頁。
[78] 同上，第 444 頁。
[79] 同上，第 433 頁。
[80] 同上，第 433 頁。
[81] 同上，第 434 頁。

1.3 基始存在論視野中的康德哲學

[82] 同上,第 434 頁。
[83] 同上,第 434 頁。
[84] 同上,第 435 頁。
[85] 同上,第 436 頁。
[86] 同上,第 437 頁。
[87] 同上,第 442 頁。
[88] 同上,第 446 頁。
[89] 同上,第 23 頁。
[90] 海德格爾,《存在與時間》(修訂譯本),第 25 頁。
[91] 同上,第 26 頁。
[92] 同上,第 27 頁。
[93] 海德格爾,《康德與形而上學疑難》,第四版序言,第 2 頁。
[94] 同上,第 2 頁。
[95] 同上,第 2 頁。
[96] 海德格爾,《存在與時間》(修訂譯本),第 47 頁。
[97] 海德格爾,《康德與形而上學疑難》,第 2 頁。
[98] 海德格爾,《存在與時間》(修訂譯本),第 27 頁。
[99] 指海德格爾的《康德書》。
[100] Heidegger,*Kant und das Problem der Metaphysik*,Vittorio Klostermann,Frankfurt am Main,1976,Vorwort zur ersten Auflage；海德格爾,《康德與形而上學疑難》,第一版序言。譯文有改動。
[101] 海德格爾,《康德與形而上學疑難》,第 2 頁。
[102] 康德著,李秋零譯,《純粹理性批判》,第一版序言,AXII,北京:中國人民大學出版社,2004 年,第 5 頁。
[103] 海德格爾,《康德與形而上學疑難》,第 6 頁。
[104] 同上,第 6 頁。
[105] 不過,後期海德格爾的真理觀有所改變,他在後期認為,真理是「有所澄明的遮蔽」。
[106] 海德格爾,《康德與形而上學疑難》,第 13 頁。
[107] 參見 Heidegger,*The Metaphysical Foundations of Logic*,trans by Michael

第 1 章　海德格爾的現象學方法與基始存在論視野中的康德哲學

Heim，Bloomington：Indiana University Press，1984，p.160。海德格爾，《現象學之基本問題》，第 408 頁。

[108] 康德，《純粹理性批判》，A12/B26，第 48 頁。

[109] 康德，《純粹理性批判》，A296/B353，第 273 頁。

[110] 海德格爾，《現象學之基本問題》，第 408 頁。

[111] Heidegger，*The Metaphysical Foundations of Logic*，trans by Michael Heim，Bloomington：Indiana University Press，1984，p.160.

[112] Heidegger，*Metaphysische Anfangsgruende der Logik im Ausgang von Leibniz*，Frankfurtam Main，Vittorio Klostermann，1978，S.205；Heidegger，*The Metaphysical Foundations of Logic*，p.160.

[113] Ibid，p.161.

[114] Ibid，p.162.

[115] Ibid，p.165.

[116] Ibid，p.165.

[117] Ibid，p.165.

[118] 海德格爾，《現象學之基本問題》，第 408 頁。

[119] 參見 Heidegger，*Phenonological Interpretationof Kant's Critique of Pure Reason*，trans by Parvis Emad and Kenneth Maly，Bloomington & Indianapolis，Indiana University Press，1997，p.13，p.15.

[120] Ibid，p.14.

[121] 海德格爾，《存在與時間》（修訂譯本），第 28 頁。

[122] 同上，第 28 頁。

[123] 我們將在 4.3.1 中詳細討論這個問題。

第 2 章　存在論視域中的主體性：此在的有限性與存在論知識二要素

　　正如我們前文所述，海德格爾對康德的《純粹理性批判》的主旨和意圖都進行了存在論的解讀。他認為康德的「純粹理性批判」探討的是存在論知識如何可能的存在論問題，而不是探討知識的普遍必然性和客觀有效性如何可能的認識論問題。因此，康德的「純粹理性批判」也就是一次為形而上學的奠基。康德的「哥白尼革命」在他眼中也不是主客符合一致意義上的扭轉，即不是由以往哲學中讓主體符合客體，讓知識符合對象轉換為讓客體符合主體、讓對象符合知識，而是從存在者層面的知識轉向存在論層面的知識。在這種意義上，海德格爾將康德的 Transzendenz 不是看作「超驗」，而是看作「超越」，transzendent 不是看作「超驗的」，而是看作「超越的」，transzendental 不是看作「先驗的」，而是看作「超越論的」。超越在上述意義上就是由存在者層面向存在論層面的超越。超越論的也就是研究存在論層面的知識如何可能以及存在者層面的知識如何根植於存在論層面的知識之中的問題，此乃其一。其二，在海德格爾的基始存在論中，超越是向著此在的在─世界─之中─存在的超越，而此在的在─世界─之中─存在的基本意義是操心，而操心的意義向來是時間性，因此，超越的根源就在時間性之中。在我們的描述中，上述第一點已經在第一章中有所展示，但第二點卻沒能得到說明，至少沒能透過對海德格爾對《純粹理性批判》的現象學解釋而得到展示，這種展示是海德格爾對康德時間學說進行現象學的解讀的關鍵。我們將在接下來的幾章中來展示海德格爾的這種解讀之實行。

　　就海德格爾對康德的《純粹理性批判》的現象學解釋，亦即將其解讀成一次形而上學的奠基，從而探討存在論的內在可能性來說，關鍵之點是要挖

第 2 章　存在論視域中的主體性：此在的有限性與存在論知識二要素

掘、保有並呈現出純粹理性批判作為形而上學之奠基工作的根源，並能把這種根源的境域開放出來，達到任其湧流、讓其生長的目的。但如果按照通常的對康德的《純粹理性批判》的認識論解讀來看，這本書的基本思想可以表述如下，康德試圖調和近代經驗論和唯理論的爭論，他認為普遍有效的知識既不能完全來自內在的主體，像唯理論者那樣，因為來自主體先天的知識雖然具有普遍有效性，但卻無法擴展到外在的經驗範圍和客觀世界領域，因此無法拓展知識的內容和範圍。但也不能完全來自外部的經驗世界，因為休謨的溫和懷疑論已經證明，完全來自經驗的知識不過是「習慣性聯想」的結果，只具有或然性而不具備普遍必然性。因此，在主體和客體二元分立的背景下，走讓主體符合客體，讓知識符合對象的道路走不通。於是，康德便實行了哥白尼式的革命，不是讓主體符合客體，知識符合對象，而是反過來讓客體符合主體，對象符合知識。一方面，透過感性接受物自體的刺激形成雜多表象和顯像（Erscheinung），繼而經過加工整理後形成經驗。感性感官之所以能接受物自體的刺激形成經驗，主要是因為先天感性直覺形式──時間和空間的作用，其中，空間是外感官的直覺形式，時間是內感官的直覺形式。另一方面，透過知性為經驗提供先天的認識形式，即範疇。這兩方面的結合就保證了知識的普遍必然性和客觀有效性。因為，感性經驗本源於外在的物自體的刺激，這就保證了它為知識提供的質料能夠擴展知識的範圍，而知性提供的先天認識形式則足以保證知識的客觀有效性。這樣，只要能闡明先天綜合判斷的可能性，這個思路就可以得到證成，從而就可以為普遍必然性的知識提供證明了。但在這個思路中卻存在著明顯的困難，即經驗屬於感性，範疇屬於知性，怎樣才能一方面將感性經驗帶給知性範疇，另一方面又能將知性範疇帶給感性經驗呢？康德在 1781 年出版的第一版《純粹理性批判》中將解決這個問題的任務交給了先驗想像力。但在第二版中卻從這種相對激進的位置和立場上後退了，弱化了先驗想像力的作用。恰恰在此基礎上，海德

格爾認為康德被自己的發現嚇到了，退縮了。

因此，如果就《純粹理性批判》的第一版的內容來說，解決具有普遍必然性的知識如何可能這個問題即先天綜合判斷如何可能的問題就必須至少要涉及三個關鍵性因素：感性直覺、知性範疇和先驗想像力。如前所述，海德格爾對康德的《純粹理性批判》和先天綜合判斷都進行了存在論解讀，但如果要將這種解讀貫徹下去，實現自己的哲學目標，就必須能對這三個要素進行存在論的解讀，並表明康德的《純粹理性批判》在討論這三者以解決「先天綜合判斷」如何可能的問題時，為何是在探討勾畫存在論的內在可能性的形而上學奠基問題，以及在這個過程中康德何以向著時間性思想走了一程，又如何被自己的發現嚇到了而沒能向前更進一步走向基始存在論。本文接下來就將對海德格爾對康德的感性直覺、知性範疇和先驗想像力的現象學解釋，尤其是這三者與時間之間關係的現象學解釋進行研究。就本章而言，將主要研究和展示海德格爾對康德先驗感性論部分的現象學解讀，指出在海德格爾看來，存在論知識之所以需要由純粹直覺和純粹思維兩部分組成，並且它們之間的契合需要追溯到純粹綜合，主要是因為人只具有派生的直覺而不具有源始的直覺能力，這又本源於人類此在的有限性，此在的有限性是主體的主體性的最重要的特徵。

2.1 人類此在的有限性與有限性直覺

2.1.1 主體的主體性與人的有限性

我們在前文已經指出，海德格爾認為康德的《純粹理性批判》提供的是一次為形而上學奠基的任務，這也就是去探究存在論的內在可能性問題。解決這個問題的關鍵是具體而微地澄清超越問題，或者循著超越這個方向去向存在論知識的根源及其奠基的境域掘進。海德格爾指出，康德的這個思路與

第 2 章　存在論視域中的主體性：此在的有限性與存在論知識二要素

傳統形而上學的基本思路也是合轍的。因為無論是特殊形而上學還是一般形而上學，其研究內容[1]都已經超越了經驗。所以康德不是從經驗中，而是向著人類理性，尤其是純粹理性的方向前進去解決形而上學的奠基問題，如果從存在論的視角來看，也就是要去遵循主體的主體性，亦即此在對自身存在的存在論領會的方向去解決這個超越問題。但超越之所以可能，是因為它內在地植根於人類此在的有限性。

　　海德格爾指出，康德哲學的主題內在地與人類此在的有限性緊密相關。康德哲學致力於解決這樣幾個問題：1. 我能夠知道什麼。2. 我應當做什麼。3. 我可以希望什麼。《純粹理性批判》致力於解決第一個問題，《實踐理性批判》致力於解決第二個問題，《判斷力批判》和《純然理性界限內的宗教》致力於解決第三個問題。這三個問題最後又可以歸結到第四個問題即「人是什麼」的問題上。所以，康德為形而上學奠基總是著眼於人類此在來進行。在海德格爾看來，康德致力於解決的這幾個問題充分展示了理性和人類此在的有限性。理由如下：針對第一個問題，「我能夠知道什麼」，當談及「能夠」（Koennen）時，總是在這個問題和相應的表述中蘊含了「不能夠」（Nicht-Koennen）。因此，在提出和解答這個問題時，其實就已經宣告了「我」的有限性，因為完滿者或者說無限性不需要追問「能夠」還是「不能夠」的問題，它自身就是全能的（全知的）。針對第二個問題，「我應該做什麼」，在談論作為主體的「我」是否「應當」（Sollen）時，就總意味著在「應當」與「不應當」之間掙扎徘徊。「一個從根基上就對『應當』有興趣的本質存在，是在一種『仍—未—完滿』（Noch-nicht-erfuellthaben）中知曉自身的，更確切地說，他在根本上應當怎樣，這對他來說是有問題的。」[2]海德格爾指出，在談論「應當」時，凸顯的「仍—未—完滿」就表明，「我」在其根基處是有限的。因為無限者自身就是完滿的，不會有所欠缺，也就不會「仍—未」或欠缺完滿。針對第三個問題，「我可以希望什麼」，當作為主體的人有所「希

望」時，就意味著那希望的東西是「我」暫時欠缺的，因而這一個問題也同樣說明，「我」是有限的，因為無限者自身是圓滿的，所以不會有所欠缺。這樣，在康德哲學中，透過追問這幾個問題，「人類理性不僅暴露出其有限性，而且其最內在的興趣也關聯到有限性自身」。[3]

不過，當理性追問「能夠」、「應當」和「可以」這三個問題而暴露出自身的有限性後，並不意味著有限性是一種缺陷，需要被克服或瓦解，毋寧透過提出這幾個問題，要將人的這種獨特的、本己的有限性保留下來，使它可以被居有、顯露、展現和傳達出來。進一步地，海德格爾指出，理性的這種有限性並不是外在的有限性，即有限性並不是理性的屬性，不是可以從理性或人類外部、外在地添加到在理性和人身上的性質，它也不是理性或人類身上的某種現成屬性。實情毋寧倒是，這種有限性就本源於理性及人類此在的有限性之中，它是一種結構上的有限性，亦即理性和人類此在總是有終結的或者說總是有死的，「理性的有限性就是『使有終結』（Verendlichung），即為了『能夠—有所終結的—存在』（Endlich-sein-koennen）而『操心』（Sorge）。」[4] 因此，反過來，恰恰本源於理性和人類此在的有限性，才能提出上述的那三個問題。

所以，海德格爾指出，形而上學之奠基工作，即對存在論的內在可能性的追問和釐定工作在對人的有限性的追問中有其根源。奠基工作即要將這個根基的源頭敞露並揭示出來。這個工作就是《純粹理性批判》的目標，「著眼於形而上學奠基，對人的有限性必然進行發問，而將這一基本的難題展露出來，就是……對《純粹理性批判》正在進行的闡釋工作的目標。」[5] 在這種意義上，無論是康德在《純粹理性批判》中明言了的，或者潛藏著的，或者意欲但未明言亦未暗示的思想就需要被一一揭示出來，這自然也包括康德思想的那些所謂的「前提」，而這就是指由人的有限性而來的知識的有限性主題。「現在這就意味著：在解釋的開頭，那些作為康德沒有說出的『前提』

第 2 章　存在論視域中的主體性：此在的有限性與存在論知識二要素

而被突出來的東西，即知識的本質以及知識的有限性，都成了具有關鍵性的疑難問題。」[6]

從基始存在論的視野來看，此在的有限性就體現在此在的生存之中，此在生存的存在方式就是有限性。而正如我們前文所述，此在生存又總是包含有對存在的領會並唯有根據它，前者才為可能。「生存作為存在方式，本身就是有限性，而這種有限性的存在方式只有基於存在之領會才是可能的。」[7] 這樣，當我們把目光扭轉回海德格爾對康德的《純粹理性批判》的現象學解釋時，也就更為清楚了，當海德格爾將康德的「純粹理性批判」闡釋為一次為形而上學奠基的工作時，恰恰是基於上文所說的存在之領會，才給予和保證了存在者在這種存在之領會中被知曉以及被熟知，相關的知識也要從這種存在之領會中發源。而這種存在之領會恰恰植根於此在也就是人亦即主體的有限性之中。

因此，當我們在超越問題、有限性論題上盤桓如此良久並澄清了相關背景問題後，接下來就可以切入到有限性知識的各個要素及《純粹理性批判》之為形而上學奠基的具體實行了。我們需要追隨海德格爾對康德哲學的現象學解釋來表明，他怎樣從對《純粹理性批判》作為一次為形而上學奠基的任務而向《存在與時間》中的時間性思想走了一程，他又是怎樣在自己的發現面前退縮的。以及透過這個解讀過程，我們還要表明，海德格爾在解讀康德哲學的過程中，有幫助他為完成《存在與時間》中提出的計畫 —— 即解構存在論歷史 —— 而做好鋪墊嗎？還是給他完成這一任務也造成了困難？

海德格爾的基本思路是，沿著《純粹理性批判》解決「先天綜合判斷」的路向來展開分析，即先考察構成知識的雙要素 —— 直覺和思維，繼而考察讓它們彼此結合起來的機能，從而向形而上學之奠基得以可能的源頭處掘進。海德格爾對挖掘、敞露和展示形而上學奠基的這個源頭比較感興趣。海德格爾自己也明確指出，「形而上學奠基就是將我們的，即有限的知識『分解』（分

析）為其要素。」[8] 在康德那裡，構成知識要素的，最關鍵的就是直覺、想像力和知性範疇。海德格爾將它們帶入了有限性的論題和視域之中，從而最終對它們進行了生存—存在論的解讀，即將它們與在—世界—之中—存在和時間性緊密地聯繫了起來，在我們將海德格爾對康德的現象學解釋闡釋清楚後，這一點會越來越清楚地得到展示。接下來，我們將首先進入海德格爾對直覺的現象學解釋，在他看來，源於人類此在結構上的有限性，直覺也是有限的，人並不擁有源始的直覺，而只具有派生的直覺。

2.1.2　神的源始的直覺與人的派生的直覺

海德格爾指出，在「直覺」中包含兩個環節，一個是作為活動的直覺，它指向被直覺到的對象，這種意義上的直覺需要在 *intendere* 意義上來理解。另一個環節是作為直覺活動直覺到的結果意義上的直覺。它指的是透過直覺活動直覺到的內容，這種意義上的直覺需要在 *intentum* 意義上來理解。但康德卻沒能在這二者之間進行區分。在康德那裡，「直覺意味著讓某物如它自身所是的那般來呈現；直覺意味著讓存在者在它的給予性中被遭遇」[9]。因此，在這種意義上，直覺毋寧意味著直接展現、直接呈現，是「讓……被遭遇」。

海德格爾又將「直覺」這個詞追述到它的拉丁語詞源 *intuitus*，並指出，在中世紀和近代哲學中，「直覺」是上帝的一種絕對意義上的認識方式，神在「直覺活動」中直覺到對象，並且神能靠這種直覺活動來產生知識。這就意味著，神除了直覺之外不需要借助其他方式或手段來形成知識。因此，上帝的直覺是神聖的、無限的認知。海德格爾將神的這種絕對的、無限的認知方式的直覺稱作「源始的直覺」（*intuitus originarius*）。上帝的這種「源始的直覺」不僅可以在直覺中讓知識直接呈現，而且甚至就在直覺中讓作為認識對象的存在者生成，作為認識對象的存在者的存在是由神的直覺創生的。「作為直覺的無限直覺是那被直覺到的東西之存在的源泉；其存在發源於直覺活動自

第 2 章　存在論視域中的主體性：此在的有限性與存在論知識二要素

身之中。」[10]

　　與歸屬於神的「源始的直覺」不同，人類此在的直覺不是源始的，而是派生的，是「派生的直覺」（*intuitus derivativus*）。這是因為，人類在直覺活動中並不能創生作為認識對象的存在者，毋寧相反，它直覺的是那已經存在的東西。因此，人類直覺必須預先假定那已經存在的東西作為自己的認識對象。後者在人的直覺活動中被遭遇和呈現。「無限的直覺與有限的直覺之間的區別就在於：無限直覺在其對個別東西，即對一次性的單個存在者總體的直接性表像中，將此存在者首次帶入其存在，輔助其形成發生（*origo*〔起始〕）。」[11] 因此，神的認識方式就是直覺，而人的認識則不能只依賴於直覺，同時還需要思維。需要思維這重事實復又證明了人類直覺的有限性。

　　在康德那裡，知識的形成需要直覺和思維共同發生作用。因為人類是有限的，所以只有感性才有直覺，知性則無法直覺，對於康德，知性直覺或者說理智直覺是不存在的，知性的功能只能是思維。在這二者中，直覺可以為知識的形成提供原材料，而知性則為知識的形成提供加工和整理這些原材料的規則，必須讓二者結合在一起才能產生知識。對於人類來說，只有直覺或只有思維都無法形成知識。康德明確地說，「無感性就不會有對象被給予我們，無知性就不會有對象被思維。思想無內容則空，直覺無概念則盲。」[12] 在認為知識的形成既需要直覺，也需要知性這一點上，海德格爾與康德是一致的。「有限直覺（感性）自身需要透過知性來進行規定，而自身已是有限的知識，反過來也要指靠直覺。」[13] 但與康德不同的是，海德格爾對康德的解釋採取的是現象學的進路，他認為在直覺和思維、感性和知性這二個形成知識的因素中，直覺處於主導地位，知性和思維處於從屬地位，它們臣服於直覺。

　　綜上所述，人類直覺作為派生的直覺之所以是有限的，就在於作為原始的神的無限性直覺在形成知識的過程中，並不需要獨立自存的存在者作為依

據,相反神在自己的直覺活動中反倒創生了存在者,形成了知識,而人類的有限性直覺作為派生的直覺在直覺過程中卻無法創生存在者,因此,有限性直覺在形成知識的過程中必須有賴於和已經存在了的存在者之間發生某種關聯。「有限性直覺將自身視為依賴於可被直覺的東西,而這一可被直覺的東西則是某種源於自身的、已然的存在者。」[14] 這種關聯就是有限性直覺對那些已經存在並進入其境域的存在者的可領受性,也就是有限的直覺的「接受性」。但與康德完全在認識論層面來談論直覺的這種「接受性」不同,海德格爾對它進行了存在論解讀,在海德格爾看來,直覺的這種「接受性」總是和此在的生存及其他存在者發生了關聯,「我們的作為讓存在者在其存在方式中被遭遇的直覺,就包括對那已經實存著的存在者的存在指涉了。」[15] 但因為人類此在的直覺是有限的,它必須要接受那遭遇著的存在者的激發(affect),同時那被遭遇的存在者必須激發人類此在的直覺,此時,直覺才能發動,那在直覺中被遭遇的存在者對於認知著的存在者,即人類此在來說,才是切身相關的。

因此,海德格爾說:「直覺的有限性實際上是由激發(affection)決定的。」[16] 而真正進行激發和自我激發的,就是時間。至於其背後的理據,我們將在後文中一步步詳細討論。為了更好地展示海德格爾在對康德哲學的現象學解釋過程中是怎樣向形而上學奠基的源頭處前進的那些關鍵性步伐,接下來,我們將轉入海德格爾對直覺的類型的討論。

2.1.3 有限直覺的兩種類型:經驗性的直覺與純直覺

在海德格爾看來,直覺有兩種類型,一種是無限性的直覺,也就是源始的直覺,這種直覺在直覺活動中形成知識的同時創生作為對象的存在者,它歸屬於神。人的直覺則是有限性的直覺,派生的直覺。有限性直覺在直覺活動中並不能創造作為對象的存在者,相反它要依賴於已經存在了的存在者的

第 2 章　存在論視域中的主體性：此在的有限性與存在論知識二要素

激發活動。被激發和自我激發著的有限性直覺，又包括兩種類型，一種是經驗性的直覺，一種是純粹的直覺。康德指出：

> 我們的知識產生自心靈的兩個基本來源，其中第一個是接受表象的能力（印象的感受性），第二個是透過這些表象認識一個對象的能力（概念的自發性）；透過前者，一個對象被給予我們，透過後者，該對象在與那個（僅僅作為心靈的規定的）表象的關係中被思維。因此，直覺和概念構成了我們一切知識的要素，以至於無論是概念沒有以某些方式與它們相應的直覺、還是直覺沒有概念，都不能提供知識。這二者要麼是純粹的，要麼是經驗性的。如果其中包含有感覺（它以對象現實的在場為前提條件），它們就是經驗性的；但如果表象未混雜任何感覺，它們就是純粹的。人們可以把感覺稱為感性知識的質料。因此，純直覺僅僅包含某物被直覺的形式，而純概念則只包含思維一個對象的一般形式。只有純直覺或者純概念才是先天地可能的，經驗性的直覺或者概念則只是後天可能的。[17]

在這段話中，康德區分了經驗性的直覺和純粹直覺。按照康德的觀點，區分這兩種類型的直覺的標準和依據是是否「包含有感覺」。而所謂的感覺，是以「對象現實的在場為前提條件」。如果從存在論的觀點和立場來看，這裡的「對象」就是指和直覺相關聯而發生作用的存在者。「在場」的意思則是指與直覺發生作用的存在者是否「激發」直覺從而讓自身前來遭遇。如果在直覺中包含有這樣的存在者的刺激，那麼這種類型的直覺就是「經驗性的直覺」，而如果「未混雜任何感覺」，也就是說，其直覺內容並不依賴與外部的存在者發生關聯、不依賴前來遭遇的存在者的「激發」，那這樣的直覺就是純粹直覺。但就人類直覺是一種派生性的直覺、一種有限性的直覺而言，人類的直覺的發動總需要被「激發」，又鑒於純粹直覺的實行不需要感覺，亦即不需要與外在的已經存在的存在者發生關聯，不需要受其激發而發動而言，純粹直覺便總是一種自身激發。

2.1 人類此在的有限性與有限性直覺

如果從認識論的進路來看,「經驗性的直覺」中總是包含有「感覺」,亦即包括由外在的物自體對人類感官的刺激而形成的未被規定的感性雜多,這些感性雜多之所以能被人類感官感覺到,主要是因為人具有先天的感性直覺形式,恰恰是因為認識主體具有先天的感性直覺形式,所以在接受物自體的刺激後才會形成相應的感性雜多。這樣,在人的先天的感性直覺形式的作用下,感性雜多相應地才會成為「現象」(Erscheinungen)[18]。這樣,人們的知識不是關於物自體的知識,而是關於「現象」基礎上的經驗的知識。因為物自體超越了人類的經驗範圍,人們無法形成關於它的知識,否則,只能得到先驗幻相。

然而,如果從海德格爾的現象學進路來看的話,「物自體」和 Erscheinungen 的分別就沒有如認識論進路那般涇渭分明了(物自體存在於主體之外,Erscheinungen 則在主體的經驗界限範圍之內;物自體不可知而 Erscheinung 可知)。在海德格爾看來,物自體和 Erscheinungen 都是和人類的有限性直覺相關聯而「顯現」出來的「現象」,只是它們和「直覺」關聯起來及「顯現」出來的方式並不相同。與物自體相關聯的是無限直覺,與 Erscheinungen 相關聯的是有限直覺,但這並不意味著物自體不會與有限直覺發生關係。就前者而言,物自體是在神的無限直覺中被創生出來的,也就是被顯現出來的,它具有一種「站—出」(Ent-stand)的特質,它自身也是在這個過程中顯現出來、展示出來,從而「現」「象」出來,在這種意義上,物自體是和人類此在同等級別或同等地位的存在者,人類此在也是這樣自身「綻—出」(Ex-stase)的存在者,它的存在也具有類似的特徵。就人類此在基本的生存論建構是在—世界—之中—存在,並在這種生存方式中透過籌劃活動將其他存在者或者以現成在手(Vorhandenheit)或者以當下上手(Zuhandenheit)的方式組建進此在的周圍世界的意義上而言,物自體作為一種存在者也總是「顯現」出來的過程。在這種意義上,物自體不是別的,

第 2 章　存在論視域中的主體性：此在的有限性與存在論知識二要素

就是「現象」（Phaenomen）。此在透過有限的直覺與它發生關聯，對它有所領受，從而讓它在此在的這種領受性的直覺中開放出來。「寬泛意義上的現象（Phaenomen）就是『對象』的一種方式，即是有限的認識，作為思維著、領受著的直覺，使之開放的存在者自身。」[19] 相對於這種廣義上的「現象」，Erscheinungen 的意思則要狹窄得多。海德格爾指出，當物自體也就是現象向人類的有限直覺顯現出來時，總會有與有限直覺相關聯的關聯項，它是由主體的思維從廣義的「現象」上剝離下來的，因此它是作為知識的關聯項的對象。因此，在上述意義上，存在者就可以有作為廣義上的「現象」和狹義上的「對象」兩種意義。前者是在無限直覺中自己「站─出」的，後者是當它激發有限直覺後而從廣義現象上脫落下來的知識的「對象」。「作為『物自身』與作為『現象』存在者的這一雙重特質，就和存在者能夠賴以與無限和有限認知相關聯的兩重方式遙相呼應，這兩種方式就是：站出的存在者與作為對象的存在者。」[20]

　　經驗性的直覺和狹義的「現象」（Erscheinung）相關，並總是讓作為「現象」的存在者前來遭遇，而純粹的直覺則既不受制於作為「現象」的物自體，也不受制於作為「現象」的「對象」，在這種意義上，純粹直覺作為一種領受著的、作為「讓……來遭遇」的有限性直覺，其領受的東西必定不是前來照面的現成存在者，毋寧「那純粹的、正在領受著的表像必定表現出了某種能表像的東西自身。因此，純粹直覺必然在某種意義上是『創生性』的」。[21] 在康德那裡，純粹直覺有兩種：時間和空間。

2.2 現象學視域中的作為純粹直覺形式的時間和空間

2.2.1 作為純直覺的空間與時間

康德指出，純粹直覺指的是其表象中未混雜任何感覺。而按照海德格爾的現象學思路，純粹直覺是其存在不需依賴作為「現象」的存在者的激發而自身就能發動的有限性直覺。純粹直覺有兩種，即時間和空間。這也就意味著時間和空間本質上並不是各種存在者中的一種，那應該如何理解時間和空間這種非存在者式的純粹直覺的本質呢？在現象學上又該怎樣領會時間和空間在作為存在論知識的先天綜合判斷的形成過程中的作用呢？

接下來我們首先跟隨海德格爾來解決第一個問題，以便將海德格爾對康德的先驗感性論中的時間學說的現象學解讀的思路一一呈現出來，這種研究似乎陷入了對文本的細枝末節的讀解之中，反倒不如長篇宏論來得痛快。然而，恰恰是透過對這樣的細節的梳理，才往往能讓我們追蹤並發現一些大哲學家們的哲思之路及其運行方式，甚至有可能幫助我們抓住其運思之路的關鍵點，最終幫助我們學會如何做哲學。恰恰在這種意義上，海德格爾說哲學首先是個動詞，是哲思，而不是由各種各樣的哲學理論體系所組成的知識彙編。對於我們走上哲思之路來說，這些既有的知識體系就類似於登上房頂的梯子，學會並從事哲思便需要「上房拆梯子」，當然，「拆梯子」不是首要目的，上房子才是。回過頭來，針對這第一個問題，康德在《純粹理性批判》中分別對空間和時間進行了形而上學闡明，從而解決時間和空間的先天性的問題。海德格爾將康德的思路概括為如下四個論斷：「1. 空間和時間不是經驗性的概念；2. 空間和時間是必需的先天表像（Vorstellung）[22]；3. 空間和時間不是推理性的，即不是普遍概念；4. 空間和時間是無限的，被給予的

第 2 章　存在論視域中的主體性：此在的有限性與存在論知識二要素

量。」[23]

　　針對第一個論斷，海德格爾分析道，康德運用這個命題的主要目的是要表明，空間和時間不是經驗性的表像。這是因為經驗性的表像總是對外部經驗或內部經驗抽象的結果。但空間和時間卻顯然不是對經驗進行抽象而得到的結果。這是因為，首先，如果空間是經驗性的表像的話，也就意味著，空間其實是各種各樣實存的存在者的一種，就必然和其他的存在者發生某種位置聯繫，即它總要處於其他的存在者所構成的整體之間的某個位置——譬如「在⋯⋯之旁、在⋯⋯之下、在⋯⋯之上」的關係。但如果這是實情的話，空間就首先必須存在於空間之中了，因為「無論哪種實存的東西，從一開始就總已經在空間中了」。[24] 但空間存在於空間之中，這顯然既存在著理論的悖謬，也存在著事實的悖謬，因此不符合實情。所以，海德格爾指出，空間毋寧是存在者前來照面之所以可能的根據，因此空間不能是經驗性的表像，因此不能是經驗性的概念。而就它仍然是一種表像來說，只能是純粹的。其次，就時間來說，道理也十分相似，根據同樣的邏輯，時間也不是某種實存的存在者，毋寧是那實存的存在者前來照面的基礎和根據。因此，時間也不是經驗性的表像，同理也就不是經驗性的概念，而只能是純粹的。

　　海德格爾指出，康德對時間和空間的這第一個形而上學闡明有消極和積極兩方面的意義。就消極意義而言，這個闡明表明空間和時間並不是實際存在的存在者，因而不能像它們被通達的那般方式和途徑——即不能透過經驗性的直覺的方式——來通達。就積極意義而言，這就意味著空間和時間是那些前來照面的存在者之照面的「根據」或「基礎」。但這種根據並不是「在⋯⋯下面」或「在⋯⋯背後」意義上的根據，因為那樣的話，會讓時間和空間陷入另一個悖謬之中。海德格爾指出，「根據」或「基礎」在這裡是功能性的，亦即「存在論的」意義上的。它的意思是「使存在者如其所是地顯示自身成為可能，使它們作為顯示在這兒、在那兒、現在、那時的實存成為可能」。[25]

2.2 現象學視域中的作為純粹直覺形式的時間和空間

　　針對第二個論斷，海德格爾分析道，根據我們在對第一個論斷中得到的結論，時間和空間不是經驗性的概念，因此也不是經驗性的表像，它們既不是某種實際存在的存在者，也不是依賴於某種實存的存在者而存在，不是實存的存在者的屬性或者附屬物。毋寧時間和空間反倒要作為那些實存的存在者前來照面得以可能的「根據」或「基礎」。因此，時間和空間就意味著在邏輯上總先於經驗性的表像，並且其實它們還是經驗性的表像得以可能的前提條件。這樣，時間和空間就總是在經驗之先而在心靈中產生的，並且是經驗性的表像得以可能的功能性根基。在這種意義上，時間和空間就只能是「先天的表像」。

　　根據上述兩個論斷，時間和空間作為先天的表像，是經驗性的表像之所以可能的條件，也是那前來照面的存在者之存在的根據或基礎。但一旦這樣來看待時間和空間，前來照面的存在者和時間與空間的關係似乎就成為了特殊與普遍的關係。在這種意義上，時間和空間似乎就成為了某種基於關係而來的推理性的普遍概念，並因而成為普遍者。比如，在柏拉圖那裡，世界被二元化為理念世界和現象世界，現象世界從理念世界那裡獲得了自己的真實性，而理念世界又可以區分為最高的善的理念以及一般的數理理念，善的理念是一般的數理理念的根據，使後者成為可能。因此善的理念就是最高的理念，具有最高的真實性。數理理念要分有或摹仿善的理念而獲得真實性，而它自身又是現象世界中各種實存物的依據。因此，數理理念和現象世界在一定程度上都與善的理念相關並從它那裡獲得自己的某些規定。在這種意義上，善的理念與數理理念和現象界的諸種存在者之間、數理理念和現象界的各種存在者之間，就有一種基於關係而來的對推理性的普遍性的分享，善的理念因而也是一種建立在此基礎上的普遍概念。那麼，空間和時間也是類似於善的理念這樣的普遍者嗎？

　　海德格爾接下來指出，在第三個論斷中，上述想法遭到了康德的駁斥。

153

第 2 章　存在論視域中的主體性：此在的有限性與存在論知識二要素

「空間不是一個關於一般事物的關係的推理概念，或者如人們所說是一個普遍概念，而是一個純直覺。」[26] 這是因為，無論人們是在談論不同的空間還是在談論空間的不同部分，都首先需要一種有關空間的先天直覺作為基礎。空間向來已經是一個單一的整全。海德格爾指出，「因為所有的空間概念基本上都是這一單一的整全的空間的限制，這個本質上的單一空間必須已經在任何空間概念之先被給予了。」[27] 因為空間是一個單一的整全，並且在任何經驗性的直覺之前統一地被給予，所以只能是純直覺。時間也是同樣的情況。在第四個闡明中，海德格爾指出，「時間和空間」作為「無限的量」，也就是作為「單一的和統一的整體」，「只能是直覺，只能是那被直覺到的東西或者某種被直接遭遇的東西」，[28] 因此總已經預先被表像為被給予的了。

於是，海德格爾指出，在康德那裡，作為純粹直覺的時間和空間首先是直覺活動的模式，其中既包括在心靈中運作著的作為活動的直覺，也包括作為直覺活動直覺到的內容，即先天的表像。就時間和空間是有限性的直覺而言，它們並不像源始的直覺那般能創生其直覺對象，而是一種「讓……被遭遇」，其自身的實行需要有某種激發。雖然時間和空間是派生的有限性直覺，不具有源始性直覺的創生性，但就其具有能夠「讓……被遭遇」的特質而言，自身也具有一定的創生性。作為純粹直覺的時間和空間的這種源生性，「來自於有限的主體自身，即它們植根於超越論的想像力中」。[29] 關於此點，我們在此只是稍做提示，關於超越論的想像力與純直覺和時間的關係，我們將在第四章詳細說明。在這一節中，我們展示了，與經驗性直覺相比，時間和空間是純粹直覺。但這種理解畢竟還沒有深入到時間和空間的內在和本質之中，接下來我們將進一步深入到時間和空間的內部去探討和展示，從海德格爾的現象學的視角來看，作為純粹直覺形式的時間和空間在知識形成過程中究竟起著怎樣的作用，又如何起作用。

2.2.2 作為純粹直覺形式的時間與空間

關於純粹直覺，除了我們上文所述內容之外，康德還給出了進一步的界定，即「純直覺僅僅包含某物被直覺的形式」[30]。在這種意義上，時間和空間作為純粹直覺其實也就是純粹的直覺形式。

一提及「形式」這個詞，總是會讓我們想到「質料」。在西方哲學史中，「形式」和「質料」往往作為一對概念在相互對待的意義上出現。它們在亞里斯多德那裡頗為知名。在亞里斯多德哲學中，尚沒有在近代哲學主客二分意義上的認識論，與認識論相比，他的哲學更多關注本體論的問題，尤其是關於作為最真實的、作為存在之存在的「實體」問題。另外，在古希臘，最基本的認識論問題即主體對客體的認識如何可能尚未出現，甚至壓根就不是一個哲學問題，乃至作為認知論意義上的「主體」（subject）[31]在古希臘就還沒有進入哲學家的視域之中，它是近代哲學的產物。對於古希臘人來說，我認識到的世界就是世界本來的樣子，在「我」與「世界」之間並未隔著一道認識論的帷幕。在亞里斯多德那裡，他的問題是「實體」是什麼。關於亞里斯多德的實體究竟是什麼，這個問題曾經引起過廣泛的爭論，如若我們不深入這爭論之中，並追蹤其在亞里斯多德哲學中的思想根源，並想給予亞里斯多德的哲學一個融貫性的解讀，而只停留在爭論和貌似分歧的理論的表面的話，就會知道這個爭論主要說的是，第一實體究竟是個體物還是形式的問題。而偏偏這兩種看法在亞里斯多德的文本中都有根據。在亞里斯多德這裡，「形式」和存在者之「是其所是」即「本質」相關而與「質料」對立。在亞里斯多德的意義上，質料（ὕλη）總是和某一個存在者的材質有關，而形式（εἶδος）總是和某一個存在者的本質相關。譬如對於一張桌子來說，它的顏色、材料、質地、硬度這樣材質性的東西都是質料，而決定它作為桌子之為桌子的東西便是「形式」。

但在康德這裡，作為「直覺形式」意義上的「形式」卻和亞里斯多德意義

第 2 章　存在論視域中的主體性：此在的有限性與存在論知識二要素

上的「形式」有巨大差別，二者根本不是一回事。在康德這裡，就直覺是人的直覺而言，直覺形式則是由作為認識著的認識主體提供的，它的作用是當物自體刺激感性而激發人類感官運作起來之後，讓符合時間和空間形式的雜多能夠進入感覺，亦即賦予感性雜多以時空秩序。在這種意義上，時間和空間作為純粹直覺的形式就是對那知識的形成來說起著規定作用的東西。海德格爾指出，因為人類的直覺是有限性的直覺，是「讓……來被遭遇」。因此，作為純直覺的空間和時間就應該是為讓對象前來被遭遇亦即前來顯現預先提供了秩序，或者說，時間和空間是那讓對象前來被遭遇之所以可能的預先決定因素。在這種意義上，時間和空間作為純直覺也就是在直覺性的行為中讓與雜多的遭遇的發生具備可能性的決定者。在這個過程中，前來遭遇的對象即雜多被賦予了秩序。不過，就這種雜多被賦予的秩序向來具有整體性而言，被賦予的秩序也就是一個統一性的、整體性的秩序整體。

就雜多之被賦予的秩序總是處於某種空間關係之秩序整體，和時間關係之秩序整體之中的意義上而言，雜多表像在直覺中之所以能被賦予相應的秩序，總需要以一個先行的作為統一體的秩序作為依據和前提。譬如，海德格爾指出，「雜多的秩序性只有在一個秩序整體預先被給予了的情況下才得以可能，根據這個秩序整體，那被賦予了秩序的東西才以被如此賦予秩序的方式而聚攏起來。」[32] 也就是說，如果沒有先行的整體的秩序，那麼對於空間來說，像「在……之前」、「在……之後」、「在……之上／下」之類的空間關係就都無法被規定。對於時間來說，像「前後相繼」、「同時」之類的時間關係也就無法被規定。因此，作為純粹的直覺形式的時間和空間為在直覺這種「讓……被遭遇」的活動中前來照面的對象提供預先的統一的整體性的秩序。不過，在海德格爾對康德的《純粹理性批判》的現象學的解釋進路中，他把物自體解讀為「現象」（Phaenomen），將這種現象與作為主體的此在的作用的關聯項稱為「現象」（Erscheinung）。而現象是現象的脫落了的形式。

2.2 現象學視域中的作為純粹直覺形式的時間和空間

在這種意義上，直覺和「現象」相關。於是，純粹直覺就變成了一種「成象活動」(bilden)。我們不能在一種客觀化的意義上來理解它。毋寧應該從一種現象學的解釋學的揭示、敞開的意義上來理解它。在這種意義上，時間和空間作為純粹直覺形式總是經驗性直覺的決定性因素，因為它們不僅為經驗性直覺中前來照面的對象提供了秩序，而且亦為經驗性直覺中的賦予秩序的行為預先提供了有關秩序之整體的「圖像」(Bild)。「空間和時間作為直覺活動的形式意味著，它們是決定直覺活動如何發生——即，在那構成了純粹的彼此並列或前後相繼的東西之先的成象活動基礎上——的源初方式。」[33] 也恰恰在這種意義上，作為純粹直覺形式的時間和空間也為經驗性的直覺預先提供可供其使用的「圖像」。

當海德格爾進一步嘗試對作為「成象活動」的時間和空間進行界定的時候，他援引了 Heinze 的一句話：「因此時間是感覺的運作條件，而空間是格式塔（Gestalten）的運作條件。」[34] 在這裡，Spiel/spielen 這個詞既有「遊戲」，又有「運作」的意思，而海德格爾則將 Heinze 這句話中的「運作」替換成了「遊戲」。這樣，作為純粹直覺形式的時間和空間的直覺活動亦即「成象活動」就被海德格爾描述成「遊戲活動」。在海德格爾看來，「遊戲」這種活動在運作中是自由的活動，因此便沒有什麼限制和束縛。作為純粹的成象活動的空間和時間的活動就是遊戲，它們在這種活動中「預先—形象」(vor-bilden) 出「遊戲空間」(Spiel-Raum)，這種遊戲空間是一種境域，存在者只有在這種境域中才能被遭遇。在這種意義上，作為純粹直覺形式的時間和空間，它們的成象活動與超越論的想像力便緊密相關。關於此點，我們到第四章討論超越論的想像力與純粹直覺和時間的關聯時將會進一步地討論。接下來，我們將轉入討論，從海德格爾的現象學的視角出發，他如何處理作為純粹直覺形式的時間和空間之間的關係。

第 2 章　存在論視域中的主體性：此在的有限性與存在論知識二要素

2.2.3　時間之於空間具有優先地位

在康德那裡，雖然時間和空間同樣都是純粹的直覺形式。但二者之所從出的感官並不一樣，空間是外感官的直覺形式，因此又被稱作外直覺的直覺形式。而時間是內感官的直覺形式，因此被稱作內直覺的直覺形式。在康德哲學中，無論是外直覺還是內直覺都不能和物自體直接打交道，即不能直接形成對物自體的感知，因為物自體超越了人的經驗的界限範圍，它們只是相關於物自體的刺激，並為這種刺激所激發，只和感性雜多打交道，因而是接受性的，並不具備自發性。但在海德格爾的現象學的視域中，物自體已經被他做了現象學的解釋而轉化為了「現象」。透過這種方式，在康德那裡作為認知主體和作為存在者的物自體之間的不可跨越的認知界限便被他超越了或者說跨越了。在海德格爾看來，「外直覺」是指「讓非我們自己所是的存在者被遭遇」[35]。而那讓我們自己所是的存在者得以被遭遇的決定者就是「內直覺」。關於時間和空間這二種純粹的直覺形式之間的關係，海德格爾指出，康德在《純粹理性批判》B50-B51 處提供的關於時間的兩項規定值得特別留意。在第二條中，康德指出，「時間無非是內感官的形式，即直覺我們自己和我們的內部狀態的形式。因為時間不可能是外部現象的規定。」[36] 在第三條中，康德則指出「時間是所有一般現象的先天形式條件」。[37] 在這兩條關於時間的規定中，前者明言時間這種內直覺的形式只與人類主體或靈魂的內部狀態相關，而和外部現象無關，而後者卻似乎推翻了前面的這條規定，認為時間不只是內部顯像的先天形式條件，而且也是外部現象的先天形式條件。那麼，在康德的這兩個命題之間不就存在著明顯的矛盾嗎？

康德的意圖究竟是什麼？

毫無疑問，作為先天直覺形式的空間，只和外部表像相關，它無法形成關於人類內在狀態的表像。但無論是外直覺還是內直覺，都是人類心靈的表像，因此必然和人類的內直覺形式亦即時間相關，都會落到時間之內，儘管

2.2 現象學視域中的作為純粹直覺形式的時間和空間

它與外直覺形式之間的關係可能是一種間接關係。因此，在這種意義上，海德格爾指出，康德的意思其實是說，不管是何種存在者，如果要讓它們能夠前來被遭遇，預先都需要純粹的時間序列亦即作為純粹的直覺形式的時間的成象活動作為存在者能夠前來相遇的境域，雖然空間亦是純粹的直覺形式，但顯然它只能呈現外直覺的表象，因此不如時間更為源初。在海德格爾的現象學的視域中，作為純粹直覺形式的時間和空間的這種作為「讓……被遭遇」之所以可能的預先的成象活動，是經驗著的主體的生存依據，因此時間和空間便體現出了主體的主體性。而在時間和空間這二者中，毫無疑問時間更為源始、更為優先，更具主體性，「作為內感官形式的時間在某種程度上要比空間更具主體性」[38]。於是，與空間相比較，康德在時間和主體，亦即「我」、「我思」或人類此在之間建立起了更為密切的關係。

我們在這裡有必要對前述內容做一小結，在海德格爾看來，與神的無限的、源始的直覺相比，人的直覺是有限的、派生的直覺。人的直覺之所以是派生的直覺，就在於人在直覺中無法透過直覺創生存在者，並讓作為相關的知識直接現身。因此，人類直覺具有領受性的特徵，需要被激發。而在直覺中，又可以區分出經驗性的直覺和純直覺。經驗性的直覺總是關涉前來照面的存在者，其實行因而相應地被激發了。純粹直覺包括兩類，即時間和空間。在海德格爾的現象學的思路中，作為純粹直覺形式的時間和空間是「讓……被遭遇」，它是經驗性直覺得以可能的條件。而在時間和空間這兩種純粹的直覺形式之間，時間又更為源始，比空間更具優先性。但正如我們前文所說，時間因為是有限性直覺，因此其實行總需要被激發，而它又是「純粹的」，所以，時間其實便是一種自我激發，此時作為純粹直覺形式的時間就和超越論的想像力內在勾連。經過如此分析，便向著存在論知識之所以可能的源始境域更前進了一步。

我們接下來需要將目光轉向作為有限性知識之建構因素的另外一方的純

第 2 章　存在論視域中的主體性：此在的有限性與存在論知識二要素

粹思維，因為知識的形成畢竟是直覺和思維、感性和知性共同作用的結果。因此，我們需要檢視一番海德格爾對純思維的現象學解釋。在這個基礎上以查驗海德格爾對有關純粹直覺與純粹思維之間的連接和統一的根據即純粹綜合的思考，因為在海德格爾看來，純粹綜合是存在論知識得以可能的一個關鍵，它也是為形而上學奠基的關鍵，同時更是返回形而上學奠基之所從出的源頭的關鍵性中點。這樣，我們就看到，海德格爾對康德《純粹理性批判》進行現象學解釋時，體現了他自己的現象學解構方法和現象學的解釋學的鮮明特點，就是他對康德的解讀先從拆解知識的構成性要素開始，將圍繞知識構成的基本要素都一一闡明、釐清之後，再進一步將分析深入推進到下一個階段，他甚至還會在這些不同的環節之間進行往返，讓這些解讀在相互運動中彼此進一步相互闡釋，從而深化理解。於是他的解讀往往會展現出一種「循環」的特徵，但這是解釋學意義上的循環，是有意義的循環，而不是單純的循環論證。因為在每一次循環中，往往會有新的理解，新的內容從中發生或被帶將出來，海德格爾的《康德書》、《存在與時間》都體現出了這種特徵。不過，他的這種方法在讀者看來有時卻不免瑣碎，甚至會有缺乏條理、沒有線索之感，不過，正如他曾指出的那樣，讀者理解這種解釋學循環的最好方法是同他一起進入這個循環。

2.3　作為存在論知識之二元素的純粹直覺與純粹思維之本質統一性

2.3.1　作為知識的另一組成要素的純粹思維

在康德那裡，人類的知識除了由感性直覺提供的材料之外，還需要知性為它提供形式。這一方面說明了人的直覺的有限性，另一方面也說明了人

2.3 作為存在論知識之二元素的純粹直覺與純粹思維之本質統一性

的知識從其根源和本性上就是有限的,這也就自然說明了人自身就是有限的存在者。

但在討論知識形成的過程中,與康德賦予思維以優先性或主導性不同,海德格爾認為在直覺和思維之間,直覺處於主導地位,思維處於從屬和服從地位。「作為有著規定性功能的表像,思維的目標在於直覺中直覺出的東西,這樣,思維僅僅為直覺服務。」[39] 這是因為,在知識的形成過程中,首先需要直覺尤其是時間這種純粹直覺形式的發動,在預先的「成象活動」中給出存在者能夠前來被遭遇的境域。不過,因為人的直覺是有限性的直覺,因此在對象呈現出來或現象出來時,人的直覺提供的總是某種個體性的表像,也就是康德意義上的雜多表像,它們需要一般表像的介入或者說在一般的表像中才能被作為總體性的個體性表像。海德格爾指出,這裡的一般表像就是概念。「概念的表像活動就是讓眾多在這個單一之中聚合為一。」[40]

概念之所以能夠提供讓那在單一中聚合為一的表像活動,是因為在這種表像活動中事先已經被賦有了「單一的統一性」,也就是說,在概念中先天地就已經有了統一性,這樣不同的表像才能夠被這種統一性帶向聚攏或帶向統一。海德格爾認為預先提供或看到這種統一性是概念自身的一種根本性的行為或行動。這就是康德意義上的反思。「眾多應在單一中聚合為一,這種對單一的先行看出就是概念構成的基本行為,康德稱為『反思』。」[41] 如果我們反過來看,在這個反思行為中,將多歸攏到一起的那個「一」的表像,需要首先提供出來或被看出來,繼而將「多」歸攏到「一」之下才為可能。而這個表像,其實也就是概念。於是,海德格爾指出,概念是經由反思提供出來的。這樣的話,概念提供的預先的統一性似乎來自於反思活動提供的統一性了?但實際情況卻並非如此,因為反思著的「合一活動」如果可能的話,也預先需要某種統一性活動,唯有在它基礎上,反思的「合一活動」這裡透露出來的合一之一般才為可能。而這種預先給出的統一性活動,在海德格爾看

第 2 章　存在論視域中的主體性：此在的有限性與存在論知識二要素

來歸屬於知性的本質結構，是知性提供出的。「如果說統一性的表像的關鍵就在於反思活動自身的話，那麼這就意味著：統一性的表像活動隸屬於知性的基本行為的本質結構。」[42] 所以，在這種意義上，知性是更為源初性的或源生性的機能。它在自己的活動和運作中提供將多歸攏為一的統一性。與時間和空間作為純粹的直覺形式類似，在這裡，在知性的行為或活動中提供出的先行的統一性的表像的統一性，就是純粹概念的內容，它預先提供了每一個具體的合一活動之所以可能的統一性。就純粹概念的表像不能來自於現象而毋寧是在現象形成之先，並使它可能而言的意義上來說，只能是先天的。「概念，就其內容而言，乃是先天的給予。康德將之稱為觀念，*conceptus dati a priori*〈先天給予的概念〉。」[43]

這樣，海德格爾對康德《純粹理性批判》中構成知識之二要素的純粹直覺和純粹概念進行了闡明，但與此同時，他的解釋便也來到了一個關鍵處，即純粹知識必須是純粹直覺和純粹概念的綜合統一下的產物。然而，二者之間的這種綜合統一如何才能可能？它們是怎樣綜合統一在一起的？就他將康德的《純粹理性批判》看作是一次為形而上學奠基的任務來說，海德格爾必須向二者之綜合得以可能的源初境域掘進，並將其敞露出來。

2.3.2　純粹思維與純粹直覺在純粹綜合之中的本質統一

在海德格爾看來，在純粹直覺形式和純粹概念之間的結合對於知識的形成十分關鍵。但它們之間的綜合不是一種外在的結合，否則，對二者的結合的解釋始終會有為外部強力強拉硬拽在一起的痕跡，會有牽強附會之嫌。因此，就不能成功地闡明純粹思維與純粹直覺形式之間的內在統一，進而就無法成功說明純粹知識的可能性。在純直覺和純概念之間的綜合毋寧必須是一種內在的結合，即從讓純粹直覺和純粹思維之間的綜合得以可能的這個綜合內部出發來進行解釋，判定這種綜合的樣式、可能性及它與時間和純粹概念

2.3 作為存在論知識之二元素的純粹直覺與純粹思維之本質統一性

之間的內在契合,並闡明這種綜合何以契合(fuegen)在時間和純粹概念也就是範疇之間的縫隙(Fugen)處,這樣才會將二者的綜合帶入一個源發的統一的源頭處,從而才能讓二者的這種綜合從這個源頭處自然生長並敞露出來,唯有如此,才能真切地證明與展示在作為純粹直覺形式的時間和純粹思維之純粹概念之間的源始統一。因此,海德格爾接下來就需要追隨康德的腳步來闡明,在純直覺和純思維之間的這種綜合如何可能。解決這個問題其實包含兩方面的工作:一方面要闡明這種綜合是怎樣的一種綜合,另一方面要釐清這種綜合運作的可能性與不可能性,亦即綜合產生與運作的源始境域。在某種意義上,這兩方面的工作其實是內在一體、相互貫通、相互蘊含的。當然,在此基礎上,還要能闡明提供純粹綜合的人類機能。

海德格爾指出,這種綜合就其只是與純粹直覺和純粹思維打交道、而不與經驗性的內容打交道的意義上而言,是「先天的」,因而也就是「純粹的」。於是,將作為純粹直覺形式的時間和純粹思維的純粹概念帶向統一的綜合就是純粹綜合。「『如果雜多……乃先天地給予』,那綜合就叫純粹的。」[44] 在純粹綜合之中,純粹直覺和純粹概念之間的統一是本質的統一。

但對於純粹知識來說,在作為純粹直覺形式的時間和純粹概念之間的統一之所以必要,主要是因為:

首先,純粹知識的形成是純粹直覺和純粹思維共同作用的結果。我們在前文中已曾指出過,人不同於神,神是無限的,因此神的直覺是無限的直覺,神在其直覺行為中不僅形成作為對象的存在者的知識,而且還賦予作為對象的存在者以存在。而人是有限的,這種有限性體現在兩方面,一方面在於人是有終結的,因此人的存在是一種「向─終結─存在」,另一方面在於人認識結構上的有限性。人的直覺是派生的直覺,在人類的直覺行為中並不能賦予作為直覺對象的存在者以存在,它的發動必須以已經存在了的存在者為前提。恰恰在這種意義上,單憑人類的有限性直覺並不能形成關於存在者的

第 2 章　存在論視域中的主體性：此在的有限性與存在論知識二要素

知識，而必需思維的介入。人類知識的形成是直覺和思維共同作用的結果。而對於純粹知識的形成來說，更是如此，它是純粹直覺和純粹思維共同作用的結果。

其次，在上述第一點的意義上，對於純粹知識的形成來說，需要純粹直覺和純粹思維的共同作用。在此基礎上，海德格爾指出，純粹直覺和純粹思維在純粹知識的形成過程中也的確彼此相互需要、各自為對方服務。一方面，對於純粹知識的形成來說，純粹直覺需要純粹思維。純粹直覺在這種意義上向著純粹思維顯現自己。「純粹直覺在根本上就是顯現著的，而且是向著純粹思維顯現著。」[45] 這是因為，純粹直覺呈現出的是沒有秩序的純粹雜多，在這種雜多之中需要純粹思維提供的純粹概念的整合活動。因為雜多需要被抓取或聚攏在一起，需要獲得某種統一性。而提供統一性就是純粹概念的作用。另一方面，純粹直覺在本質上又具有優先地位，純粹思維本質上又服從於純粹直覺。因為純粹思維本質上並不能「遭遇」存在者的存在，後者是在純粹直覺主導下的經驗性直覺的功能。提供雜多是直覺的任務，恰恰在這種意義上，「我們的純粹思維在本質上依存於純粹雜多」[46]，「我們的純粹思維任何時候都處在向它撲面而來的時間面前」[47]。這樣，純粹直覺和純粹概念就各自為了對方的需要而從自身之中出發來為著對方而前來遭遇。

因此，一方面，純粹知識是構成純粹知識的二因素——純粹直覺形式和純粹概念——的本質性統一。這種統一對於純粹知識的形成來說是必要且必須的。另一方面，這二個因素的本質性統一是在純粹綜合之中發生的。純粹綜合應該是一種內在的綜合，它一方面與純粹直覺相連，另一方面與純粹概念相連，內在地使純粹直覺形式和純粹概念能夠相互「契合」（fuegen）。「在這一綜合活動中，兩個純粹要素總是從自身出發來相遇。綜合彌補了各自方面的縫隙，這就構成了某種純粹知識的本質統一性。」[48]

但純粹綜合的這種「契合」究竟是怎樣發生的？它是怎樣將純粹直覺和

2.3 作為存在論知識之二元素的純粹直覺與純粹思維之本質統一性

純粹概念「契合」起來的呢?

純粹綜合一方面和純粹直覺相連。在純粹直覺中,已經有了與雜多相應的規整活動,儘管它比較低級,尚沒有達到純粹概念的自覺性統一活動的高度。海德格爾指出,這種對雜多的規整性活動是一種「合一性」的活動,它來自作為純粹直覺形式的時間。這種「合一性」活動就是「綜觀」(Synopsis)。純粹綜合與純粹直覺相連就是與「綜觀」提供出的合一性的結果相契合。純粹綜合另一方面則與純粹概念相連。在純粹概念中,提供出統一之為統一的基本依據。海德格爾指出,在純粹綜合中其實已經有了對統一性的表像,而它也在自己的表像中表像出統一性。就純粹綜合提供出對統一性的表像而言,它就和純粹概念緊密地契合在一起了。因為純粹概念在反思性的純粹思維中,提供了對統一性的表像。這樣,純粹綜合就一方面與純粹直覺中的合一性的「綜觀」相連接,另一方面與純粹概念中的純粹思維的反思行為提供的統一性表像相連接,因而便從內部將這二者契合起來,提供了它們源始的統一性。所以,海德格爾指出,「純粹綜合就是純綜觀性地(synoptisch)在純粹直覺中,同時也是純反思性地(reflektierend)在純粹思維中作用。」[49]

然而,純粹綜合何以可能?它的基本結構又是怎樣的?純粹綜合又是怎樣將作為純粹直覺形式的時間與作為純粹概念的觀念(範疇)統合在一起的?這一統合具有可能性嗎?如果可能,它的過程又是怎樣的?和我們研究的主題亦即時間問題有關係嗎?如果有的話,究竟又是一種怎樣的關係?循著這些問題,海德格爾就進入了對康德的《純粹理性批判》中最精彩但也最困難的部分——先驗演繹的現象學解讀環節了。當然,在海德格爾的現象學的視角中,先驗演繹也就變成了超越論的演繹。

第 2 章　存在論視域中的主體性：此在的有限性與存在論知識二要素

2.3.3　純粹綜合之可能性的依據——超越論演繹

那麼，作為純粹知識之二要素——作為純粹直覺的時間與作為純粹概念的範疇——之間的源始統一性之保證的純粹綜合是可能的嗎？它之可能與不可能性的邊界在哪裡？海德格爾指出，在康德的《純粹理性批判》中，承擔這一任務的是「超越論演繹」（transzendentale Deduktion）。

然而，眾所周知，在康德哲學的語境中，我們通常將「transzendentale Deduktion」翻譯成「先驗演繹」。我們之前在 1.3.3 中曾經解釋過，基於認識論進路和存在論進路的區別，這兩種翻譯在康德哲學和海德格爾哲學各自的語境中都是有道理的。在康德哲學那裡，《純粹理性批判》要解決的是具備普遍必然性的知識如何可能的認識論問題。康德提供的思路是讓感性直覺提供作為知識的質料的雜多，讓知性範疇提供作為知識的形式，從而形成先天綜合判斷，一方面透過前者確保能夠拓展知識的範圍，另一方面透過後者確保能保證知識的普遍必然性。但這個思路想要成功，卻有一個工作必須要完成，即他必須要能論證範疇應用於感性經驗的客觀有效性。這就是他的「先驗演繹」要完成的任務。

「演繹」是康德從法學領域借鑑過來的詞彙。「法學家在談到權限和僭越時，在一樁訴訟中把有關權利的問題（quis iuris 有何權利）與涉及事實的問題（quid facti 有何事實）區分開來，而由於他們對二者都要求證明，他們就把應當闡明權限或者也闡明合法要求的前一種證明稱為演繹。」[50] 因此，我們也可以把「演繹」看作一種闡明是否具有相關的合法性權利的方法。具體到康德的問題，他要用先驗演繹來證明範疇運用到經驗上的合法性或正當性問題。康德對範疇的先驗演繹又可以分為「主觀演繹」和「客觀演繹」兩部分。

對這兩個部分的不同處理就形成了第一版演繹和第二版演繹的區別。康德在第二版批判中，刪掉了第一版演繹中的「主觀演繹」，只保留了「客

2.3 作為存在論知識之二元素的純粹直覺與純粹思維之本質統一性

觀演繹」。如果按照康德的思路和目的來說,在兩版演繹之間有此差別是有道理的。這是因為康德整部《純粹理性批判》的任務在很大程度上就是要為知識的普遍必然性和客觀有效性做論證。因此,如果過分強調範疇的主觀演繹,更為側重強調想像力在連接感性雜多和知性範疇之間的作用的話,那麼有可能會引起人們的誤解,即他把知識的客觀有效性的依據奠立於想像力之中,實質上不過是構建了另一種經驗心理學或發生心理學而已。因此為了避免有可能產生的誤解,康德才在第二版演繹中刪去了主觀演繹而只強調客觀演繹。

在康德的兩版演繹中,海德格爾更為看重第一版,鑒於他以現象學的視角來解釋康德哲學,因此康德的「先驗演繹」轉換成了「超越論演繹」。在海德格爾看來,超越論演繹要解決的其實並不是範疇應用於感性經驗的有效性問題,康德的意圖毋寧是要用超越論演繹來解決在純粹直覺形式,和純粹概念之間的純粹綜合是否可能的問題,從而也就是解決存在論綜合是否可能的問題。「演繹」在海德格爾的眼中相應地也根本不是什麼知性範疇應用於感性經驗上的權利與合法性問題,毋寧是要為解決純粹綜合是否可能的問題服務。「『演繹』的根本意圖在於開啟純粹綜合的基本結構。」[51]

那麼,純粹綜合之可能與不可能的判定依據是什麼呢?海德格爾指出,純粹綜合是對作為純粹直覺與純粹概念的綜合,這一綜合的目的最終是為純粹知識提供基礎。其中,純粹直覺提供可供純粹概念即知性範疇加以整理的質料即雜多,純粹概念即知性範疇提供可為純粹直覺提供的雜多進行整理的形式即規則。如果從這個角度來看,似乎提供規則的知性範疇更具有主導性和優先地位。但海德格爾否認了這種看法,在他看來,知性範疇即純粹的概念,雖然在思維的反思活動中提供了表像規則的統一性,並且預先貢獻出可供成為規則的東西,「純粹的概念〔*conceptus reflectentes*(反思性概念)〕卻是這樣的一些東西,它們將上述的規則統一性,視為其唯一的內容。它們不

第 2 章　存在論視域中的主體性：此在的有限性與存在論知識二要素

僅僅提供規則，而且，作為純粹表像活動，它們還首先並且預先就給出可以成為規則的東西」。[52]這種預先提供統一性的表像規則的行為被海德格爾稱為「讓對象化」。但知性概念的這一應用卻恰恰從根源上體現了人類的有限性，因為一方面鑒於人類知識的形成卻必須依賴於純粹概念，就充分證明了人類的直覺是有限的派生的直覺，而不是神的無限的源始的直覺，對於後者來說，神在其無限直覺中就已經創生了存在者。另一方面，海德格爾指出，知性範疇在它的源初活動即「讓對象化」之中充分體現了它對純粹直覺的服務地位，因為在讓存在者「轉過來面向……」的過程中，領受性的直覺總已經被激發了起來，知性範疇在這個「讓對象化」的過程中就對純粹直覺產生了依存關係，它服務於純粹直覺。「僅當純粹知性作為知性是純粹直覺的奴僕，始能保持其為經驗直覺的主人。」[53]所以，海德格爾在這裡依然堅持了直覺具有優先性，思維為直覺服務的看法。

這樣，在進入對超越論演繹的現象學解釋的初始環節，海德格爾指出，在純粹直覺和純粹思維的本質性統一之純粹綜合的環節中，展現或者說揭示了知性範疇和純粹直覺在純粹知識形成過程中各自的作用，並在這個過程中充分展現了人類的有限性，即人類知識的形成依賴於預先已經存在的存在者作為認識的對象。認識的形成因此便需要讓存在者能夠站出來並站到一個有限的本質存在即此在的對面去，只有這一步工作完成了，這一存在者才會成為有限的本質存在的對象。而這一切之所以可能有賴於此在的一個基本能力，即「在讓對象化中轉過來面向……」[54]。而在這個「在讓對象化中轉過來面向……」的過程中，就保持了一個源始的境域，在這個境域 —— 亦是一種「遊戲空間」—— 中，有限的本質存在即此在和作為對象的存在者相互對待、勾連、育成。海德格爾進一步指出，使這一切得以可能的，實質上是超越。當我們追隨海德格爾把問題推及這裡之後，超越論演繹也就變成了對超越的揭露。而就超越是基始存在論的重要內容，是此在基本的生存—存在論

2.3　作為存在論知識之二元素的純粹直覺與純粹思維之本質統一性

規定——超越即此在向著「在—世界—之中—存在」的超越——來看,在康德的超越論題和海德格爾基始存在論意義中的超越論題之間,就有了溝通的可能性。這也是海德格爾從《存在與時間》能走到對康德的先驗演繹、先驗想像力以及時間學說進行現象學解釋的重要原因之一。

我們透過本章的分析展示了,海德格爾認為康德哲學,尤其是《純粹理性批判》的主要意圖不是去解決普遍必然性的知識何以可能的認識論問題,毋寧是要解決形而上學的奠基問題,亦即判定存在論的內在可能性。於是,他認為在康德那裡,知識的構成要素有兩個,一個是直覺,另一個是思維。前者又可以進一步區分為經驗性直覺和純粹直覺,經驗性直覺要以純粹直覺為基礎,純粹直覺比經驗性直覺更為源始。純粹直覺形式又有空間和時間兩種,其中,時間比空間更為優先。在純粹直覺中已經有了對雜多進行整理和合一的「綜觀」;後者實質上也可以依據是否和經驗發生關聯而區分開來,其中完全先天的部分是純粹概念(觀念),純粹概念透過反思性的活動提供統一性的表像。純粹知識是由純粹直覺和純粹思維結合起來而獲得的。但二者之間的結合不是一種外部結合,毋寧在其根源處就已經植根於純粹綜合的「契合」活動中了。而純粹綜合之所以能造成這樣的作用,是因為它一方面與純粹直覺中的「綜觀」活動契合,另一方面與純粹概念中的統一性活動契合。這種純粹綜合之所以必要,是源於人類本質上的有限性以及人類知識的有限性,因為人類生存結構和認識結構上的有限性,便無法像神那樣在源始的直覺中直接創生作為認識對象的存在者,而必須依賴於已經存在的存在者。與此同時,作為有限的本質存在的人恰恰是超越的,在自己的超越活動中透過自己的主體能力以讓存在者站出來並轉到有限的本質存在的對面並相向於人類此在而站立,這樣就由人類此在的主體能力的「讓對象化」活動中構建了一個超越的源始境域,在其中直覺活動和思維活動契合在純粹綜合之中。於是,超越論演繹最終就變成了對有限的人類此在的超越活動的揭露。以這種

第 2 章　存在論視域中的主體性：此在的有限性與存在論知識二要素

方式，海德格爾又將對康德哲學的現象學解釋向前推進了一步，進入到了超越論演繹對超越之可能和超越之實行的揭露。那麼，這一超越是如何可能，又如何實行的呢？存在論綜合又究竟是怎樣在這一超越活動中將作為純粹直覺形式的時間與純粹概念「契合」在一起的呢？這就涉及對康德的先驗演繹的具體論證過程的現象學解釋以及對他的圖式說的解釋了，恰恰是在這個過程中，海德格爾對康德的時間學說進行了關鍵性的，也是創造性的解讀，這是我們下一章的研究內容。

注解

[1] 海德格爾指出，在亞里斯多德的哲學中，形而上學可以分成兩部分內容。一部分是研究所有存在者的終極依據的神學，另一部分是研究作為存在者的存在的學科，這也被稱作第一哲學。作為 Metaphysics 這個詞的詞根的 meta-，無論它的意思是「元」，還是「在……之後」，其實都可以歸結為 tran-，而 tran- 這個詞根的基本意思是「超越，越過」。因此無論是神學還是第一哲學都已經超越了經驗。經驗不可通達的領域有三個，一個是作為整體的世界，一個是作為世界的根據的上帝，另一個是不朽的靈魂。以這三者為研究對象的形而上學是特殊形而上學（metaphysica specialis）。還有一種形而上學是一般形而上學（metaphysica generalis），它的研究內容是 τὸ ὂν ἦ ὄν。關於「形而上學」，我們在 0.3.2 處也已經有所描述。
[2] 海德格爾，《康德與形而上學疑難》，第 206 頁。
[3] 同上，第 206 頁。
[4] 同上，第 206 頁
[5] 同上，第 208 頁。
[6] 同上，第 208 頁。
[7] 同上，第 218 頁。
[8] 同上，第 207 頁。
[9] Heidegger，*Phenomenological Interpretation of Kant's Critique of Pure Reason*，p.58.
[10] Heidegger，*Phenomenological Interpretation of Kant's Critique of Pure Reason*，p.59.
[11] 海德格爾，《康德與形而上學疑難》，第 20 頁。

2.3 作為存在論知識之二元素的純粹直覺與純粹思維之本質統一性

[12] 康德,《純粹理性批判》,A51/B75,第 83 頁。
[13] 海德格爾,《康德與形而上學疑難》,第 31 頁。
[14] 同上,第 21 頁。
[15] Heidegger,*Phenomenological Interpretation of Kant's Critique of Pure Reason*,p.59.
[16] Ibid,p.60.
[17] 康德,《純粹理性批判》,A50/B74,第 83 頁。
[18] 關於 Erscheinung,我們要充分注意到它在康德思路和海德格爾思路中的差異。在李秋零教授翻譯的《純粹理性批判》中,他將 Erscheinung 翻譯成「顯像」,我們認為這是有道理的。因為在康德那裡,人類理性無法超出經驗界限範圍而形成關於物自體的知識,它只能認識人類經驗界限範圍內的東西。在康德那裡,經驗的形成從 Erscheinung 開始。但 Erscheinung 並不是物自體,它是對象刺激人類感官之後形成的產物。但在海德格爾那裡,他採取現象學的進路來理解康德哲學,對康德那裡的 Phaenomen,Erscheinung,Gegenstand 都做了現象學的解讀。在他看來,Erscheinung 和「顯現」相關,是作為現象的 Phaenomen 脫落了的產物,因此它不是第一層級的「象」,而是第二層次的「像」。參見海德格爾,《存在與時間》(修訂譯本),第 33—37 頁;海德格爾,《康德與形而上學疑難》,第 28 頁。但我們需要留意,海德格爾在《存在與時間》中對 Erscheinung 的描述和分析與《康德書》中的闡釋略有不同。因此,Erscheinung 這個詞在康德的認識論進路和海德格爾的現象學進路中,具有不同的內涵。但鑒於本文既會涉及《純粹理性批判》,又會關涉《存在與時間》和《康德與形而上學疑難》。為了避免引起混亂,在行文中將會統一將 Erscheinung 翻譯成「現象」,特此說明。
[19] 海德格爾,《康德與形而上學疑難》,第 28 頁。
[20] 同上,第 29 頁。
[21] 同上,第 40 頁。
[22] 需要指出的是,在康德哲學的語境中,Vostellung 通常被翻譯成「表象」。但王慶節教授指出,在海德格爾對康德的解讀中,Vorstellung,Erscheinung 和 Bild 相似,多是在知識論層面上理解的第二層意義上的「象」,而與存在論意義上的,第一層意義上的「象」即 Phaenomen,Einbildung,Gegenstand 有別。為了突出這兩個系列的詞彙的不同,因此採用和「像」相關的詞來翻譯第一組中的幾個詞,把它們分別翻譯成「表像」(Vorstellung)、「現象」(Erscheinung) 和「圖像」(Bild),而採取和「象」相關的詞來翻譯第二組,把它們分別翻譯成「現象」(Phaenomen)、「想像」(Einbildung) 和

第 2 章　存在論視域中的主體性：此在的有限性與存在論知識二要素

「對象」（Gegenstand）。我們認為王慶節教授的這種說法是有道理的。因此採取同樣的譯法，特此說明。參見海德格爾，《康德與形而上學疑難》，19 頁，腳註 1.

[23] Heidegger，*Phenomenological Interpretation of Kant's Critique of Pure Reason*，p.78.

[24] Ibid，p.79.

[25] Ibid，p.79.

[26] 康德，《純粹理性批判》，A24/B39，第 60 頁。

[27] Heidegger，*Phenomenological Interpretation of Kant's Critique of Pure Reason*，p.81.

[28] Ibid，p.83.

[29] Ibid，84. 同時，關於超越論的想像力，在康德哲學中也被翻譯為先驗想像力。鑒於康德哲學和海德格爾哲學的差異，當我們在康德哲學的語境中談論 transcendental imagination 時將利用「先驗想像力」的譯名，在海德格爾哲學的語境中，我們將利用「超越論的想像力」這個譯名。特此說明。我們在第四章中將詳細討論海德格爾對康德的先驗想像力的超越論解讀。

[30] 康德，《純粹理性批判》，A51/B75，第 83 頁。

[31] 我們的意思是，subject 與人聯繫起來表達「主體」這層意思，是從近代哲學開始的。但這並不意味著近代哲學以前沒有 subject 這個詞，它來自於拉丁文 subiectum 和 subiectus，而後兩者又來自於古希臘單詞 ὑποκείμενον。ὑποκείμενον 最基本的意思是「躺在下面的東西」，從而引申出「基底」、「載體」、「主詞」的意思。

[32] Heidegger，*Phenomenological Interpretation of Kant's Critique of Pure Reason*，p.88.

[33] Ibid，p.89.

[34] Heinze，*Mataphysikvorlesung*，S.191，轉引自 Heidegger，*Phenomenological Interpretation of Kant's Critique of Pure Reason*，p.90。

[35] Heinze，*Mataphysikvorlesung*，S.191，轉引自 Heidegger，*Phenomenological Interpretation of Kant's Critique of Pure Reason*，p.100。

[36] 康德，《純粹理性批判》，B50/A33，第 67 頁。

[37] 同上，第 67 頁。

[38] Heinze，*Mataphysikvorlesung*，S.191，轉引自 Heidegger，*Phenomenological Interpretation of Kant's Critique of Pure Reason*，p.103。

[39] 海德格爾，《康德與形而上學疑難》，第 47 頁。

[40] 同上，第 47 頁。

2.3 作為存在論知識之二元素的純粹直覺與純粹思維之本質統一性

[41] 同上,第 48 頁。
[42] 同上,第 49 頁。
[43] 同上,第 49 頁。
[44] 同上,第 58 頁;Heidegger,Kantbuch,S.63。
[45] 同上,第 57 頁;Heidegger,Kantbuch,S.62。
[46] 同上,第 57 頁。
[47] 同上,第 57 頁。
[48] 同上,第 57 頁。
[49] 同上,第 58 頁。
[50] 康德,《純粹理性批判》,A84/B116,第 108 頁。
[51] 海德格爾,《現象學之基本問題》,第 63 頁。
[52] 海德格爾,《康德與形而上學疑難》,第 69 頁。
[53] 同上,第 70 頁。
[54] 同上,第 65 頁。

第 2 章　存在論視域中的主體性：此在的有限性與存在論知識二要素

第 3 章　超越論演繹、圖式與時間

　　正如我們前文所述，在海德格爾看來，康德的《純粹理性批判》從事的就是一次為形而上學奠基的工作。康德在論證「先天綜合判斷」之可能性與必然性的時候，其實並不是想解決具有普遍必然性的知識如何可能的認識論問題，而是想解決形而上學是否可能以及如何可能的存在論問題。康德之所以有這樣的看法，是因為以往的形而上學的根基都不夠牢靠，因此陷入了危機之中。而要解決形而上學的危機，就需要為它奠定一個新的、穩固的基礎。

　　要實現這個目標，首先需要能夠深入到形而上學的基礎或源頭處，並將這種基礎或源頭敞露出來，然後才能探討為形而上學重新奠基是否可能的問題。正是秉持了這樣的看法，海德格爾對《純粹理性批判》的現象學解釋才首先將知識拆分成了二重要素，即直覺和思維，繼而對它們的純粹形式即純粹直覺形式和純粹概念進行了分析，然後將他的解釋重點推進到了將這二重要素勾連在一起的「純粹綜合」處。

　　海德格爾指出，純粹綜合之所以能夠將純粹直覺與純粹概念內在「契合」（fuegen）在一起，是因為它一方面與純粹直覺中對雜多進行整理的合一性的「綜觀」活動相連，另一方面與純粹概念中提供統一性的表像相連。不過需要我們注意的是，這裡的「相連」不是普通意義上的連接，它具有更深一層的含義，在海德格爾看來，純粹綜合是「綜觀」的合一性和純粹統覺的統一性的根源，後兩者提供出的「合一性」從本質上來說來源於純粹綜合的「合一性」活動。

　　既然純粹綜合具有如此關鍵的作用，那麼，對於透過解決「先天綜合判斷」是否可能以及如何可能而來為形而上學奠基的工作來說，就有必要清理

第 3 章　超越論演繹、圖式與時間

和展示純粹綜合的結構。於是，海德格爾就追隨著康德的腳步來到了先驗演繹這道裂隙面前。不過，由於海德格爾認為康德意欲從事的是一種存在論的工作，因此在康德那裡的認識論視角下的「先驗演繹」便變成了他的存在論視角中的「超越論演繹」。在海德格爾看來，超越論演繹的主要目標是論證超越的可能性。而超越之所以可能，主要歸功於超越論想像力及作為它活動結果的圖式。恰恰是圖式在純粹綜合中造成了勾連純粹直覺和純粹概念的作用。而恰恰是在對圖式以及超越論想像力的現象學解讀的過程中，海德格爾指出，康德向著時間性思想和基始存在論走了一程。按照海德格爾的思路，如果康德能遵循自己的腳步和意圖繼續前進，就會走到基始存在論上來，就能遵循圖式論和超越論想像力而構建起一種「在─世界─之中─存在」的時間。然而，康德最終沒能走出這決定性的一步。這背後的原因何在呢？我們將在下一章中討論這一點。而在本章中，我們接下來將會展示海德格爾對康德的先驗演繹和先驗圖式的超越論解讀。

3.1　超越論演繹與超越之可能性問題

3.1.1　海德格爾對康德先驗演繹的超越論解讀

在康德解決具有普遍必然性的知識如何可能的《純粹理性批判》之中，他之所以要提供對知性範疇的先驗演繹這項工作，主要有如下兩重原因：

一是因為，康德指出為具有普遍必然性的知識提供論證的必由之路是論證先天綜合判斷如何可能，他解決這個問題的基本思路是這樣的：如果能論證知識實質上是由感性提供的經驗和由知性提供的範疇共同作用的結果的話，就可以證明先天綜合判斷的可能性，從而論證知識的普遍必然性和客觀有效性。因為由感性提供的經驗保證了知識的內容和範圍能夠被拓展開來，由知性提供的範疇則保證了知識的普遍必然性。但這一思路要想成立，卻必

3.1 超越論演繹與超越之可能性問題

須要解決一個關鍵性的問題,即既然範疇是由知性提供的先天認識形式,而感性經驗是由在作為感性直覺形式的時間和空間接受對象的刺激所形成的感性雜多的基礎上形成的,那麼,從根本上來說,作為來自知性的先天認識形式和來自對象的刺激而形成的感性雜多、經驗現象,就是不同類的東西,它們是異質性的。於是,如何溝通二者——從而一方面證明知性範疇應用於感性經驗具有客觀有效性,另一方面證明感性經驗可以被提供給知性範疇——便成了一道難題。在某種意義上,這道難題在康德面前敞漏了一道溝壑,能否成功度過這道溝壑便成了康德的先驗哲學能否實現預期目標的關鍵。其實,如果我們回顧一下哲學史就會發現,類似的溝壑並不少見,譬如在柏拉圖的現象界和理念界之間,近代哲學的主體與客體、理性與經驗之間等等。對於康德來說,解決這個問題的任務,就自然而然地落在了對知性範疇進行先驗演繹的工作上來。

二是因為,康德哲學的主要任務一方面是為了解決人類知識的普遍必然性何以可能的問題,另一方面是為了解決在一個嚴格遵守自然的機械式因果法則的世界中人的自由如何可能的問題,於是康德自覺地堅持了在物自體和現象界之間的二元論劃分。這種二元論的後果就導致了他一方面將具有客觀性和普遍必然性的知識嚴格限制在了現象界的領域內,另一方面則導致了人類無法認識物自體,無法獲得關於物自體的知識。因為物自體已經超越了人類經驗的界限範圍,如果主體無視這一限制而讓知性範疇超出經驗界限去認識物自體的話,就會形成超驗地運用,這樣不僅不會形成有關物自體的知識,反而會形成先驗幻相。那就意味著作為我們感性被激發起來的根據的物自體本身不可知,可知的只是作為物自體刺激我們的感官而在感覺中留下的印象,但由於感性雜多是透過不同的人類感官進入到主體心靈之中的,它們彼此必然是分散的,於是,一個重要的問題就由此產生了,即在經驗界限範圍內的認識對象究竟如何可能?

第 3 章　超越論演繹、圖式與時間

　　基於以上兩點原因，康德在先驗演繹環節要完成的任務實質上有兩個，一個是解決知性範疇應用於感性經驗的合法性問題，一個是解決認識對象亦即經驗對象的形成問題。眾所周知，康德在 1781 年和 1787 年兩版《純粹理性批判》中提供了兩個不同版本的先驗演繹，在第一版中他更側重主觀演繹，第二版中刪除了主觀演繹而只強調客觀演繹。我們認為，如果從康德哲學的主旨和內在脈絡來看，在兩版演繹之間的這種變化是有道理的，因為在主觀演繹中，康德更側重強調作為感性和知性的共同根基的先驗想像力的作用。但由於在第一版批判中，康德對先驗想像力的論述有可能會讓人認為它是不同於感性和知性之外的第三種人類的認知機能，過分強調它的作用有可能弱化知識的客觀有效性，《純粹理性批判》也會被誤會為是建構了一種經驗心理學或發生心理學，於是，出於捍衛知識的普遍必然性的目的，他在第二版演繹中弱化了先驗想像力的作用。不過，雖然他在第二版演繹中弱化了先驗想像力的獨立性，但對於完成先驗演繹的任務來說，先驗想像力仍然是不可或缺的，它在溝通感性和知性之間的作用很難被替代。

　　不過，如果從海德格爾的現象學視角來看，康德的先驗演繹解決的不是知性範疇應用於經驗現象的客觀有效性及合法性這樣的認識論問題，毋寧是要展示溝通純粹直覺形式和純粹概念的純粹綜合的結構，以及探討純粹綜合的內在可能性問題。鑒於純粹綜合唯有在超越之中才有可能，所以超越論演繹最終要解決的就是超越的可能性問題。

　　從海德格爾的現象學視角來看，純粹知識的形成之所以需要純粹綜合以及超越論演繹，主要原因在於人的有限性。因為人在生存結構和認識結構上的有限性，無法像上帝那樣在源始的直覺中創生作為認識對象的存在者，而必須依賴預先已經存在的存在者。因此，對於知識的形成來說，就需要人必須透過自己的主體性能力讓這樣的存在者能夠站出來並轉到有限的本質存在即人的對面而立，這樣，存在者才能與人遭遇，人才能與它

3.1　超越論演繹與超越之可能性問題

發生關聯,從而直覺和思維才會被發動,進而才能形成知識。「一個正在進行有限認知的本質存在〈Wesen〉,只有當其能夠在自身中遭遇已然現成的存在者時,它才可能與它自身所不是,也並非它所創造的存在者發生關聯。」[1] 人與存在者的這種遭遇活動,是知識形成的存在論前提。海德格爾指出,人之所以能與存在者發生這種遭遇,是主體的主體性能力事先活動的結果。主體亦即人的這種主體性能力便是「在讓對象化中轉過來面向……」(entgegenstehenlassenden Zuwendung-zu……)[2]。在這裡,海德格爾使用了幾個和 Gegenstand(對象)有著詞源關聯的詞,比如 entgegenstehen,Gegenstehenlassen。海德格爾在使用這幾個詞的時候,更強調這幾個詞的字面意思,比如他就將 Gegenstand 拆開為 gegen 和 stand 兩個部分來理解,取「站到對面」的意思,與此類似,entgegenstehen 相應地也可以被拆解為前後兩部分,意為「站立在……對面」。這樣,Gegenstehenlassen 就有了「讓……在對面而立」的意思。海德格爾之所以把問題弄得複雜,其實並不是在故弄玄虛,他的意圖在於展示康德意義上的對象之所以能成為對象的存在論依據。在海德格爾看來,一個對象在成其為對象的過程中總是首先需要能夠站立到一個面對主體而立的位置上,只有這樣才能與有限的本質存在遭遇。而在這個作為對象的存在者與人亦即有限的本質存在相互遭遇的活動中,在它們相互對待的關係中,同時也構成了一個存在論意義上的源始的境域,唯有在這個境域中康德意義上的經驗對象才能夠產生。接下來我們再來看 entgegenstehenlassenden Zuwendung-zu……(在讓對象化中轉過來面向……)這個詞組中的後一個詞,即 Zuwendung-zu 中的 Zuwendung,這個詞的本意就已經有轉過來的含義,再加上後面的那個介詞 zu 就更把對象相對於主體而立的這一層含義展現出來了。在這種意義上,海德格爾就把我們上文談到的康德哲學的先驗演繹致力於解決的第二個問題即經驗對象的形成問題轉化成了有限的本質

第 3 章　超越論演繹、圖式與時間

存在讓其他存在者前來遭遇的問題。就其他的存在者前來與有限的本質存在相遇的活動中會有對象產生，而這又是有限的本質存在即主體的能力而言，海德格爾即將主體的這種讓對象前來遭遇和呈現的能力稱為主體的「讓對象化」能力，而對象的生成活動也就是主體的「讓對象化」活動。

「讓對象化」之所以關鍵，主要是因為，唯有首先有這一「讓對象化」的活動，其他的存在者才能夠在這種活動中前來與有限的本質存在發生存在關係，才能被直覺形式所遭遇，進而才能在後者的領受活動中被接受，這樣，人類的有限知識才有了形成的可能性。「正是在某種能夠『讓對象化』中，在最初形成某種純粹對應物的『轉過來面向……』中，某種領受著的直覺才能夠進行。」[3] 既然「讓對象化」活動如此關鍵，那麼，它究竟是誰的功能呢？海德格爾指出，主體的「讓對象化」的能力是知性確切地說是純粹知性的能力。「純粹知性顯露自身為『讓對象化』的能力。」[4] 不過，正如我們在 2.3.3 中所揭示的那樣，在純粹知性活動時，在它對表像提供統一性時，它對純粹直覺有種依賴性，因此便顯露了自身的有限性。而與人的這種有限性相應，需要一種超越性。超越本身是知性提供的「讓對象化」的活動得以開展的依據。而超越又是純粹直覺和純粹概念在純粹綜合的契合中顯示出來的，或者換種說法，是純粹綜合使超越的發生得以可能。所以，揭示和呈現純粹綜合的結構以及可能性就十分關鍵。對純粹綜合的結構以及可能性的探究和展示需要在具體地展示超越論演繹的實行過程中來實現。

3.1.2　超越論演繹的兩條道路以超越論想像力為結構性中點

在海德格爾的現象學視角中，康德的先驗演繹變成了超越論演繹，而超越論演繹主要關心的是純粹綜合之勾連純粹直覺形式和純粹概念的結構和可能性。正如我們前文所述，存在論知識如果可能，需要預先給出「讓對象化」活動得以實行的境域，在這個境域中存在者能夠與有限的本質存在遭遇。海

3.1 超越論演繹與超越之可能性問題

德格爾指出,使這些得以可能的,就是超越活動。前來遭遇的存在者在轉到有限的本質存在對面而立這種活動中與人一起構成了一個源初的境域,在這個境域中,前來遭遇的存在者會被作為純粹直覺形式的時間預先有所掌握(vorgreifen),在這種意義上,純粹概念的統一活動就向來與純粹直覺合二為一了。「對於一個有限的本質存在來說,存在者只有在某種先行的、自身轉過來面向中的(sich zuwendenden)『讓對象化』的基礎上,才可以相遇。這種『讓對象化』事先就將可能相遇的存在者,置於某種可能的、共同隸屬關係的統一境域中。面對著相遇者,這種先天就合一的統一必須事先有所掌握(vorgreifen),而這一相遇者自身,透過在純直覺中已經先設定的時間境域,也事先就已得到了把握(umgreifen)。因此,純知性的、事先就有的合一的統一,必須事先就已經和純直覺合而為一。」[5] 因此,在海德格爾看來,超越論演繹的關鍵是解釋超越如何可能的問題,也就是「讓對象化」的活動如何開展的問題,亦即純粹綜合的結構問題,而這其實也就是純粹直覺與純粹概念之間的內在契合問題。

解決這個問題就是康德的先驗演繹的任務。海德格爾更喜歡康德的第一版先驗演繹。如果從他的現象學的視角來看,這是有道理的,因為康德在第一版演繹中更為強調先驗想像力在知識形成過程中的作用。他把感性和知性都歸屬於想像力這一知識形成的第三個基源。而海德格爾恰恰就十分看重這個超越論想像力在知識形成過程中的作用。海德格爾指出,在超越論演繹中,有兩條道路,一條是從知性出發,「下降」到直覺,以揭示二者的統一性,說明知性對於時間的依賴。另一條道路則相反,從直覺出發,「上升」到知性,以揭示二者的統一性。透過這兩條道路的循環往復,從而也就揭示出了純粹綜合的可能性與現實性。但海德格爾對這兩條道路卻都並不欣賞,對感性和知性這兩個知識形成過程中的端點並不感興趣,相反,他對構成它們的結構性中點也就是超越論的想像力更為看重,也更感興趣。在他看來,超

第 3 章　超越論演繹、圖式與時間

越論演繹的這兩條道路最終並不是要呈現知性的主導性作用或感性的主導性作用，毋寧在這兩條道路的循環往復中，在知性和感性這兩個端點之間來來回回的 往返運動中，最終會將它們的結構性中點呈現出來。這個結構性中點對於純 粹綜合、對於超越來說才是最重要的。「這兩條道路總是一定要經過合一的中點，因此，這中點自身就會展現。在這兩個終端的來來往往中，就會有純粹 綜合的揭露。」[6]

然而，既然感性和知性的這個合一性中點要在感性和知性這兩個終端的來往返復中展示出來，純粹綜合也是在這個過程中揭示出來的，那麼，我們就有必要對超越論演繹的這兩條道路進行一番考察。

對於第一條道路，海德格爾指出，從知性出發，下降到直覺，康德的根本意圖是要表明知性對直覺的依賴，這最終會展示出知識的有限性和人類的本質存在的有限性。因此，對於我們理解超越論演繹來說，必須要充分注意到這點，即超越論演繹其實已經把人的有限性作為一種前瞻（Vorblick）而納入自身並貫穿超越論演繹的整個過程中了。「演繹從一開始就已經著眼於純粹有限知識的整體。透過緊緊地把握住這一著眼點，那種關於將整體嵌合在一起的結構性關聯的明確揭示，就會一步一步地展示出來。倘若沒有對超越的有限性的這種貫穿始終的前瞻（Vorblick），超越論演繹的所有命題就還保持為不可理喻的。」[7] 海德格爾在這裡使用的「前瞻」這個詞，充分地體現了現象學的解釋學特徵。因為如果我們從海德格爾哲學的整體來看，在某種意義上，「前瞻」（Vorblick）其實和「先行具有」（Vorhabe）、「先行視見」（Vorsicht）以及「先行掌握」（Vorgriff）是一個層面上的事情。[8]

海德格爾說，知識的形成要把人的有限性作為「前瞻」，意思就是說人因為其有限性，能獲得的知識就是有限性的，形成知識的機能也是有限的──在這裡尤其是指純粹直覺和純粹概念是有限的。因此，在人類知識的形成過程中，總需要讓那已經存在的存在者預先站出來並轉到有限的本質存在，即

3.1 超越論演繹與超越之可能性問題

人的對面而立,也就是說在知識的形成過程中,總需要「讓對象化」這種超越活動。在此活動中,前來遭遇的存在者和認識著的有限的本質存在一起構成了一個源始的境域,在這個境域中,純粹直覺的領受性活動才得以可能和實行。

那麼,按照海德格爾的現象學思路,超越論演繹的這第一條道路說的是,在純粹直覺的領受性活動發動時,尤其是作為更具有優先地位的純粹直覺形式的時間在發揮其對雜多的規整性的「綜觀」活動時,純粹知性也透過純粹概念即範疇提供了統一狀態的純表像。海德格爾指出,「純粹概念作為對統一狀態之一般的意識,必然就是純粹的自我意識。」[9] 這就是「超越論統覺」。是這一超越論的統覺,給出了或奠定了「關於統一狀態的『讓對象化』的表像」[10],它實質上和第二版演繹中的「我思」是一回事。

海德格爾指出,超越論統覺對表像的統一活動之所以能夠提供統一性,其實有一個前提,就是要以具有「合一」功能的「綜合」為前提,或者說要從綜合的合一功能那裡取得自己的「統一」之為統一的根據。在這種意義上,統覺的統一功能必須從屬於綜合的合一功能。「統一的表像活動作為某種合一而自身展開出來,而對合一的結構整體來說,則要求先行擁有統一。康德毫無顧慮地說,超越論統覺以綜合『為前提』。」[11] 這就意味著,在統一的表像活動中預先就已經有了「合一的統一」。這裡,提供「綜合」的是純粹的想像力,亦即生產性的想像力。在海德格爾這裡,就把純粹想像力安置在一個比超越論統覺更為基礎,或者說更具源頭性的位置上了。

同時,既然純粹綜合必須是先天的,它提供的合一實質上就該是「先天的合一」,它的這種「先天的合一」要合一的東西因而就必須先天地向綜合給出,海德格爾指出,這只能是由純粹直覺形式給出的表像,即時間。於是,純粹綜合就又和時間聯繫起來,時間在它之中取得「綜觀」之依據的合一性。在這種意義上,「它〈純粹想像力〉才展現自身為超越論統覺與時間之間的中

183

第 3 章　超越論演繹、圖式與時間

間人。」[12] 這樣來看的話，超越論演繹從知性開始下降到直覺的第一條路其實最後到達的，還是作為感性與知性，直覺（尤其是時間）與統覺之間的結構性中點，即提供純粹綜合之合一性活動的純粹想像力。

對於第二條道路，即從直覺出發，上升到知性，海德格爾指出，作為純粹直覺形式的時間對存在者的領受性活動之所以能發生，或者說存在者之所以能前來為純粹直覺形式所遭遇，勢必建立在與純粹直覺形式相關聯的想像力的基礎上。想像力在這個遭遇活動中不僅塑造了存在者前來遭遇的超越論境域，而且和時間一起給出了「規整性的合一」，使純粹直覺中的「綜觀」活動得以發生。「時間作為純粹普遍的直覺就是：在那裡，一般說來同時發生著關聯，而且聯結能夠形成。」[13] 同時，既然純粹綜合涉及合一性的活動，而在所有的合一性活動中又總是應該包含有了「統一性的先行表像」，而後者向來是由超越論統覺提供出來的，那麼，當存在者在「讓對象化」活動中前來遭遇這個意義上而言，便必然需要超越論統覺的參與。不過，海德格爾指出，就正如第一條道路中所展示的那樣，超越論統覺在提供統一性表像之前，總已經有了「合一性」的表像活動中所形成的統一作為「前瞻」了，就這樣，超越論演繹的第二條道路最終也走到了作為純粹綜合之合一性活動的純粹想像力面前了。海德格爾指出，對於超越論演繹來說，最重要的就是這個居於純粹直覺和純粹概念之間的純粹綜合以及發動純粹綜合的純粹想像力，正是透過對它們的揭示，「超越論演繹闡明了純粹知識的本質統一性的內在可能性」[14]。於是，海德格爾在解釋人類有限性知識的形成過程中，不是賦予知性以優先地位，恰恰相反，他透過上述對超越論演繹的兩條道路的解釋剝奪了知性在知識形成過程中的優先地位，而將其讓渡給了純粹綜合及其依據──超越論想像力。「而正是在兩條道路的來往過程中，知性放棄了它的優先地位，而且透過這一放棄，知性就在其本質中呈報出自己本身。知性的本質就在於：必須建基在與時間相關的超越論想像力的純粹綜合之基礎上。」

3.1 超越論演繹與超越之可能性問題

[15]

　　這樣,我們就解釋清楚了在海德格爾的現象學視角中,超越論演繹實質上要解決的是超越的可能性以及純粹綜合的可能性問題。在我們上述對海德格爾的思路的梳理中,其實展現出了超越論演繹的兩重後果:一方面展現了作為感性和知性的結構性中點的純粹想像力之於純粹綜合的重要作用。另一方面展現了純粹綜合的運作機制。關於前者,即超越論想像力的作用,我們將在第四章再繼續進行討論。我們在這裡依然將目光緊盯住純粹綜合,以便抓住海德格爾在對康德的《純粹理性批判》進行現象學解釋的基本思路,從而將他向形而上學奠基的源頭處掘進的關鍵環節一一呈現出來。不過,儘管在超越論演繹中,海德格爾已經說明了純粹綜合作為將純粹直覺形式和純粹概念契合起來的機制,然而卻依然有一個問題有待澄清,即純粹綜合內在綜合活動或者說「契合」活動究竟是怎樣實行的呢?它又是依賴什麼工具,從而把時間和範疇勾連起來,將二者被相互帶到對方呢?對這個問題的解答是圖式論的任務。海德格爾對康德的圖式論的現象學解讀也是他對康德的《純粹理性批判》進行現象學解釋的一個重點。

3.1.3 勾連純粹直覺形式與純粹概念的純粹圖式具有重要地位

　　經過上述說明,我們就看清楚了在海德格爾的現象學解讀的視角下,康德那裡本用來闡明知性範疇應用於經驗現象的客觀有效性和經驗對象之形成過程的先驗演繹,便變成了超越論演繹。在海德格爾看來,超越論演繹要解決的是超越之可能性即讓存在者「對象化」的問題。本源於人類生存和認知的有限性,存在者必須在主體的這種「讓對象化」活動過程中被有限的本質存在即人遭遇。在這種遭遇之中,純粹直覺形式即時間和空間提供了本源於純粹綜合的整理雜多的「綜觀」活動,它自身具有低級的合一性的功能,與

第 3 章　超越論演繹、圖式與時間

此同時，本源於純粹綜合的源始的「合一性」的超越論統覺提供了統一性表像，在此基礎上，純粹綜合將作為純粹直覺形式的時間和純粹概念內在地「契合」(fuegen) 起來。在這個過程中，純粹綜合活動之所以能造成「契合」純粹直覺與純粹概念的作用，也就是「讓對象化」之所以可能，主要是源於有限的本質存在的「超越」活動。當我們把海德格爾的這一解釋思路梳理一遍之後就會發現，他對康德《純粹理性批判》的現象學解釋的思路非常清晰，那就是首先將它看成一次為形而上學奠基的努力，之後一直向著「先天綜合判斷」之所以可能的源頭處追溯，於是就追蹤到了純粹綜合、超越論演繹和超越論想像力。但是，到目前為止，那判定形而上學和存在論之可能性與不可能性的「源頭」尚未完全暴露出來，因此，還必須進一步向形而上學奠基的根源處追溯。

根據上一小節的研究，我們來到了將知性和感性、直覺與概念勾連在一起的想像力的綜合活動面前。純粹綜合及它的發動者純粹想像力是將純粹直覺和純粹概念「契合」起來的關鍵。然而，儘管海德格爾得到了這個結論。但純粹綜合活動究竟是怎樣將純粹直覺和純粹概念契合起來的？更進一步的細節我們還依然並不清楚。對於康德來說，解決這個問題是圖式論 (Schematismus) 的任務，海德格爾相應地也追隨著康德的腳步和思路對他的圖式論進行了現象學解釋，賦予圖式論以重要地位。

為了更好地理解海德格爾對康德的圖式論的現象學解讀，我們接下來先到康德那裡考察一下圖式論對於康德哲學的意義。在某種意義上來看，康德是被他自己的哲學思路推動著、逼迫著走到圖式論面前的。因為儘管他在先驗演繹環節闡明了知性範疇應用於經驗現象的正當性和有效性，並解決了經驗對象的形成問題，但他卻依然留下了一個尾巴沒有處理好，即如何一方面將感性經驗帶給知性範疇以給後者提供形成知識的質料，另一方面將知性範疇帶向感性經驗以給後者提供形成知識的形式的問題。雖然他在先驗演繹中

3.1 超越論演繹與超越之可能性問題

提出了先驗想像力,並強調了先驗想像力在這個過程中的作用,曾把它當作感性和知性、直覺和概念之間的共同根或者說基源,但鑒於感性和知性、直覺和概念之間存在異質性,它們之間的溝通問題依然沒能實質性地解決。恰恰是面對這樣的一個非解絕不可的問題,康德才被迫走到了圖式論的面前。康德就運用圖式論來解決這一關鍵問題。

因此,我們可以認為圖式論和先驗演繹對於康德解決「先天綜合判斷如何可能」的問題具有關鍵性的意義,甚至在某種意義上可以不無誇張地說,他的先天綜合判斷如何可能的問題乃至他的第一批判的成功與否都系於能否成功地處理好這兩個問題,尤其是圖式論部分。因為在康德那裡,範疇的先驗演繹環節只要能證明知性範疇運用到感性經驗上具備客觀有效性就可以了。而實質性地溝通經驗和範疇,溝通作為直覺形式的時間和作為先天認識形式的範疇的工作卻必須依賴於圖式。海德格爾敏銳地捕捉到了圖式論的重要性,他指出,「圖式化這一章在奠基過程中的位序,暗示著它在系統中的位置,僅僅這一點就已經泄露出,《純粹理性批判》書中的這十一頁必定是全部著作的核心部分。」[16]

但先驗圖式何以能溝通雙方呢?康德指出,先驗圖式(Schema)是一個媒介性的表像,它既是感性的,又是知性的,既是範疇性的,又是現象性的,因此一方面與經驗現象相連,另一方面與知性範疇相連,因此才能夠完成它的任務。「如今顯而易見的是,必須有一個第三者,一方面必須與範疇同類,另一方面與現象(Erscheinung)同類,並使前者運用於後者成為可能。這個媒介性的表像必須是純粹的(沒有任何經驗性的東西),並且畢竟一方面是理智的,另一方面是感性的。這樣一個表像就是先驗的圖式(Schema)。」[17]

在康德這裡,圖式作為溝通直覺和概念的媒介性因素,是由介於感性和知性之間的第三種機能即先驗想像力所造成的,但它與先驗想像力之間的關

第 3 章　超越論演繹、圖式與時間

係又有點複雜。因為在康德看來，圖式並不是先驗想像力的形式，它是先驗想像力作用的後果，與此相對，時間和空間卻是感性的先天直覺形式，範疇是知性的先天認識形式。那麼，康德這裡的先驗圖式究竟是什麼呢？不恰當地說，其實就是時間，用康德的術語來說，就是「先驗的時間規定」。「知性概念包含著一般雜多的純粹綜合統一。時間作為內感官的雜多的形式條件，從而作為所有表像的聯結的條件，包含著純直覺中的一種先天雜多。於是，一種先驗的時間規定就它是普遍的並且依據一種先天規則而言，與範疇（構成時間規定的統一性的範疇）是同類的。但另一方面，就雜多的任何經驗性直覺都包含時間而言，時間規定又與現象是同類的。因此，範疇應用於現象憑藉時間規定就成為可能，時間規定作為知性概念的圖式促成後者被歸攝在前者之下。」[18] 由此可見，康德這裡的先驗圖式最終歸結到了「時間」上，這也是海德格爾特別看重康德圖式論的原因所在。

海德格爾指出，《純粹理性批判》中的圖式論之所以重要，除了上述理由之外，還因為它事關超越是否可能、為存在論知識進行內在奠基是否可能的問題，並且正是在圖式論中，他看出了在時間與存在之間存在著一種內在關聯。恰恰是在這種意義上，當海德格爾寫完《存在與時間》後，欲按照基始存在論中提供的思路去解構存在論的歷史以展現存在的意義時，他把康德當作「避難暫棲地」。「避難暫棲地」的意思是他認為透過現象學的三重方法即還原、建構和解構可以在康德的圖式論中清理出時間與存在之間的內在關聯，循著這種關聯可以展示存在的意義。當然了，這部分工作他最終並未能完成，我們現在看到的《康德書》，或者擴大一下範圍，包括他對康德的全部現象學解釋作品，都不過是在為這一工作做「準備」。《康德書》完成的工作實質上是從《純粹理性批判》到《存在與時間》，亦即從「先驗哲學」走到「基始存在論」的工作。這一工作的目標是為了給《存在與時間》呈現一個「歷史性導論」，以表明他的基始存在論在康德那裡有其根源，他的《存在與時間》

與康德哲學的主旨一樣，都是在處理形而上學的奠基問題，而不是為了構建一種哲學人類學。不過，儘管如此，我們依然可以在他對康德的圖式論的現象學解釋中瞥到些許端倪。那麼，在海德格爾眼中，康德的圖式論在純粹綜合中究竟怎樣起作用？它在形而上學奠基中的關鍵性地位又是怎樣的呢？

3.2　成象活動與圖像、圖式和式─像

3.2.1　圖像和圖式在感性化活動中成象（bilden）

要了解和展示圖式論在形而上學奠基過程中的重要作用，我們就必須對圖式論的基本內容有所了解，要清楚圖式（Schema）的功能、內容，和它的形成過程。並且，在這個過程中我們也要梳理清楚它與「圖像」（Bild）之間的關係。為了更好地回答這些問題，我們再來回顧一下在前文中展示出來的海德格爾的基本思路是有益的。

在海德格爾看來，有限的本質存在即人是有限的，因而有限的知識是純粹直覺和純粹知性共同作用的結果。在二者之中，純粹直覺具有更優先的地位，純粹知性依從於純粹直覺。二者之間的「契合」由純粹綜合來完成。純粹綜合一方面與純粹直覺中純粹直覺形式對雜多的「綜觀」相連，另一方面與純粹知性中超越論統覺的統一性表像活動內在相連。因此，純粹綜合是「源始的合一」活動。它是純粹想像力的機能。在純粹想像力提供的純粹綜合活動中，呈現出有限的本質存在的超越，即首先要能讓存在者站出並轉到人的對面而立，這也是純粹知性提供的「讓對象化」活動，在這個活動中，存在者才能前來被遭遇。

海德格爾指出，在存在者前來被遭遇的活動中，一方面，在它被「讓對象化」的活動中與直覺發生關聯時，純粹直覺預先就已經提供了「成象活動」，唯在此基礎上經驗性的直覺才得以可能。這種意義上的純粹直覺以超

第 3 章　超越論演繹、圖式與時間

越論想像力為基源。另一方面，若使存在者的前來遭遇活動得以可能、直覺活動得以發動，還需要那讓存在者前來遭遇的境域能夠先行被給予，在這種意義上，這一境域首先要能夠將自身提供出來。「一個有限的本質存在必須要在一個存在者作為已然現成的東西公開之際，才能領受那存在者。但領受要成為可能，需要某種像『轉過來面向』這樣的東西，而且這不是一個任意的『轉過來面向』，而是這樣一種『轉到對面』，它先行的使得那與存在者的相遇成為可能。但是，為了存在者能夠將自身作為這樣的存在者供奉出來（anbieten），其可能的相遇活動的境域必須要自身具有奉獻的特質。這種『轉過來面向』本身必須是帶有某種前象式的、具有奉獻特性的持有活動。」[19]

　　因此，在上述意義上，在存在者的「讓對象化」的活動中──如果這一過程是可能的，就意味著需要如下幾個條件，一是存在者要能站出來轉到有限的本質存在的對面；二是前述第一點運行於其中的境域，這一境域的形成也就是超越的形成過程；三是有限的本質直覺在其純粹直覺形式即時間的預先「成象活動」（bilden）中，要不僅能為經驗性直覺中前來照面的對象提供秩序，而且還要能為經驗性直覺中的賦予秩序的行為預先提供有關秩序之整體的「圖像」（Bild）。鑒於人類擁有知識這樣的事實，因此這些條件便既是可能的，又是現實的。在這種意義上，作為純粹直覺形式的時間就預先對存在者前來被遭遇的境域進行了直覺，從而「從自身出發『形象出』〈bilden〉奉獻品的外觀」[20]。純粹直覺的這一活動本質上與純粹綜合內在相關，而純粹綜合又總是純粹想像力的活動，所以純粹直覺的這一「成象活動」（bilden）本質上就是純粹想像力的活動。因此純粹想像力在對上述第三點中提及的境域進行「成象活動」（bilden）的同時，就形象出了「圖像」（Bild）。海德格爾認為，超越之可能性的根基就在「成象活動」（bilden）和「圖像」（Bild）這雙重成像的過程中展露出來。

3.2 成象活動與圖像、圖式和式—像

如果換一種角度來看，人類在形成知識的過程中之所以需要超越，是因為人具有有限性，是有限的本質存在，因此在這種意義上，超越也是有限的超越。在超越之中，便也需要將超越的境域形象出來，就這種形象總是和純粹直覺形式的成象活動相關——儘管這種成象活動本質上必須和純粹的想像力相聯繫才能有此活動，海德格爾就把對境域的成象活動稱為「感性化」(Sinnlichmachen)。

在超越活動以及與之相聯繫的純粹綜合活動中，不只需要純粹直覺和純粹想像力的活動，也總需要純粹知性的參與，它也和純粹知性的活動內在勾連在一起。純粹知性在這個過程中的作用是，透過自己的活動在純粹綜合活動和「讓對象化」活動中提供統一的表像。所謂的「統一的表像」是純粹概念從事的統一性活動產生出來的結果。在這種意義上，超越活動中自然也存在著純粹概念的感性化。鑒於純粹概念只是提供統一的表像和統一的規則，必然就是先天的，因此，純粹概念的感性化就勢必是純粹的感性化。海德格爾指出，作為純粹概念的純粹感性化活動的產物的，就是圖式。純粹概念的純粹感性化是有限的，它要在領受活動中才能形成圖式。「純粹的感性化必須是對某種東西的領受活動，而這種東西首先只是在領受活動自身中才會成形；另外，純粹的感性化還是一種外觀，但這種外觀同樣也不會提供出存在者。」[21] 純粹的感性化的活動方式或者說發生方式就是「圖式化」(Schematismus)。「純粹的感性化以一種『圖式化』(Schematismus) 的方式發生。」[22]

經過上述分析，我們看到，「圖像」(Bild) 和「圖式」(Schema) 實質上都和「成象活動」相關，本質上都關聯於超越論的想像力。二者在本質上是同一種東西。只是前者和直覺與經驗相關，後者則是概念感性化的產物。在康德那裡，他在「圖像」和「圖式」之間的區分實質上對應的是經驗性想像力和先驗想像力的區別。康德認為「圖像」是經驗性想像力的產物，「圖式」

第 3 章　超越論演繹、圖式與時間

則是先驗想像力的產物。因此，從海德格爾的視角來看，無論在「圖像」的形成過程中，還是「圖式」的形成過程中，都可以看到超越論想像力亦即純粹想像力的作用。海德格爾指出，作為純粹想像力活動的產物的，是「式一像」（Schema-Bild）。那麼，圖像（Bild）、圖式（Schema）和「式一像」（Schema-Bild）各自又有哪些特點和規定？它們彼此之間又有著怎樣的關係呢？就這三者本質上都包含「像」而言，我們接下來考察一下海德格爾對「圖像」（Bild）的解釋和說明。

3.2.2　作為成象活動結果之一的圖像及其不同類型

我們在上一節中已經表明，圖像和圖式在感性化活動中成象（bilden）出來。在海德格爾的眼中感性化之所以重要，是因為他對康德的《純粹理性批判》的解釋採取的是現象學的進路，這和康德的進路有些區別。在康德那裡，他的先驗演繹只要解釋清楚範疇應用於感性經驗的有效性，並闡明在這個過程中經驗對象也同時形成就可以了。他的圖式論只要解釋清楚圖式作為一種經驗現象和範疇之間的居間協調者的地位也就夠了。但在海德格爾的現象學的進路中，他要展現的是，這些認識論思路背後的存在論根據和存在論結構。也就是說，在康德那裡的對象形成的存在論根據是什麼，將感性和知性綜合起來的源泉是什麼，這一源泉的存在論結構和存在論根據又是怎樣的；作為溝通現象和範疇即概念的圖式，它又有著怎樣的存在論規定。總之，海德格爾要做的工作是展現康德哲學背後的存在論根據。在這個追問過程中，海德格爾力圖運用現象學解構的方法，逐漸向使他的哲學得以可能的根基與源頭處掘進，以期將之大白於天下。

因此，海德格爾對感性化的理解和經驗論者對感覺的理解是不同的，他運用這個詞時不是意指透過感覺感受到了什麼內容，而是想探究感覺的發動過程、感覺活動的產物以及它們背後的存在論根源。正如我們上文所述，

3.2 成象活動與圖像、圖式和式—像

人類在生存結構和認識結構上具有有限性，無法像神一樣在源始的直覺中創生作為認識對象的存在者，人的知識的形成必須依賴於預先已經存在的存在者。但這樣的存在者與有限的本質存在即人之間是同級別的存在者。如果要形成有關它的知識，人就必須與這樣的存在者發生一種存在論上的關係，即能夠讓它前來遭遇。這種遭遇的基本狀況是，存在者要能夠站出來並轉到有限的本質存在對面而立，這個過程是形成對象的過程。這種「讓對象化」活動源自於有限的本質存在的主體性能力。在對象形成的過程中，前來被遭遇的存在者與有限的本質存在之間形成了一個源始的境域。在這個境域中，有限的本質存在的直覺活動得以對與人相對而立的存在者有所「領受」（hinnehmen），對方以這種方式被有所獲悉、有所掌握。

海德格爾指出，在人的「讓對象化」活動中，實質上就包含了兩個方面，一個是「讓……站到對面」（entgegenstehenlassen），另一個是「使……得到獲悉」（Vernehmbarmachen）。這二者實質上是同一個過程。在這個過程中，那站到有限的本質存在對面而立的存在者向人「奉獻」（anbieten）出「圖像」（Bild）。海德格爾把形成圖像的活動稱為「形象活動」或「成象活動」（bilden）。「圖像」的成象活動可以分出兩種，一種是關聯於純粹想像力的純粹直覺形式的「成象活動」（bilden），另一種是以前者為基礎的經驗性直覺的「成象活動」（bilden）。當然，這兩個「成象活動」並不是兩種不同的成象活動，它們毋寧是一體的，共同成像出「圖像」來。我們之所以在這個描述過程中把它們拆解開，是為了便於理解海德格爾解釋康德的思路。這個「圖像」成像出來的過程就是海德格爾所說的「感性化」。

不過，只有來自感性直覺奉獻出的「圖像」並不能形成知識，知識的形成還需要來自知性提供的規則和秩序，因為如果沒有知性預先在與純粹想像力的關聯之中透過純粹概念提供出統一的表像，那麼，「圖像」和以之為基礎形成的經驗現象就缺乏統一的秩序。海德格爾指出，將感性和知性「契合」

第 3 章　超越論演繹、圖式與時間

起來的是純粹綜合。只有借助於想像力的純粹綜合的作用，感性獲得的作為圖像的聯合體的雜多表像才能被帶給知性範疇以供後者加以規範和整理，這才能為知識的形成提供質料，而另一方面知性範疇也才能被帶向感性提供的作為圖像的連結體的雜多表像以為後者提供秩序和規則。但純粹綜合的這種「契合」作用之所以能夠達到預期目標卻需要依賴某種工具或手段。而這個手段要能夠既屬於感性又屬於知性、既屬於現象又屬於純粹概念，這個東西就是「圖式」(Schema)。所以，純粹綜合在純粹直覺和純粹概念之間的「契合」(fuegen) 活動實質上是透過「圖式」來完成的。

這樣，我們就把上文中略顯雜亂的分析做了一個綜合性的闡述。根據這一闡述，海德格爾就將康德在《純粹理性批判》中提供的為形而上學的奠基之路深入推進到了圖像、圖式、式—像以及相應的形象活動這一層面上了。但這幾樣東西到底是什麼呢？它們的內容是什麼？又有著怎樣的規定？

關於「圖像」(Bild)，我們可以分別依據縱向線索和橫向線索來對其進行闡明。所謂的橫向線索，是指就不同種類的「圖像」而言的。所謂的縱向線索，是指就不同層次的「圖像」類型而言的。而這兩種線索意義上的「圖像」又是相互結合在一起的。海德格爾對「圖像」也進行了現象學意義上的闡發。

就橫向線索而言，康德在 1770 年代的《形而上學講稿》的「心理學」[23]部分區分出了三種「圖像」，即「映像」(Abbildung)、「後像」(Nachbildung) 和「前象」(Vorbildung)。在康德的語境中，「映像」是最基本的，它是指在直覺行為發生時當下形成的「圖像」；「後像」是在過去形成的「圖像」，它與過去相聯；「前象」則是在預期之中形成的「圖像」，它依然有待來臨，所以可以說是尚未形成的「圖像」。因此，「後像」和「前象」都有賴於「映像」，因為只有在「映像」中「後像」和「前象」才會成象，才會被串聯起來。「映像」實質上貫穿於這三者之中。但海德格爾卻不認同這種

3.2 成象活動與圖像、圖式和式—像

看法,他認為在三者之中,「前象」更為優先。至於為什麼如此,我們在 4.2 中討論想像力與時間性的關係問題時會給出詳細的說明,在此處只要展示出「圖像」的種類就可以了。

就縱向線索而言,海德格爾指出,「圖像」總和「外觀」(Anblick)相關,「形象活動」(bilden)在形成「圖像」的過程中總是提供出了某種「外觀」(Anblick)。從這種意義上說,他認為康德的「圖像」又有三個不同層次:「某個存在者的直接外觀」(unmittelbarer Anblick eines Seienden)、「某個存在者的現成的映像外觀」(vorhandener abblildender Anblick eines Seienden)和「關於某物一般之外觀」(Anblick von etwas ueberhaupt)。[24] 海德格爾指出,第一種「圖像」是在經驗直覺中展現出的「外觀」(Anblick),這種意義上的「圖像」總是個體性的,是「這一個—親臨到此」(Dies-da)。海德格爾在這裡總是強調「圖像」的動態意義,即它「到此」顯現、成像的過程。「圖像總是某個可以直覺的一個親臨到此。」[25] 第二種意義上的「圖像」,即作為「映像外觀」意義上的「圖像」在某種意義上是第一種意義上的「圖像」即「某個存在者的直接外觀」的脫落了意義上的「圖像」,「這種在第二層意義上獲得『圖像』,現在不再僅僅意味著是對某個存在者直接地直覺,而是像去購買或製作一幅照相一樣。」[26] 在這裡,我們可以做個不恰當的比方,這第二層意義上的圖像就有些類似於以第一種意義上的圖像為摹本製作出來的仿製物的呈像,譬如蠟像館中的蠟像人,就是這種意義上的「映像」。海德格爾指出,在這種「映像」的基礎上,還可以有一種「後像」(Nachbild),譬如對蠟像人拍下的照片,就是這樣的東西。這樣,海德格爾指出,在這幾種意義上的「圖像」——比如一個人直接呈現出來的「外觀」,仿製這個人的蠟像人的「外觀」(Abbildung)與對這個蠟像人的相片的「外觀」(Nachbild)——之間總是表像出了某種共同的東西,因此在它們之間內在地總是含有一種統一性的東西。

第 3 章　超越論演繹、圖式與時間

而提供這種統一性的東西實質上是概念的任務。既然前幾者都可以訴諸圖像，這提供統一性的表像的概念自然也需要，也必須能夠訴諸圖像，也就是說，概念要能夠被感性化。透過概念的感性化活動，實質上就帶來了或者說形成了第三種意義上的「圖像」，即「關於某物一般之外觀」（Anblick von etwas ueberhaupt）。我們前文已經指出過，圖式本質上就是概念的感性化活動的產物。那麼，概念的感性化活動和圖式之間有著怎樣的關係？在圖像和圖式之間又有著怎樣的關係？

3.2.3　圖像、圖式與式─像之間的關係

然而，概念真的能透過感性化活動而進入「圖像」嗎？康德在《純粹理性批判》中不是曾經明確說過，概念不能直接與圖像發生關係，圖像也不能直接與概念發生關係嗎？如果圖像和概念要發生關係的話，必須透過圖式來進行。「種種圖像永遠必須憑藉它們所標示的圖式才與概念相結合，就其自身而言並不與概念完全相應。與此相反，一個純粹知性概念的圖式是某種根本不能被帶入任何圖像之中的東西，它只是根據統一性的規則按照範疇所表達的一般概念所進行的純粹綜合，是想像力的先驗產物。」[27] 那麼，概念的感性化究竟是怎麼回事？當海德格爾說概念可以透過感性化活動形成「關於某物一般之外觀」的「圖像」時究竟是什麼意思？圖式與圖像之間又具有怎樣的關係？

海德格爾對康德進行解釋，想要說出他的未竟之言，那麼當然就不能明顯地違背康德的論斷！事實上，海德格爾的解釋與康德的這個論斷的確也不衝突。我們不妨來看他究竟是怎樣的一種思路。海德格爾指出，概念的感性化不是指從概念中獲得像「直接外觀」和「映像」這種意義上的「外觀」。因為概念的確無法在個別性的或者說個體性的表像中透過表像被表像出來，因為後者始終呈現的是個體性的「外觀」，而概念表像的卻是普遍，是有關統一

性的表像。因此,概念必然無法訴諸「外觀」(Anblick),即無法形成某種「圖像」。海德格爾認為,這就是康德說的純粹知性概念無法被帶入圖像的意思所在。顯然,海德格爾說的概念的感性化必然不是這一種意義上的,那它是什麼意思?

海德格爾在論述概念的感性化的過程中,舉了對「房子」這個概念進行感性化的例子。他指出,當人們運用「房子」這個概念時,並不是訴諸或形象出某一個具體的房子的外觀(Anblick),而是對「房子」的周遭際遇、周遭範圍有所規整、有所描畫(vorzeichnen),從而使提供出一所房子的外觀這樣的事情成為可能。海德格爾指出,這樣的「規整活動」和「描畫活動」「是對諸如『房子』這樣的東西所意指的東西之整體進行『標明』〈Auszeichnen〉」。[28] 而在這個過程中,總是需要或者說關涉到將整體中的各種表像在某一個具體的「房子」的「外觀」中聚攏起來並表現出來這種事情。對於聚攏來說,必然需要將這些表像相互關聯、相互隸屬在一起的規則規整併提供出來。這就是概念式表像的功能或作用。海德格爾因此指出,概念式表像實質上就是預先給出各種相互聯結和相互隸屬所遵循的規則。在這種意義上,給出規則便總是和某種「外觀」聯繫在一起,因為,在「外觀」的形象活動中,總是會涉及關聯於周遭範圍的表像之聯結和聚攏這種事情。這就是海德格爾意義上的概念的感性化方式。「唯有在這樣的方式下進行表像,即透過規則,把指向性標誌(Hineinzeichnen)規整到某一種可能的外觀中,概念的統一之一般才可能表像為一體性的、通用於雜多的統一。如果概念之一般就是服務於規則的東西,那麼,概念式表像說的就是:某種可能的外觀形態,在其規整方式中,其規則事先就已給出了。於是,這樣的表像在結構上,必然和某種可能的外觀相連,並因此自身也就是某種本己的感性化方式。」[29]

因此,概念的感性化方式與上述的「直接外觀」、「映像」和「後像」都

第 3 章　超越論演繹、圖式與時間

不一樣,它給出的不是「外觀」,而且從其本性來說,概念也無法形成一個「外觀」,即無法形成一個圖像。它的感性化方式是透過規則的規整性作用而讓各雜多表像能夠聚攏、聯結在一個「外觀」之中。反過來,從外觀這一角度來看,外觀在顯現、展示的過程中,也把規則及其規整性活動展示出來了。「正是在經驗的外觀下,規則以規則規整的方式顯現出來。」[30] 海德格爾指出,規則之規整活動透過一種自由的成像活動而在外觀之展示的過程中顯現、展示出來。這種自由的成象活動的運作不受經驗、現成的存在者的影響和束縛。因此,這種自由的成象活動必定是純粹的,它只能是想像力活動的結果。不過,想像力包括純粹想像力和經驗性的想像力,經驗性的想像力活動的結果是給予「圖像」,而純粹想像力的活動結果是「圖式」。在這種意義上,概念的感性化作為一種「獲得圖像」(Bildbeschaffung),其結果必定就是形成圖式。反過來,圖式獲得圖像的過程就是「圖式—成象」(Schemabildung),也就是概念的感性化的過程,海德格爾指出,這個過程就是「圖式化」(Schematismus)。而鑒於經驗性的想像力給予的是「圖像」,提供純粹的「圖式」是純粹想像力的功能。所以概念的感性化亦即圖式化,只能是純粹想像力活動的結果。

　　這樣,圖式就不僅和概念相關,而且在圖式的形成過程中,亦即在概念的感性化這種「獲得圖像」的過程中其實就也和圖像連接了起來,從而與經驗現象連接在一起。就圖式是概念的感性化活動的產物而言,圖式是規則的表像,就圖式在形成過程中是「獲得圖像」(Bildbeschaffung)而言,圖式中便也就含有了圖像的成分或者說要素。不過圖式中含有的圖像只能是純粹的,和「直接外觀」、「映像」這樣的圖像都不同,海德格爾將圖式中的這種純粹的圖像稱作「式—像」(Schema-Bild),意思是說它兼有圖式和圖像的特質,但又與雙方都不完全等同。海德格爾指出,「式—像就是對那在圖式中表像出來的描畫規則的一種可能的描畫。」[31] 在這種意義上,「式—像」便總

── 3.2 成象活動與圖像、圖式和式─像 ──

是與規則的統一性相關。但另一方面,「式─像」因為也與圖像相連,所以也有某種外觀特徵,海德格爾指出,「式─像」的外觀特徵不是來自於「直接外觀」或「映像」、「後像」這樣的圖像,而是「它從在其規整中表像出來的可能的描畫中產生,在這樣的過程中,它彷彿也就將規則注入了可能的直覺領域中」[32]。

這樣,經過上述繁瑣的描述和解釋過程,海德格爾也就證明了,概念是可以被感性化的,也是可以被帶入圖像的,只是這種圖像不是像「直接外觀」、「映像」這樣的經驗性的圖像,而是「式─像」(Schema-Bild)。所以,無論是經驗性的概念,還是純粹的概念,都可以被感性化。就概念總是包含有統一性的表像,而「直接外觀」和「映像」這樣的圖像中又總是已經包含有「聯結」這樣的統一性而言,概念的感性化對於圖像的形成,進一步地對於現象(Erscheinung)、現象(Phaenomen)和知識的形成就具有關鍵意義。在這種意義上,海德格爾指出,外觀和圖像的形成,在某種意義上需要一種作為「前瞻」(Vorblick)的圖式化活動,它能夠預先給出「直接外觀」作為一個可能的整體進行顯現的統一性條件。

在這種意義上,圖式化也便和「讓對象化活動」勾連了起來,就後者總意味著超越而言,超越便與圖式化聯繫了起來。經過我們上述的長程分析,就可以看到,從根本上來說,超越作為「讓對象化」活動其實總需要圖式化作為條件,甚至可以說,超越活動的發生其實就是圖式化的過程。「超越的發生在其最內在的狀況上就必定是一種圖式化。」[33] 但圖式究竟是什麼呢?從實質上來說,圖式就是時間。可圖式怎麼能是時間呢,這是怎樣的情況?

3.2.4 海德格爾現象學視域中的圖式與時間

那麼,圖式究竟是什麼呢?康德又為什麼需要圖式呢?康德在《純粹理性批判》中之所以必須引進圖式論,是為他的思路所強迫的結果,是他自己

第 3 章 超越論演繹、圖式與時間

的運思將他推到了圖式論的面前。這其實主要還是因為他在某種意義上秉持了西方傳統哲學的基本思路，即只有性質相同者才能相互勾連，才能產生同一關係，性質相異者彼此不同，無法形成同一關係。因此若要讓兩個性質不同的東西之間產生統一關係，必須找到一個第三者，它要保證和雙方都有一致之處或同一之處。在西方哲學史上，在柏拉圖那裡，這個問題表現得特別明顯，他在解決「理念」和「現象」這兩個完全不同類的、性質相異者之間如何可能具有一致關係這個問題時，先後提出了「分有說」和「摹仿說」，但卻都不能完全成功地解決這個問題。現在，在康德這裡，他在面對並解決如何溝通感性和知性、經驗和範疇這種不同的異質者之間的溝通問題時，面對的困境和柏拉圖是類似的。其實，這種問題無論是在後世的黑格爾那裡，還是在中國哲學那裡，都不是問題。在黑格爾那裡，精神的辯證運動會很容易地化解掉這個異質性存在者之間的溝通問題。而在中國古代哲學那裡，「生」、「易」、「變」的思想也會自然而然地把這個問題消解掉。譬如在《易經》中會有「生生之謂易」（《易經‧繫辭上》）、「易有太極，是生兩儀，兩儀生四象」（《易經‧繫辭上》）這樣的思想，在《老子》中會有「天下萬物生於有，有生於無」（《老子》四十章）、「道生一，一生二，二生三，三生萬物」（《老子》四十二章）這樣的思想。但在康德這裡，他並沒有黑格爾意義上的辯證法，也沒有中國古代哲學意義上的「生」、「變」和「易」這種思想資源，而在異質性的感性和知性、經驗現象和知性範疇之間如何溝通的問題卻又是他必須解決的問題，如果他無法成功地解決這個問題的話，他的「先天綜合判斷」就無法成立。

於是，正是被這個問題所逼迫，他才走到了圖式論的面前。他透過圖式來解決異質性的直覺形式和知性範疇之間的溝通問題。圖式一方面必須具有經驗現象（Erscheinung）的特質，另一方面必須具有知性範疇的特質，唯有如此它才能把二者溝通起來。可是與此同時，這也就意味著，圖式既不完

3.2 成象活動與圖像、圖式和式—像

全與經驗現象一致,也不完全與知性範疇一致。在這種意義上,它如果要想能將雙方真正地勾連在一起,就必須不能有經驗性的成分,因此只能是「純粹的」。康德把這樣的圖式稱為「先驗的圖式」。不過,到目前為止,我們圍繞圖式進行的各種分析都只是對圖式的特徵進行描述,無論是在康德哲學本身意義上還是在海德格爾的現象學解釋的意義上,都沒能切入對圖式本身的考察,那麼,具備如上特徵和功能的圖式究竟是什麼呢?為了更好地理解康德賦予圖式和圖式論的角色以及海德格爾對它的現象學解釋,我們都必須從正面切入對「圖式」的分析。接下來,我們首先來看康德對「圖式」的界定,之後再來分析圖式和圖式論在海德格爾的現象學進路中的位置。

　　康德在《純粹理性批判》中給「圖式」下了一個這樣的定義:「我們想把知性概念在其應用中被限制於其上的感性的這種形式的和純粹的條件稱為該知性概念的圖式,把知性使用這些圖式的做法稱為純粹知性的圖式法。」[34] 康德在這裡明言,圖式是知性應用於感性之上並在這種應用中和感性相關的「形式的和純粹的條件」,這也就是說「圖式」一方面是知性應用於感性之上的條件,另一方面它也是感性反過來用來限制知性之應用的條件。因此它既和感性的被限制相關,又和知性的應用相關。因此它不能是經驗性的,而只能是純粹的。這樣的圖式,只能是時間,確切地說,是先驗的時間規定。恰恰是透過時間和先驗的時間規定,圖式才能真正地溝通感性和知性、現象與範疇。「一種先驗的時間規定就它是普遍的並且依據一種先天規則而言,與範疇(構成時間規定的統一性的範疇)是同類的。但另一方面,就雜多的任何經驗性直覺都包含時間而言,時間規定又與現象是同類的。」[35]

　　在康德上述的說明中,後半部分理解起來比較容易。因為對於經驗性直覺來說,它總是需要依賴於純粹直覺形式的空間和時間,而在二者之中,時間又具有優先地位,空間需要在時間的基礎上才得以可能,比如有關某一個房間的空間表像總需要前後相繼這樣的時間表像作為基礎和前提。當然,在

201

第 3 章　超越論演繹、圖式與時間

這個過程中總需要先驗想像力的綜合作用和先驗統覺的統一作用。但先驗想像力的綜合作用和先驗統覺的統一作用也必須建立在時間表像基礎上才能生效。不過對於前半部分來說，我們理解起來可能就有些難度了。康德說先驗的時間規定和範疇是同類的，原因在於先驗的時間規定依據一種先天規則，而範疇就構成了時間規定的統一性。但我們知道在康德這裡，他對時間的看法向來堅持的是傳統的時間觀，即時間是線性的、前後相繼的、均勻流逝著的，那也就是說，在他看來，在流逝著的時間中為時間表像提供統一性的是範疇，這也就意味著範疇與先驗的時間規定之間的關係和先驗的時間規定與現象（Erscheinung）之間的關係不是一種關係，因為對於後者來說，現象在形成過程中就已經有了先驗的時間規定和作為直覺形式的時間的參與，甚至毋寧說時間就已經存在在現象之中了，二者之間是一種統一關係。但對於前者來說，範疇提供給先驗的時間規定的統一性卻並不是類似的情況。因為先驗的時間規定中並不存在範疇，甚至也不需要範疇，它就是先驗想像力作用的結果。這樣，就正如宮睿博士所指出的那樣，「範疇與圖式關係，更像是一種條件關係，也就是說更像是先驗演繹任務的延續。」[36] 在這種意義上，如果先驗圖式的形成和作用可以脫開範疇的作用——因為先驗想像力的運行不需要以知性的發動為前提，毋寧相反知性和範疇對經驗現象的作用卻必須依賴於先驗想像力——那康德的事業就有可能會遭遇一種危險，為了解決這個問題，他在第二版中便將先驗想像力歸於先驗統覺的統治之下了。關於這個問題，我們在第四章中還會進一步討論。對於本節的任務來說，我們只要清楚，在康德那裡，作為能溝通現象與範疇的圖式，是時間，尤其是先驗的時間規定就可以了。接下來，我們來看，在海德格爾的現象學進路中，對此是如何解釋的，亦即作為圖式的時間在為形而上學奠基的這條路上又究竟具有怎樣的一個位置。

與在康德那裡引入圖式以解決現象和範疇、感性與知性之間的異質性問

3.2 成象活動與圖像、圖式和式─像

題並最終賦予範疇與知性在知識的形成過程中以主導性地位,從而解決普遍必然性的知識如何可能的認識論進路不同,海德格爾認為康德引入圖式論是在解決形而上學奠基如何可能的存在論問題。海德格爾指出,存在論問題的關注焦點是超越。而超越在《純粹理性批判》中表現為作為有限的本質存在在其有限的認識活動中讓存在者對象化,以及在這個過程中作為站出並轉到有限的本質存在對面而立的存在者與有限的本質存在即人相對而立所形成的境域的清理、區劃和呈現的問題。海德格爾認為,在有限的人類知識的形成過程中,在純粹直覺與純粹概念之間的純粹綜合是將二者「契合」在一起的關鍵,它是純粹想像力的功能,而契合之所以能契合的關鍵則在於圖式化(Schematismus)。海德格爾指出,在超越論的境域——即前來被遭遇的存在者被有限的本質存在遭遇所發生於其中的境域——中,前來被遭遇的存在者——即那站出來轉到有限的本質存在面前而立的存在者——總是在這種遭遇活動中奉獻出自己的外觀,這同時就是人的「成象活動」(bilden)的過程,這個過程的結果形成了「圖像」(Bild),當然,在「圖像」的形象活動中也必然會和超越論想像力提供的純粹綜合內在勾連而透過「圖式」和概念的感性化活動結合在一起。概念的感性化是對由概念提供的規整之規則的描畫而呈現出來的外觀,其結果就是「式─像」(Schema-Bild)。所以,本質上來說,「圖像」、「圖式」和「式─像」都和「讓對象化」這種超越活動內在相關,是在超越之中形成的。在這個基礎上進一步而言,根據海德格爾的解釋學原則來看,與「讓對象化」活動內在相關的成象活動,在發動之前,需要有一種關於圖像「外觀」的「前瞻」(Vorblick),這是成象活動(bilden)能形象出「圖像」的一個解釋學前提,而提供這個前提的就是「圖式化」。所以在這種意義上,海德格爾指出,「圖式化必然屬於超越」[37]。

關於這一點,還可以從不同的角度來看。海德格爾指出,因為人類是有限的,所以人類有限的知識的形成必然依賴於有限的直覺活動,這種意義

第 3 章　超越論演繹、圖式與時間

上，圖式化實質上和人以及人的直覺的這一有限性密切相關，便也和感性化密切相關。同樣又鑒於人類的有限性，感性化因此也必然屬於超越。所以，人類的有限性和超越對於圖像和圖式的形成，對於人類有限的知識的形成，才是最關鍵的。而在康德那裡，直覺又有經驗性的直覺和純粹直覺之分，雖然海德格爾並未明言，但與這二者相應，必然會有經驗性的圖像和純粹圖像之別。儘管海德格爾並未明確提及經驗性的圖像，但它隸屬於我們在 3.2.2 中所談及的某個存在者向有限的本質存在奉獻出來的直接外觀。在這二者中，純粹圖像又尤其關鍵，它是經驗性的圖像的基礎或者說前提條件。

因為康德明確指出，概念的圖式無法被帶入任何圖像，因此它必然無法進入經驗性的圖像。但因為海德格爾賦予了直覺以優先地位，所以，概念的圖式卻又必須能被帶入圖像。「圖式將自身，也就是說，將概念帶入圖像。」[38]「諸純粹概念必須建基在諸純粹圖式中，而諸純粹圖式（Schematen）則將諸純粹概念帶入一個個圖像。」[39] 這樣，海德格爾的解讀就與康德本人的思想產生了明顯的矛盾，為了解決這個問題，海德格爾指出，圖式將概念帶入圖像的方式是對「可描畫的外觀的描畫規則」帶入圖像，因此概念的感性化的後果也就是「式—像」。另外，我們在 2.3.1 中又的確曾經表明過，純粹思維恰恰是透過純粹概念預先為經驗現象的形成提供統一性的表像，亦即提供統一性的規則。所以，海德格爾就透過自己的解讀認為概念可以而且必須被感性化。

但是，圖式對概念的感性化畢竟不能進入經驗性的圖像，所以，它對規則的感性化便只有一種可能，即和純粹的圖像連接在一起。而純粹的圖像便只能是作為純粹直覺的時間的產物。時間的圖像或者說外觀先於一切經驗性的圖像而形成，並是後者得以可能的根據。在這種意義上，時間的圖像是純粹圖像。「但是時間作為純粹的直覺本身，在一切經驗之先就獲得了一個外觀。在如此這般的純粹直覺中給出的純粹外觀（對康德而言，此乃現在序列

的純粹的先後相隨），必須因此而被稱為純粹的圖像。」[40] 這樣的話，既然存在時間這樣不包含經驗性內容的純粹圖像，那麼，作為概念的感性化的結果的圖式以及對其提供統一性規則進行描畫的式—像就勢必可以進入這種純粹圖像，亦即進入時間之中了。

海德格爾指出，時間是純粹圖像，與此同時它也是式—像，「作為『純粹圖像』，時間是式—像，而不僅僅是站在純粹知性概念對面的直覺形式。」[41] 以這種方式，海德格爾賦予了時間以更多含義，即時間不僅是純粹直覺形式，而且也是純粹概念的感性化的後果，即是對純粹概念提供統一性表像之規則的描畫。因此，在時間這種純粹圖像或者說「式—像」中，發生著純粹綜合實質上的「契合」活動。時間是純粹綜合得以可能的依據，它一方面與經驗現象內在相通，另一方面與知性概念相連。純粹知性概念的感性化，必然將自己的統一性表像的統一性提供給時間。「根據超越論演繹，在觀念中表像出來的統一性，必然在本質上與時間有著關聯，因此，純粹知性概念的圖式化必然會將這一統一性規整到時間上去。」[42]

這是問題的一個方面，另一方面，無論是作為「直接外觀」的圖像、作為「映像」和「後像」的圖像，還是作為「某物一般」的圖像，它們有一個共同點，就是總呈現了一種「外觀」（Anblick）。那麼，如果按照海德格爾的思路，既然純粹概念能夠感性化，那麼，便勢必也有一種外觀，但鑒於其自身的性質，這種外觀不能是經驗性的，只能是純粹的，而唯一的純粹的圖像就是時間。所以，這就意味著時間不僅是純粹概念感性化後必然要將其表像的統一性歸系於它身上的東西，而且同時也意味著，時間還承擔起呈現純粹知性概念外觀的任務，而且它還是後者唯一可能的外觀。「時間不僅僅是純粹知性概念之圖式的必然的、純粹的圖像，而且也是其唯一的純粹外觀可能性。這個唯一的外觀可能性總只是在自身中顯現自身為時間和有時間的。」[43]

第 3 章　超越論演繹、圖式與時間

經過上述兩方面的說明，海德格爾表明，純粹概念透過感性化活動以圖式的方式不僅將統一性帶給了時間這種純粹圖像，從而與經驗性的圖像相連，而且還以時間為自己的唯一的外觀。以這種方式，「觀念的圖式就將唯一的純粹的外觀可能性與純粹圖像的多樣性勾連了起來。」[44] 於是，海德格爾最終就透過訴諸時間的方式解決了純粹概念如何進入圖像的問題。這樣，海德格爾就把時間在形而上學奠基工作中的重要性敞露出來了：恰恰是作為圖式的時間使純粹綜合這種超越活動得以可能，恰恰是透過作為圖式的時間使「讓對象化」這種超越活動得以可能，也恰恰是透過作為圖式的時間，一方面經驗現象才能被帶給知性範疇，另一方面知性範疇才能被帶入經驗現象。

於是，我們看到，海德格爾對康德的《純粹理性批判》的現象學解釋，一步步地便來到了純粹綜合和圖式論的面前。他認為，純粹綜合和圖式論是為形而上學奠基之所以可能的關鍵。不過，如果要康德為形而上學提供奠基活動之所以可能的這個「源頭」進一步清理出來並呈現出來，還必須對純粹綜合和圖式的提供者進行解構和解釋。如果不對此進行分析，那麼，形而上學奠基之所以可能的源頭便始終無法得到真正的敞露。正如我們前文所述，提供純粹綜合的主體性能力是超越論想像力，純粹綜合和圖式都是超越論想像力活動的結果。然而，超越論想像力究竟怎樣給出了純粹綜合？它怎樣產生了作為時間的圖式？它和時間之間又有著怎樣的關係？為了對這些問題提供解答，就必須對超越論想像力進行解釋。那麼，海德格爾是怎樣來解釋超越論的想像力的呢？為什麼他說康德曾經向著《存在與時間》中的時間性思想走了一程？他又為什麼認為康德沒能邁出那通往基始存在論的決定性的一步呢？我們將在下一章中嘗試解答這些問題。

注解

[1] 海德格爾，《康德與形而上學疑難》，第 64 頁。
[2] 同上，第 65 頁；*Heidegger*，*Kantbuch*，S.71。

[3] 同上，第 67 頁。
[4] 同上，第 68 頁。
[5] 同上，第 71 頁。
[6] 同上，第 72 頁。
[7] 同上，第 72 頁。
[8] 關於「先行具有」(Vorhabe)、「先行視見」(Vorsicht) 和「先行掌握」(Vorgriff)，參見海德格爾，《存在與時間》(修訂譯本)，第 175—178 頁。
[9] 海德格爾，《康德與形而上學疑難》，第 73 頁。
[10] 同上，第 73 頁。
[11] 同上，第 74 頁。
[12] 同上，第 75 頁。
[13] 同上，第 77 頁。
[14] 同上，第 79 頁。
[15] 同上，第 79 頁。
[16] 同上，第 83 頁。
[17] 康德，《純粹理性批判》，A138/B177，第 164 頁，譯文根據德文本有改動。
[18] 康德，《純粹理性批判》，A139/B178，第 164 頁，譯文根據德文本有改動。
[19] 海德格爾，《康德與形而上學疑難》，第 84 頁。
[20] 同上，第 85 頁。
[21] 同上，第 86 頁。
[22] 同上，第 86 頁。
[23] 參見 Kant, *Lectures on Metaphysics*, trans by Karl Ameriks and Steve Naragon, Cambridge Uni-versity Press, 1997, pp.52-56。
[24] 參見 Heidegger, *Kantbuch*, S.93。
[25] 海德格爾，《康德與形而上學疑難》，第 88 頁。
[26] 同上，第 88 頁。
[27] 康德，《純粹理性批判》，A142/B181，第 166 頁。譯文根據德文本有改動。
[28] 海德格爾，《康德與形而上學疑難》，第 90 頁。
[29] 同上，第 90 頁。
[30] 同上，第 90 頁。

第 3 章　超越論演繹、圖式與時間

[31] 同上，第 93 頁。
[32] 同上，第 94 頁。
[33] 同上，第 96 頁。
[34] 康德，《純粹理性批判》，A140/B179，第 165 頁，譯文根據德文本有改動。
[35] 同上，A139/B178，第 164 頁，譯文根據德文本有改動。
[36] 宮睿，《康德的想像力理論》，北京：中國政法大學出版社，2012 年，第 38 頁。
[37] 海德格爾，《康德與形而上學疑難》，第 96 頁。
[38] 同上，第 97 頁。
[39] 同上，第 97 頁。
[40] 同上，第 98 頁。
[41] 同上，第 98 頁。
[42] 同上，第 98 頁。
[43] 同上，第 99 頁。
[44] 同上，第 99 頁。

第 4 章　超越論的想像力、時間性與康德的退縮

在海德格爾對康德的《純粹理性批判》進行現象學解釋的過程中，隨著他對康德解決「先天綜合判斷如何可能」這個問題的思路的解釋，來到了形而上學奠基的源頭處，即存在論知識的本質統一性這個環節。在海德格爾看來，存在論知識的本質統一性是指在純粹直覺和純粹思維之間的本質統一，也就是直覺和統覺之間的統一。這種本質統一是純粹綜合作用的結果，純粹綜合發動這種綜合作用的手段和工具就是作為時間的圖式。海德格爾指出，只有純粹綜合得以可能，人類的知識才得以可能。在這種意義上，純粹綜合活動及作為時間的圖式便是人類知識形成的關鍵。

另一方面，人類知識的形成過程中之所以需要純粹綜合，需要純粹綜合將純粹知識的二要素即純粹直覺和純粹思維契合起來。主要原因在於人的有限性。因為人類在生存結構和認識結構上的有限性，人的知識總是一種有限性的知識，需要依賴對預先已經存在了的存在者的領受活動，需要純粹直覺和純粹思維的共同作用。海德格爾指出，在純粹綜合的活動中，有著超越活動的發生。在超越活動中，作為站在有限的本質存在的人的對面而立的對象得以進入向人奉獻自己的外觀的境域之中。因此，人類知識的形成需要預先對此境域有所「形象」。而這就是作為純粹圖式的時間的功能。正是在上述意義上，純粹圖式和純粹綜合對於存在論知識的本質統一才具有決定性的作用，也正是在這種意義上，它們才是形而上學奠基之所以可能的關鍵。

海德格爾又進一步指出，提供純粹圖式並發動純粹綜合活動的，是超越論的想像力。「作為源初的純粹綜合，超越論的想像力形象出了純粹直覺（時間）與純粹思維（統覺）的本質統一性。」[1]而鑒於純粹綜合又是存

第 4 章　超越論的想像力、時間性與康德的退縮

在論知識的本質統一性的關鍵，因此，超越論的想像力才是為存在論知識提供本質統一性的真正關鍵，因此也就是形而上學奠基之所以可能的真正關鍵了。「超越論的想像力是根基，存在論知識的內在可能性以及隨之而來的一般形而上學的可能性都建基在它之上。」[2] 具體來說，超越論想像力在形而上學奠基中的關鍵作用主要體現在：它不僅提供了將純粹直覺形式與純粹思維「契合」（fuegen）在一起的純粹綜合，而且也是勾連經驗現象與純粹概念的關鍵的純粹圖式的提供者，同時也是感性與知性的結構性中點，如果更精確一點說，海德格爾不止認為超越論的想像力是感性與知性的結構性中點，它更是感性和知性共同的根。進一步地，海德格爾指出，這種作為感性和知性之根、作為純粹圖式和純粹綜合的提供者的超越論的想像力，還提供了源初的時間並就是這種源初的時間。但海德格爾認為，超越論想像力的這種力量對於康德來說卻是不可知的，他恰恰是因為看到了超越論的想像力的這種不可知的力量，所以才受到困擾，在它面前退縮了。但儘管他「退縮」了，卻依然被認為是向著將時間和存在聯繫起來進行思考、是「曾經向時間性這一度探索了一程的第一人與唯一一人」[3]。本文接下來將對上述內容提供詳細說明。

4.1　超越論想像力的核心功能是為形而上學奠基

4.1.1　超越論想像力形象出超越

既然超越論想像力在海德格爾對康德的現象學解釋中如此重要，那麼，我們為了更進一步地展示海德格爾為什麼認為從對《純粹理性批判》的現象學解釋可以走到《存在與時間》中的基始存在論和時間性思想，就有必要對海德格爾視野中的超越論的想像力進行一番檢視。

但在我們詳細考察海德格爾對超越論想像力的解釋和說明之前，有必要

4.1 超越論想像力的核心功能是為形而上學奠基

對康德的「想像力」以及與其相關的一組詞彙進行一個一般性的說明，這樣可以讓我們對接下來的工作有一個更明晰的認識。

在德語中，用來指「想像力」的詞有兩個，一個是 Einbildungskraft，一個是 Imagination。根據潘衛紅博士的研究，Imagination 來自於拉丁語 *imaginatio*，這個詞是對古希臘語 εἰκ-ᾰσία 的翻譯。這三個詞即 εἰκ-ᾰσία —— *imagination* —— Imagination 多用來指摹仿、複製和再生意義上的想像力，它和經驗相關，服從經驗的聯想律。而 Einbildungskraft 則用來指一種神祕的力量，人們可以借助它在直覺活動中直接把握真理。[4] 康德使用的則是 Einbildungskraft。在英文中，通常用 imagination 來翻譯 Einbildungskraft 這個詞。不過，宮睿博士指出，我們並不能把 Einbildungskraft 完全等同於英文中的 imagination，因為前者更強調的是作為主體的一種能力（Kraft），所以只有在 imagination 不是表達一種意識行為，而是表達一種主體性的能力——「想像力」這層意思時，才能等同於 Einbildungskraft。[5] 經過這一說明，在 Einbildungskraft 與 Imagination 之間的區別就顯而易見了，前者指的是一種主體性的能力，後者指的是作為意識行為的「想像」。

海德格爾透過對康德在《人類學》中對「想像力」的說明的解釋指出，康德在《人類學》中對「想像力」的說明，和《純粹理性批判》中對「想像力」的說明比起來，有一點尤其值得注意，那就是，康德認為「想像力」指的是無需存在者在場就可以對存在者提供表像的能力。而這在海德格爾的眼裡也就意味著，想像力其實有一種能力，那就是在存在者進入人類經驗之前，就已經先行發動，它形象出了存在者前來遭遇的那個境域的外觀。這是透過借助於作為純粹圖像的時間來完成的。海德格爾指出，「在對存在者有所經驗之前，想像力就已事先形象了關於對象性自身的境域外觀。但是，這種在時間的純粹圖像中的外觀形象活動（Anblickbilden），並不在關於存在者的這種

211

第 4 章　超越論的想像力、時間性與康德的退縮

或那種經驗之先,而是事先就已經在所有可能的經驗之先了。因此,在提供外觀時,想像力從一開始就完全不依賴於存在者的在場。」[6] 所以,在這種意義上,想像力發揮作用,並不依賴於作為對象的存在者的在場,因此便不依賴於經驗,也不依賴於經驗性的直觀,毋寧和作為純粹圖像,同時也是圖式的時間內在相關,它從作為純粹圖像的時間那裡獲得自己的表像。與此同時,想像力也與圖式關聯在一起。圖式化的過程作為一種將統一性的規則引入圖像的方式而與想像力聯繫在一起,前者作為自由的成象活動甚至就是在想像力中發生的。因此,海德格爾指出,「圖式化也在更進一步的源初性意義上顯現出想像力的『創生』本質。」[7] 在上述意義上,想像力和作為純粹圖像的時間以及作為時間的圖式都關聯在一起,因此便必然內在地和純粹綜合聯繫在一起。從而想像力也就形象著超越活動,為超越活動提供出外觀之一斑。海德格爾指出,這種意義上的想像力「它不受經驗制約,它是使經驗首先得以可能的純粹生產性的想像力」。[8] 所以,純粹生產性的想像力實質上形象著超越活動。在這種意義上,海德格爾把它稱作超越論的想像力。

當超越論的想像力在把超越形象出來時,也就必然對超越進行揭示,也就是說對讓對象化活動得以可能的純粹綜合得到展示。我們在前文中已經指出過,純粹綜合作為一種活動,將純粹直觀和純粹思維「契合」(fuegen)起來。在這種意義上,超越論的想像力也就必然和純粹直觀與純粹思維發生關係,鑒於超越論的想像力在自身的活動中形象出了超越,即開放了純粹綜合,所以也必然在自身的活動中讓純粹直觀與純粹思維的源初統一成為可能。那麼,超越論想像力與純粹直觀和純粹思維之間是一種什麼關係呢?

4.1.2　超越論想像力是純粹直觀與純粹思維的「根柢」

海德格爾指出,超越論的想像力就作為一種「能力」而言,是和純粹直觀與純粹思維同等的「基本能力」。因此,人類的基本能力就有了三個:純

4.1 超越論想像力的核心功能是為形而上學奠基

粹直覺、超越論的想像力和純粹思維。但是，在康德那裡，他曾經明確地說過，人類的知識只有兩個枝幹或兩個基源，即感性和知性。那麼，人類的基本能力有三個，可是知識居然只有兩個枝幹，這之間不存在著明顯的不對應關係嗎？如何理解和解決這種矛盾和看似衝突之處呢？在海德格爾看來，超越論的想像力雖然是人類的一種基本能力，不過，與純粹直覺和純粹思維這兩種人類的基本能力有些不同，超越論的想像力提供出來的並不是知識的元素，它提供出來的是純粹綜合活動。恰恰是透過純粹綜合活動，保證了純粹直覺與純粹思維之間的源初的本質統一。在這種意義上，海德格爾認為，超越論的想像力是純粹直覺與純粹思維的源頭或者說是它們的根。不過這種「源頭」的意思不是說純粹直覺與純粹思維是從超越論的想像力中發生的，即不是說純粹直覺和純粹思維是超越論的想像力的活動的產物。它的意思是說，純粹直覺和純粹思維的統一的源頭，可以在超越論的想像力的活動中呈現出來，或顯現出來。「描畫出來的對源頭的揭示意味著：這一能力的結構植根於超越論想像力的結構之中，而且，唯有在結構的統一中，這一能力才能與其他兩個能力一起『想像』某種東西。」[9]

為了更進一步地表明超越論的想像力作為純粹直覺和純粹思維的源頭的地位，展示它怎樣透過純粹綜合的活動將純粹直覺和純粹思維「契合」在一起，以及它又是怎樣透過圖式化將純粹概念感性化而進入純粹圖像即時間之中，最終敞明超越論的想像力植根於源始的時間性之中，我們必須展示超越論的想像力的運作方式，以及它在自己的運作過程中，是怎樣展現出自己是純粹直覺與純粹思維的根源的。其實海德格爾對這幾個問題的解答充分展現了他對康德進行現象學解釋時所運用的現象學方法的特點。當然，這個過程也是將我們在第二章、第三章中所探討的那些貌似零散的內容重新綜合起來的過程。

海德格爾指出，超越論的想像力之所以能成為純粹直覺和純粹思維的源

第 4 章　超越論的想像力、時間性與康德的退縮

頭，是因為它在自己的活動中形象出了超越，形象出了超越之境域。在超越和超越之境域中，存在著人的超越的超越建制。於是，我們看到，海德格爾對康德的《純粹理性批判》之為一次為形而上學奠基的任務進行現象學解釋，向奠基之為奠基的根據和源頭處進行一步步追溯時，最終便來到了形而上學奠基之為奠基的源頭處，即透過超越論想像力形象出的超越和超越之境域，以及在這個過程中所展現出來的超越建制。如果我們反過來看，透過這樣的追根溯源活動，超越論的想像力一方面便證明和展示了自己是超越的根據和形象者，另一方面便展示了它自己何以是純粹直覺和純粹思維的源頭。

不過，海德格爾在達到了超越論的想像力這個純粹直覺和純粹思維的源頭處後，他接下來還要再從超越論的想像力出發，去展示它作為這種源頭在存在論知識的形成過程中究竟是怎樣具體起作用的。可是，海德格爾的這種做法不就構成了一種循環嗎？的確如此！這是因為，海德格爾對康德的《純粹理性批判》的解釋採取的是現象學的方法，我們在第一章中曾經明確對此進行過分析，他的現象學是現象學的解釋學，因此，他在這裡提供的「循環」不是一種「循環論證」意義上的「循環」，而是一種「解釋學循環」意義上的循環。按照海德格爾的想法，要正確地理解解釋學循環，就要進入這個解釋學循環之中去。只有這樣，才能充分利用、展示和體現解釋學的作用的方式。具體到《康德書》中來說，這本書中的解釋學循環是這樣的：首先，透過一步步追溯康德的知識如何可能這個問題 —— 在他視角中則是形而上學奠基問題 —— 而來到作為純粹綜合之發動者的超越論想像力面前。接下來又反過來從超越論想像力這個超越和純粹綜合的發動者，從而也是作為純粹直覺與純粹思維之綜合的源頭處出發，具體地展示超越論的想像力作為純粹直覺與純粹思維的根源又是怎樣具體發生作用的。海德格爾認為，這後一步工作對於澄清康德的《純粹理性批判》之為一次為形而上學奠基的任務來說，十分重要。因為純粹綜合、超越論演繹和超越論圖式化的作用都需要透過超越

4.1 超越論想像力的核心功能是為形而上學奠基

論的想像力才能得到真正的解釋和展示。特別地，對於純粹綜合來說，它提供了純粹直覺與純粹思維之間的「契合」（fuegen），而這種契合活動，從本質上來說又和圖式化和超越論演繹內在相關，因為恰恰是圖式化和超越論演繹在純粹綜合中帶來「源生性的成一過程（Einigung）」。這種成一過程其實是需要從那正在成一的東西那裡，在它的活動中讓那成一的東西展現出來，只有這樣，源生性的成一過程才能夠可能。這裡所說的那正在成一的東西，實質上就是超越論的想像力形象的超越活動。海德格爾指出，「因此，所設立的根據之根柢特徵就第一次使得純粹綜合的源生性，即使得它的『讓……發生』（Entspringenlassen）成為可領會的。」[10] 同樣的道理，和純粹綜合內在相關的超越論演繹和圖式化也需要透過對超越論想像力的闡明才能得到透澈的展示。「只有當超越論想像力證明自身為超越之根，超越論演繹和圖式化中的問題才可以獲得透澈的了解。」[11] 因此，具體地闡明超越論想像力作為「根柢」的作用就可以更進一步地表明超越論的想像力與超越和超越的境域以及人的超越建制之間的關係，從而進一步展現超越論的想像力作為形而上學奠基的源頭這種關鍵性地位。

4.1.3 超越論想像力作為「根柢」的作用

由此，海德格爾賦予了超越論的想像力以重要地位。它不僅是人類知識雙枝幹的「根柢」，從而是形而上學奠基的源頭，而且在自身的純粹綜合活動中形象出了超越和超越的境域，將純粹直覺和純粹思維契合起來。不特如此，他甚至將超越論的想像力的這種重要性帶出了理論理性領域而進入了實踐理性領域，他甚至認為超越論的想像力也是實踐理性的源頭。如果海德格爾的這一思路成立，那麼，康德在三大批判中完成的所有工作，最終無疑都會歸結到一個問題：超越論的想像力是否可能的問題。那麼，對於《純粹理性批判》來說，就意味著在對純粹理性進行批判的過程中，這種批判將純粹

215

第 4 章　超越論的想像力、時間性與康德的退縮

理性消解在了批判活動中，卻將純粹想像力凸顯了出來。這樣，康德的第一批判與其說是對「純粹理性」進行批判，倒不如說變成了對純粹想像力的批判了。可是，海德格爾的這一思路是成立的嗎？我們接下來就會展現，海德格爾對超越論想像力這種作為「根柢」的作用 —— 不僅作為純粹直覺和純粹思維的根柢，甚至也作為實踐理性的根柢 —— 是如何解釋的，它又是如何實行的。我們在本節中接下來將首先探討超越論想像力與純粹直覺的關係，然後討論超越論想像力與純粹思維的關係，最後探討超越論想像力與實踐理性的關係。透過這個過程，將會更好地展示，超越論的想像力在形而上學奠基過程中的作用。

接下來我們將首先展示超越論的想像力與純粹直覺之間的關係。有關超越論的想像力對於純粹直覺的重要性，我們曾在 2.2.1 中提及，純粹直覺因為內在地相關於超越論的想像力，所以才具有了「綜觀」（Synopsis）的作用。那麼，純粹直覺和超越論想像力之間的這種「內在相關性」，究竟是怎樣的呢？它們是怎樣內在地關聯在一起的呢？這個問題解釋清楚了，超越論想像力作為純粹直覺「根柢」的作用，也便展示了出來。我們接下來將分成兩個方面來梳理超越論想像力與純粹直覺之間的關係。

一方面，我們從對純粹直覺的特徵的分析來看超越論的想像力與純粹直覺之間的關係。我們曾指出，人的直覺區分為經驗性的直覺和純粹直覺。其中，純粹直覺具有更優先的地位。但鑒於人的有限性，純粹直覺不能在自己的活動中創生存在者，因此便不是「源始的直覺」，後者只能隸屬於神。但人的有限的純粹直覺也具有一定的源生性。這體現在：在純粹直覺中，人們能夠領受外觀，這種對外觀的領受並不依賴於作為對象的存在者的在場，它們可以自己發動，自己形象。這種形象是對時間和空間的表—像（vor-stellen）。所以，純粹直覺對時間和空間的外觀（Anblick）的領受實質上是作為純粹直覺形式的時間和空間在自身活動中自己給出的。在這種意義

4.1 超越論想像力的核心功能是為形而上學奠基

上,有限的人的純粹直覺也便顯示出了一定的源生性。「這些直覺……事先將空間與時間的外觀作為在自身中擁有雜多的整體表—像出來。它們領受外觀,但這一領受自身洽洽就是自身給出東西的、形象著的、自身將自己的給出〈das bildende Sichselbstgeben des sich Gebenden〉。純粹直覺,究其本質而言,就是『源生性的』,這也就是說,純粹直覺就是對可直覺的東西的讓之發生的(entspringenlassende)描繪:*exhibitio originaria*(源發性展現)。」[12]

不過,純粹直覺的這種源生性,這種自己形象的活動要依賴於純粹想像力的作用。因為如果沒有純粹想像力的「成象活動」,直覺活動的發動將始終需要依賴於作為對象的存在者。在這種意義上,海德格爾甚至認為,純粹直覺實質上就是純粹想像力。純粹直覺自身給出的時間和空間的外觀實質上是純粹想像力自身發動,並進行形象活動的結果。「正因為究其本質而言純粹直覺就是純粹的想像力,所以,它才是『源生性的』。這一想像力以形象的方式從自身中給出外觀(圖像)。」[13]

另一方面,我們從純粹直覺的活動及作為它的直覺活動的結果來看純粹直覺與超越論的想像力之間的關係。從純粹直覺的活動來看,尤其是作為純粹直覺形式的時間的活動中,預先就已經形象出或者說給出了直覺到的東西的「統一性」。在它們的活動中,事先形象出了經驗性的直覺在直覺活動中能直覺到東西所發生於其中的境域的純粹外觀。因此,在這種意義上,純粹直覺實際上具有一定的統一性功能。但海德格爾指出,純粹直覺的這種活動雖然具有一定的統一性功能,但其實還不是真正的統一,因為它提供的是一種低級的統一。真正的統一是純粹知性提供出來的。所以,純粹直覺的這種活動被稱作「綜觀」(Synopsis)。海德格爾指出,「在純粹直覺中直覺到的東西的整體不具有一種概念普遍性的統一性。因此,直覺整體的統一性也不能從『知性綜合』中源生出來。它是一種在給出圖像的想像中事先窺見了的統

第 4 章　超越論的想像力、時間性與康德的退縮

一性。這個時空整體的『綜』是形成著的直覺的一種能力。」[14]

海德格爾指出，純粹直覺具有的「綜」的這種提供「統一性」的功能，不是從純粹知性那裡得來的。這意思是說，純粹直覺並不是因為屈從於純粹知性，所以才從後者那裡獲得了統一性的功能。它的這種功能本質上來自於純粹想像力。海德格爾甚至說，純粹直覺本質上就是純粹想像力，純粹直覺只有從純粹想像力也就是超越論的想像力那裡才能得到自己的「統一性」功能，也唯有植根於超越論的想像力，純粹直覺的綜觀活動才有其根源和依據，才能獲得可能性。所以，純粹直覺只有植根於超越論的想像力之中，以其為根柢，才能具備提供「綜觀」的功能。

不特如此，作為純粹直覺活動的結果的東西其實也和超越論的想像力密切相關。那麼，作為純粹直覺活動的結果的是什麼呢？*ens imaginarium*（想像的存在者）！鑑於 *ens imaginarium* 必然是純粹想像力的活動產物，海德格爾便指出，「純粹直覺，究其本質的根基而言，也就是純粹想像。」[15] 這樣，海德格爾便展示了超越論想像力作為純粹直覺之「根」的作用。

其次，要展示超越論想像力在形而上學奠基過程中的關鍵性作用，只表明超越論想像力是純粹直覺的「根柢」尚不夠用，還必須表明它也是純粹思維的「根柢」，乃至於也是理論理性的根源。只有這個工作也做到了，才能展示出超越論想像力何以能讓有限的本質存在的超越開放出來。

但超越論想像力能成為純粹思維和純粹知性的根柢嗎？純粹思維居然要從超越論想像力之中發源？這種想法乍一聽似乎有些不可思議，尤其當我們聯想到康德本人的哲學的話，情況就更是如此了。康德在第二版演繹中畢竟弱化了先驗想像力的作用，將它歸於先驗統覺之下。因此，當海德格爾認為純粹思維的源頭竟也在超越論想像力之中時，的確會讓人覺得有些詫異。那麼，海德格爾為什麼這樣認為呢？他有充分的理由嗎？他的依據何在？海德格爾認為，不應該把思維的基本能力只是界定為進行判斷，那樣離思維的本

質尚有距離，毋寧應該將思維的基本能力看作是提供規則。所謂的提供規則是指給表像提供統一性。這個過程也就是「讓對象化」的過程。「將這種持存著的統一性作為親和性的規則整體的自一性表像出來，就是『讓對象化』的基本過程。」[16]

「讓對象化」，它是讓存在者能夠站出來並轉到有限的本質存在對面而立的活動，它因而也就是有限的本質存在的超越活動。但其實，在這個「讓對象化」活動的過程中，不僅需要存在者站出並轉到有限的本質存在對面而立，而且也需要有有限的本質存在即人能夠「自身轉過來面向……」(Sich-zuwenden-zu) 存在者而立，這兩者實質上都是「讓對象化」這種超越活動的內在組成部分。

海德格爾進一步指出，在「讓對象化」活動中，在人的「自身轉過來面向……」之中，會在這種「轉向」中分離出來一個「自我」。「自我」會在人的這種「自身轉過來面向……」的「讓對象化」活動中外化、顯現出來。以這種方式，「『我表像』就『伴隨著』一切的表像」[17]。在這裡，「我表像」實質上也就是康德那裡的「我思」，海德格爾指出，如果表像的「自我轉過來面向……」是純粹的活動，那麼，「純粹思維的本質以及自我的本質就處在『純粹自我意識』(reinen Selbstbewusstsein) 之中」。[18] 海德格爾認為，這種純粹自我意識的存在必須要從自我存在處得到顯明。這樣，他在這裡就把康德的「我思」與「我在」緊密地聯繫了起來。在這個基礎上，海德格爾指出，「我思」之中的「我」，在它的先行的「自身轉過來面向……」之中，促使範疇開始產生作用。就範疇又是純粹圖式的意義上來看，範疇在「我」先行的「自身轉過來面向……」的活動中給出了統一性，這種統一性實質上歸屬於純粹知性的活動。

純粹知性提供統一性的活動是透過對概念的感性化活動亦即「圖式成像」(Schemabildung) 來實現的。這樣，純粹知性的活動實質上與「超越論圖

第 4 章　超越論的想像力、時間性與康德的退縮

式化」便緊密相關了。海德格爾甚至進一步認為，純粹知性的活動過程就發生在「超越論圖式化」之中。「純粹知性因此是一個『從自身出發』的，對統一性境域有所表像的前象活動（Vorbilden），是一個有所表像的形象著的自發性過程，這一過程的發生出現在『超越論圖式化』中。」[19] 作為純粹知性的這種自發性的形象活動的結果的，其實也就是圖式和式—像，就後兩者是超越論的想像力的產物而言，純粹知性的活動便和超越論想像力內在勾連起來，甚至海德格爾認為，純粹知性的自我形象活動就是超越論的想像力的行動。「在統一性思維中的純粹知性，作為自發形象著的表像活動，它的明顯的自我成就活動乃是超越論想像力的一種純粹的基本行為。」[20]

在上述意義上，純粹思維的自由的形象活動便本源於超越論想像力的活動。因此，作為純粹思維的理論理性的根源便植根在超越論的想像力之中。這充分體現和展示了超越論想像力和理論理性自身具有的自發性的一面。這是問題的一個方面。問題的另一方面在於，超越論的想像力也是純粹直覺的根源，就純粹直覺一方面具有接受性，另一方面又有一定的自發性而言，超越論的想像力自身中也就既具有自發性，又具有接受性。這也就意味著，如果要表明超越論的想像力是純粹思維的根源，就還需要證明純粹理性自身也有接受性，而且這種接受性源自超越論的想像力。

海德格爾指出，在下述意義上純粹思維自身具有接受性不僅是可能的，而且是必然的。因為知性自身就是對表像進行規整的能力，在它的規整活動中，知性給出了規整活動的規則，這些規則同時就是表像的規則。那麼，知性的規整活動既可以是對其他的表像的規整，也可以是對自身進行的規整。在後一種情況下，思維在對自身進行規整時，就是一種自我規整。在思維的這種自我規整活動中，知性一方面提供自我規整的規則，但另一方面它必然要對規整的規則進行領受。「如果一種規整的規則那樣的東西，在此只是以領受活動的方式讓自我規整（Sich-regeln-lassen），那麼，作為規整之表像

活動的『理念』，它就只能以某種領受活動的方式來進行表像。」[21] 於是，純粹思維自身在這種自我規整活動中，在對這種自我規整活動進行表像的活動中，就必然是以「領受」的方式進行的。在這種意義上，純粹思維便恰恰具有了接受性。海德格爾在此基礎上更是向前推進了一步，甚至有些極端地認為，這種意義上的純粹思維就是純粹直覺，「在這個意義上，純粹思維本身，在當下就是有所領受的，即純粹直覺。」[22] 這樣，海德格爾就證明了純粹思維具有接受性是必然的。因此，作為既具有自發性，又具有接受性，並且還需要透過感性化以為經驗表像提供統一之規則的純粹思維，從結構上來說就必然源自超越論的想像力，只有透過超越論的想像力的作用，純粹思維自身所具有的功能才能生效。「因此，這個在結構方面統一的、接受著的自發性，為了能夠是其所是，必須源出於超越論的想像力。」[23]

這樣，經過我們上述兩方面的分析，就展示了在海德格爾那裡，純粹直覺和純粹思維最終都以超越論想像力作為根柢或源頭。因此，海德格爾對《純粹理性批判》的現象學解釋，從把對它作為一次為形而上學奠基的任務的解讀開始入手，最終就來到了超越論的想像力這裡。而當他來到超越論的想像力這裡之後，他又反過來從超越論的想像力出發，展示了它何以是純粹直覺與純粹思維的源頭。於是，海德格爾就以他獨特的解釋學方式，清楚地展示了超越論想像力對於形而上學奠基事業的重要性。

在海德格爾那裡，他不僅認為超越論想像力對於理論理性很重要，是理論理性的根源，甚至還認為，它也是實踐理性[24]的根源。海德格爾指出，在《實踐理性批判》中，康德展示了人對道德律令的尊重，這種尊重是自己立法、自己遵守。因此，人在用律令來約束自己、在遵守律令的同時也就是聽命於自己本身，確切地說是聽命於純粹理性的自己本身。在這一對律令的「尊重」之中，展現出了超越論的想像力的源生性建制（Verfassung），因為它體現了源生性的接受性和源生性的自發性的合一。這種源生性的接受性和

第 4 章　超越論的想像力、時間性與康德的退縮

自發性的合一隻能從超越論的想像力那裡發源。所以只有從超越論的想像力這種超越活動的源頭出發，才能夠真正領會對律令的尊重的含義。「聽命的、直接的對……獻奉（Hingabe an……）就是純粹的接受性，但律令之自由的自身向前給出〈Sich-vorgeben〉則是純粹的自發性，這兩者在自身中源初地成一（einig）。而且，唯有從超越論想像力而來的實踐理性的這一源泉，才可以重新讓我們理解到，在怎樣的程度上，律令在尊重中——就像行動著的自我一樣——不是被對象式地把握住的。」[25]

這樣，我們在本節中就充分展示了超越論想像力在形而上學奠基進程中的重要地位，它不僅是純粹直覺和純粹思維的根柢，而且也是純粹理性和實踐理性的根柢。於是，按照海德格爾的這個思路，可以說超越論的想像力是康德整個哲學體系的關鍵了。然而，如果從超越論想像力這個角度來看，它何以能發動讓純粹直覺與純粹思維契合起來的純粹綜合活動？它發動純粹綜合活動所憑藉的工具和手段是什麼呢？顯然，因為作為純粹圖像的純粹直覺和純粹圖式都是時間，那超越論想像力的活動必然就和時間內在相關。

4.2　超越論想像力形成源生性的時間

4.2.1　超越論想像力產生了作為現在序列的時間

根據我們前文所述，超越論想像力是純粹直覺和純粹思維的「根柢」，它發動了純粹綜合活動，並產生了圖式，從而使得純粹直覺與純粹思維之間的本質統一性得以可能。在這種意義上，純粹直覺、純粹圖式和純粹思維的「根柢」都在超越論想像力那裡。鑒於純粹直覺和純粹圖式原本就是時間，而純粹思維對純粹直覺的作用也要透過作為純粹圖式的時間才可能，因此，時間的源頭也在超越論的想像力這個根柢之中，超越論想像力在自己的活動中形象了時間。

4.2 超越論想像力形成源生性的時間

海德格爾指出,時間源生於超越論想像力這一點,可以透過對純粹直覺的直覺活動的分析得到展示。有兩種純粹直覺形式——時間和空間,其中時間又具有根本上的優先地位。所以,真正的純粹直覺就是時間。但它的源頭怎麼竟然能是超越論想像力呢?按照海德格爾的思路,純粹直覺是有所領受的活動,不過與經驗性的直覺不同,作為一種「領受著的自己給出」,它不必與作為對象的存在者發生關聯就可以先行發動。「領受著的自己給出,這在純粹直覺中根本就不與某種僅僅在場的東西相關涉,也完全不與現成的存在者相關聯。」[26] 純粹直覺的活動是一種純粹的成象活動,但作為成象活動就不止是對當下這一刻或當下在場者的成象,它總是要向後關聯和向前關聯,因為,僅僅對當下這一刻的形象活動,其結果必然只是一個片段的圖像,無法形成一個完整的圖像。所以,海德格爾指出「這種源生性的形象活動應當是在自身中的,尤其是正在看著的、向前和往後看著的活動」。[27] 因此,在純粹直覺的成象活動中,必須把這三者都同時展示出來。海德格爾指出,與正在看著的、向前看著的和向後看著的這三種活動以及由這三種活動所形成的相應的表像相對應,人類也擁有相應樣式的「形象力」(bildende Kraft)。海德格爾指出,人類有三種「形象力」:映像(Abbildung)能力(Kraft)、後像(Nachbildung)能力(Kraft)和前象(Vorbildung)能力。映像(Abbildung)能力(Kraft)是與正在看著的形象活動相對應的形象能力,它產生的是當前時間的表像。因此它被稱作「形象力」(*facultas formandi*)。不過,與上文中作為 bildende Kraft 意義上的「形象力」比起來,作為 *facultas formandi* 意義上的「形象力」是狹義上的形象力,它只是 bildende Kraft 中的一種;與過去給定但當下不在場的對象相關所形成的形象能力是後像(Nachbildung)能力,它產生的是過去時間的表像,因此它被稱作「想像力」(*facultas imaginandi*),這種能力其實也就是再生性的想像力;與向前看著的形象活動相對應的形象能力是前象(Vorbildung)

第 4 章　超越論的想像力、時間性與康德的退縮

能力，它產生的是將來時間的表像，因此它也被稱作「期望力」（facutas praevidendi）。[28]

這樣，「形象力」（bildende Kraft）就形成了關於當下、過去和未來的時間表像。但正如海德格爾所指出的，儘管康德在這裡並沒有提到想像力，不過，統一的時間表像卻是由純粹想像力所提供的，因為作為過去時間表像的「後像」、作為當前時間表像的「映像」和將來時間表像的「前象」，彼此並不是相互割裂的、前後相繼的表像關係，真實的情況毋寧是，這三者是彼此牽連、相互纏繞，「一下子」（in einem）地給出了時間這三重表像的統一體。在這種意義上，作為純粹想像的純粹直覺才能形象出讓存在者前來遭遇的境域。「時間作為純粹直覺一下子（in einem）就成了它直覺到的東西的、形象著的直覺活動（das bildende Anschauen seines Angeschauten）。這樣就第一次給出了時間的全部概念。」[29]

在我們上述對海德格爾的思路的梳理中，似乎有些繞，甚至會讓人覺得有些亂。其實，這是因為，在我們這段敘述中，隱含著兩種意義上的時間，一種意義上的時間是由純粹直覺在自己的形象活動中形象出來的由當前時間的表像、過去時間的表像和未來時間的表像所組成的現在序列意義上的前後相繼的時間。這種意義上的時間觀還侷限在西方傳統的時間觀之中。一方面，它是一種可以計算的時間，另一方面，它實質上是可以和是否在場聯繫起來而得到描述和界定。另一種意義上的時間是指使第一種意義上的前後相繼的、現在序列意義上的時間得以可能的、更為源初的時間，它是一種源生性的時間。現在序列意義上的時間——如果我們可以把它界定為一種線性的時間的話——是扎根在源生性的時間之中，並從中發生的。這種源生性的時間是由超越論的想像力提供的。「毋寧說，超越論想像力才使時間作為現在序列得以產生，並且因此之故——作為這種讓之產生的東西——它才是源生性的時間。」[30] 超越論的想像力作為源生性的時間，不僅產生了流俗意義

上的過去—現在—未來的這種前後相繼式的、可計算式的時間，使作為時間的純粹圖式和純粹直覺成為可能，而且還在它的活動中產生了作為境域之總體的時間。這種意義上的時間境域，其實是一個不斷開放、不斷流動的整體域。海德格爾對超越論想像力作為源生性時間的分析，在他對三重綜合的解釋中得到了具體的展示和說明。

4.2.2　三重純粹綜合展示了超越論想像力之為源生性的時間

我們在本節需要進一步的證據和證明來展示，在超越論想像力之中存在著內在的時間性質和內在的時間特徵，並需要進一步敞明超越論想像力這種作為源生性的時間對於形而上學奠基事業的作用。海德格爾是透過對作為超越論的想像力的活動的純粹綜合的分析來闡明此點的。

海德格爾指出，超越論的想像力是純粹綜合的發動者，而純粹綜合活動是把存在論知識的三個因素——純粹直覺、純粹想像力和純粹知性綜合起來的關鍵。純粹綜合活動一共有三種：直覺中統握的綜合、想像中再生的綜合以及概念中認定的綜合。海德格爾認為，在這三重綜合之中，深刻體現了純粹綜合活動的內在時間的性質，甚至毋寧說三重綜合活動唯有透過這種內在時間特質才得以可能。而就純粹綜合是超越論想像力的活動而言，如果能進一步展示出三重綜合的這種內在時間特質，也就能進一步證明超越論想像力作為感性和知性之根柢的重要地位了。接下來我們就來展示，海德格爾究竟是怎樣從這三重綜合的具體運作中展示出它們的內在時間性質，進而說明超越論想像力就是源生性的時間的。

首先，三重純粹綜合中的第一重純粹綜合模式是純粹統握中的純粹綜合。它何以具有時間性質呢？海德格爾指出，直覺分為經驗性的直覺和純粹直覺。對於經驗性的直覺來說，總是在自己的直覺活動中讓「這個—親臨到此」（Dies-da）並因此獲得將雜多性包含於自身之中的外觀。鑒於這種雜多

第 4 章　超越論的想像力、時間性與康德的退縮

是一下子被直覺把握到的,並且它們在「這個─親臨到此」(Diesda)中積聚成一個「個體的表像」(*repraesentatio singularis*),因此海德格爾指出,「直覺本身就是『綜合性的』,這種綜合具有這樣的特質,它在先後相繼的現在序列的境域中,『恰到好處地』(gerade zu)截取到(abnimmt)印象所提供的東西的一個個外觀(圖像)。」[31] 這樣的圖像,就是「映像」。「映像」是關於「現在」的圖像。海德格爾指出,使作為對「現在」的形象結果的「映像」成為可能的根源、使現在以及現在序列的時間可能的根源是純粹地統握著的綜合。「它首先恰恰使像現在和現在系列這樣的東西得以形象。」[32] 純粹直覺在自己的直覺活動中給出關於現在的外觀。而純粹統握中的綜合則在自己的活動中使現在的外觀得到形象,它呈現出的是「當前之一般」。在此基礎上,經驗性的直覺才能夠與「現在」的存在者打交道。在這種意義上,海德格爾指出,純粹統握的綜合是「時間式地形象著」(zeitbildend)。由此,它就具有了「時間特性」(Zeitcharakter)。鑒於純粹統握的綜合源自超越論的想像力,所以,超越論想像力就也具有了時間特徵。「在統握模式中的綜合源生於想像力,因此,純粹統握的綜合就必然作為超越論想像力的一種模式而被談及。但現在,如果這種綜合是時間性地形象著,那麼,超越論想像力本身就具有純粹的時間特性。」[33] 與作為純粹統握的綜合對應的時間性質是當前化。

其次,三重純粹綜合中的第二重純粹綜合模式是純粹再生的純粹綜合。這種綜合對應的是把先前曾經表像過的存在者的表像再次帶向前來的綜合活動。在這種意義上,它是一種讓先前的表像「再生」的綜合活動。海德格爾對這重純粹綜合的分析同樣先從經驗性的綜合活動入手。他指出,對於經驗性的再生綜合活動來說,只有先行區分了時間,或先行擁有對時間的表像,像「現在」中經驗到表像、「過去」中經驗到的表像這樣的行為才能夠具有可能性和現實性,才能夠得到保存。因此,如果再生性的綜合是可能的話,

就必定意味著有「不再現在」能先於經驗性的再生性表像而事先被給予。而且，它還必須能夠被帶入現在，和現在的表像融合起來。海德格爾指出，「再生模式中的經驗綜合要成為可能，就必然在事先已經有一個『不再現在本身』（Nicht-mehr-jetzt als ein solches）能夠先於一切經驗地被重新提供出來，並且，它還能夠被整合到當下的現在之中去。」[34] 而這就是作為純粹再生的純粹綜合的活動。這種純粹再生作為一種純粹綜合活動也是一種形象活動，它透過將過去的，也就是不再現在的境域帶入現在的視野中並能保持開放，從而使對過去的境域的形象得以可能。作為純粹再生的純粹綜合活動的形象結果是「曾在」。鑒於純粹再生的純粹綜合活動也源生於想像力，所以，在這種意義上，「純粹想像力就是時間式地形象著（zeitbildend）」。[35] 海德格爾指出，作為純粹再生的純粹綜合形象出來的是純粹「後像」（Nachbildung）。這種純粹「後像」自然關聯於曾在這種時間性質。就純粹再生的綜合在自己的形象活動中總是要把「後像」帶入當下表像的意義上而言，純粹「後像」與純粹「映像」總是源始地統一的。而純粹統握的純粹綜合和純粹再生的純粹綜合也是在超越論的想像力的純粹綜合活動中源初地統一在一起。也在同樣的意義上，「當前」和「曾在」這兩種時間狀態也源始地勾連纏繞在一起。不過，對於時間來說，不止於「曾在」和「當前」這兩個環節，它還有「將來」一個環節，這是作為純粹綜合的第三種模式即作為純粹認定的純粹綜合的任務。

第三，三重純粹綜合的第三重純粹綜合模式是作為純粹認定的純粹綜合。如果說和純粹統握的純粹綜合對應的純粹知識要素是純粹直覺、和純粹再生的純粹綜合對應的純粹知識要素是純粹的再生性的想像力的話，那麼，和純粹認定的純粹綜合對應的純粹知識要素則是純粹思維以及純粹統覺。但純粹思維和純粹統覺可能具有時間性質麼？康德不是明明說過，純粹理性無關乎時間、不聽從於時間形式麼？海德格爾指出，作為純粹再生的純粹綜合

第 4 章　超越論的想像力、時間性與康德的退縮

如果想把它形象出來的結果即「後像」與作為純粹統握的純粹綜合形象出來的結果即「映像」有機地結合起來保持為同一者的話，就需要一種能將它們統一起來的純粹綜合活動。而這種純粹綜合活動就是第三重純粹綜合模式，即純粹認定的純粹綜合的活動。海德格爾指出，在這三重純粹綜合的模式中，這第三重純粹綜合模式即作為純粹認定的純粹綜合具有主導性地位。「作為第三種綜合浮現出來的東西恰恰是第一位的，也就是說，它是導引著先前已經標畫過的兩種綜合的首要的綜合。」[36] 純粹認定的純粹綜合的這種將前兩種純粹綜合活動統一起來的功能來自於它的形象方式。海德格爾指出，純粹認定的純粹綜合在綜合活動中預先將未來的境域形象出來，這種活動被他稱作是對「可持駐性之一般」（Vorhaltbarkeit ueberhaupt）的境域的「偵察活動」，它是對將來的境域的「預先的黏連活動」（Vorhaften）。以這種方式，純粹認定的純粹綜合活動就形象出了「將來」的源初性形象。在這種意義上，這第三重純粹綜合活動也同樣是時間式地形象著（Zeitbildend）。它形象出的是純粹的「前象」（Vorbildung）。就純粹認定的純粹綜合也是純粹綜合活動的一種、而純粹綜合活動是超越論想像力的活動來說，在對純粹認定的純粹綜合活動形象出「將來」的源初性形象的解說中，又再一次表明超越論的想像力形象出了時間，而這種時間並不是一種前後相繼意義上的線性時間，毋寧是一種源始的時間，或者說是源生性的時間。「如果超越論想像力——作為純粹形象的能力——本身形象為時間，即讓時間得以源生出來的話，那麼，我們就會無可迴避地直對上面已說出的命題：超越論的想像力就是源生性的時間。」[37] 那種前後相繼的線性時間觀毋寧只有在這種源生性的時間中才能得到理解和領會。

這樣，透過我們對作為純粹綜合活動的三種樣式即作為純粹統握的純粹綜合、純粹再生的純粹綜合以及純粹認定的純粹綜合的分析，就展示出了，它們的形象活動都是「時間式地形象著」，因此作為它們的發動者的超越論的

想像力也就在自己的活動中與源生性的時間發生了密不可分的關聯，它毋寧就是源生性的時間。在這三重純粹綜合所形成的時間形象中，作為純粹統握的純粹綜合形象的是當下的時間表像，它提供的是「映像」，形象的是當前化本身，作為純粹再生的純粹綜合形象的是過去的時間表像，它提供的是「後像」，形象的是曾在本身，作為純粹認定的純粹綜合形象的是將來的時間表像，它提供的是「前象」，形象出的是將在本身。這三種時間圖像之間並不是前後相繼的彼此依次相互銜接的關係，即不是線性的從過去流淌到現在，再流淌到未來的單向度前進的時間，毋寧是彼此纏繞、相互黏連在一起而統一的到時。鑒於在這三種時間表像中，「前象」不僅預先給出了一個對象保持為同一個對象的同一性的境域，而且唯有透過它「後像」和「映像」才能統一起來的意義上，就更具有優先性。所以，時間實質上是從「將來」到時（zeitigt）的，在這種意義上，海德格爾認為，康德的分析其實已經朝著《存在與時間》中的時間性學說走了最近的一程。然而，若要真正走到基始存在論面前，還必須面對一個問題，那就是作為先驗統覺的「我思」是時間性的嗎？它究竟是在時間之外抑或毋寧就是時間本身？

4.2.3　時間與「我思」之間具有本質性的關聯

透過上述分析，我們看到，作為勾連純粹直覺與純粹思維的純粹綜合的發起者的超越論想像力就是源生性的時間。而它又是純粹感性和純粹思維的根柢，亦即是純粹理性的根柢，它在自己的活動中形象出了超越，而超越又源自於人的有限性。因此，在這種意義上，海德格爾說：「超越論的想像力才能夠將曾經宣稱過的、人之主體的特定有限性的源初統一性和整體性承載和形象出來，而這種人之主體的特定有限性就是某種純粹的感性的理性（als einer reinen sinnlichen Vernunft）。」[38] 海德格爾在這裡使用的「純粹的感性的理性」這個詞實質上是想表達，對於人來說，有關知識的形成需要感

第 4 章　超越論的想像力、時間性與康德的退縮

性和理性、直覺和思維的共同作用，這恰恰體現出了人的有限性，恰恰是因為人在生存結構上和認識結構上的有限性，因此不能像神在源始的直覺中那樣創生作為認識對象的存在者。那麼，既然作為具有有限性和超越性的人在形成存在論知識時有賴於純粹綜合和超越論想像力，而超越論想像力就產生了源始的時間，那就意味著，主體的主體性或者說自我的自我性最終就奠定在這種源始的時間之中。「將自我的自我性把捉在自身中就是時間性的」[39]，「『主體之外』的時間『什麼都不是』。」[40]

但自我的自我性何以就是時間性的（zeitlich）呢？

海德格爾指出，這一點只有從有限的本質存在的超越活動中才能得到進一步的展示。因為人是有限性的，因此在形成知識的過程中總是有超越的活動。所謂的超越活動就是「讓對象化」。在「讓對象化」的活動中，才能讓存在者能夠站出來轉到人的對面面對人而立。不過，這種與存在者打交道的讓對象化活動是經驗性的。還有另一種純粹的「讓對象化」活動，它是純粹的「自我轉過來面向……奉獻」[41]。在這種純粹的讓對象化活動中，勢必激發了作為純粹直覺形式的時間的活動。因此，這是一種純粹的自我激發，同樣在這種活動中，作為我自身的純粹統覺也參與了進來。「純粹地激發，這就意味著，完全將某個『反對—它的東西』〈ein Gegenes〉，對舉物，置放到它的對面，這個『它』就是純粹的『讓對象化』，即純粹統覺，那個我自身。」[42] 在這種純粹的「讓對象化」活動中，也就是純粹的自我激發中，作為純粹直覺的時間被發動了起來，同時，作為純粹想像的圖式也參與了進來，海德格爾把這個過程稱為純粹形象的過程。從本質上來說，純粹直覺因為關聯於純粹想像力，所以才能形成純粹圖像，在這種純粹圖像中已經包含了作為一個統一體和一個整體的「後像」、「映像」和「前象」。其中，「前象」又尤其重要，因為它不僅將「後像」和「映像」統一起來、結成為一個整體，而且它還可以將對有關未來的「圖像」黏連過來，從而保持圖像外觀的整體性。而這自然

4.2 超越論想像力形成源生性的時間

只能而且必須是時間表像。「時間只是純粹直覺,這樣它就可以從自身出發,對其後續者的外觀進行預先形象(vorbilden),並且將這個外觀本身——作為形象著的領受活動——趨—往自身(auf sich zu-haelt)。」[43] 因此,在這種意義上,時間就存在於「讓對象化」的內在可能性之中。鑒於「讓對象化」活動是純粹統覺的活動,因此,時間便與純粹統覺發生了內在關聯。

海德格爾認為,時間是人的有限的純粹直覺。就人具有有限性而言,純粹直覺比純粹思維更具有優先性,純粹思維要依從於純粹直覺。而純粹直覺的活動就是一種純粹的領受活動。對於內直覺來說,它的領受活動也勢必是由內部,即對「自我」的領受而得來。「在純粹的領受活動中,內在的感觸必然來自純粹自我,也就是說,它在自我性本身的本質存在中自己形象,並因而首先形成這個自我性自身。」鑒於純粹的領受活動就是作為純粹直覺的時間,在這種意義上,有限性自我的心靈特質實質上是透過時間才得到了規定和表像。時間因此和統覺與自我並非是全然割裂的。相反,時間就存在於統覺之中。「作為純粹自身感觸的時間並不在純粹統覺『旁邊』的『心靈中』出現,相反,它作為自我性的可能性的根據,早已存於純粹統覺之中,而且,心靈也正因如此,才會成之為心靈。」[44]

透過這種方式,海德格爾就將「時間」和「我思」溝通了起來,在他看來,這兩者實際上是內在相通的,甚至毋寧說就是同一種東西。康德在自己的工作中,實際上已經把「時間」和「我思」帶到了一個源初的統一的層面。但是,在海德格爾看來,康德卻並沒有能夠看到二者之間的這種統一性或者自一性。「時間和『我思』不再是互不相融或異質反對的東西,它們是同一種東西。……這樣,康德就將兩者一起帶到了它們源初的自一性上,當然,康德自己並沒有明確地看到這一自一性本身。」[45] 至於康德為什麼沒有能夠看到二者之間的這種「自一性」,其實原因至少有如下幾點:首先,當康德在《純粹理性批判》中遵循解決「先天綜合判斷如何可能」這個問題而致力於對

第 4 章　超越論的想像力、時間性與康德的退縮

純粹理性進行批判的時候，海德格爾認為他是在從事一種為形而上學奠基的事業。而奠基之為奠基就必須向基礎之所以能夠成立的源頭處追溯，海德格爾認為在康德那裡作為形而上學奠基的源頭的，便是超越論的想像力。但因為超越論的想像力這種力量太過神祕和幽暗，所以康德被自己的這一個發現嚇到了，從而退縮了。其次，海德格爾認為，康德對主體的看法依然秉承的是自笛卡爾以來的近代哲學的傳統看法，雖然他看到了人的有限性，但卻並沒有能夠從「此在」（Dasein）的角度來重新理解人。第三，康德對時間的看法依然秉承的是近代哲學以來的時間觀，尤其受到牛頓物理學的時間觀的影響很大。這種時間觀把時間看作是一種前後相繼的、從過去走向現在再到未來的單向度的、均勻流逝的、可計算的時間。然而，海德格爾指出，這種時間只是一種現在序列的時間，它並不是源始的時間，源始的時間是在超越論的想像力中形成的，由將來所引導的曾在、當前化和將來的共屬一體。這種源始的時間由將來到時，它是一種「境域—綻出」式的。因此，康德並沒有能夠看到在時間和「我思」之間的決定性關聯，也沒有能夠看到在「圖式論」之中時間和存在之間有一種內在的關聯。但海德格爾卻依此展示了，康德的形而上學奠基活動最終走向了超越論的想像力，並且在超越論的想像力之中，形象出了源始的時間，這樣，在形而上學奠基活動中，最終展示的或凸顯的基礎就是時間，「形而上學奠基活動在時間的地基上成長」[46]。

形而上學奠基總是在追問存在問題，就康德的批判哲學而言，他透過追問「我能夠認識什麼」、「我應當做什麼」和「我可以希望什麼」而突出了人的有限性之後，又將這三個問題歸結到第四個問題即「人是什麼」上。在康德追問的這幾個問題中，深刻地展示了人的有限性。因此，海德格爾認為，康德在為形而上學奠基的過程中，實質上對有限性的人的超越活動進行了探索，也就是對有限性的人的存在進行了探索，而他的這種探索實質上就是在追問存在問題，而且是就人的有限性來追問存在問題，海德格爾認為，在康

德那裡，他的工作可以最終透過超越論想像力而走到「綻出─境域式」的時間性面前來。於是，海德格爾透過這種解讀就認為，康德向著《存在與時間》和基始存在論走了一程。只是很可惜，因為種種原因康德在他決定性的發現面前退縮了，並沒能向前邁出那關鍵性的一步。然而，康德為什麼在超越論的想像力這個發現面前退縮了？他的視域和哲學中又存在著怎樣的缺陷從而導致他沒能進一步前進？究竟在何種意義上，從康德哲學出發能走到《存在與時間》和基始存在論面前，也就是說究竟在何種意義上，海德格爾對康德的《純粹理性批判》的現象學解釋構成了他的《存在與時間》的「歷史性導論」了呢？我們將在下一節中處理這些問題。

4.2.4　康德在超越論想像力這道「深淵」面前退縮了

康德終究是沒能走到《存在與時間》與基始存在論的面前來，儘管海德格爾認為他是向著《存在與時間》中將存在和時間聯繫起來去思考存在的意義問題這種思路走得最近也是唯一的一人。海德格爾認為，康德並不是沒有瞥到這一重可能的思路，他恰恰看到了這種可能的思路。但是，海德格爾認為，這個思路在康德面前挖掘了一道未知而幽暗的深淵，面對這道深淵，康德退縮了。作為這一退縮的結果的是，他在1787年出版的第二版《純粹理性批判》中刪去了主觀演繹部分，削弱了先驗想像力（在海德格爾眼中是超越論想像力）在解決「先天綜合判斷如何可能」這個問題中的作用，將它歸屬於先驗統覺的統轄之下。那這也就意味著，在康德面前敞露了一道深淵的，是超越論的想像力。那麼，面對超越論想像力，康德看到了什麼？他為什麼退縮？他在擔憂什麼？他又在恐懼什麼？

他恐懼的當然是超越論想像力的力量！根據我們之前的論述，人是有限性的，因此人的存在論知識需要純粹直覺和純粹思維，將它們「契合」（fuegen）起來的力量是純粹綜合，或者說存在論綜合。人類有限的知識的

第 4 章　超越論的想像力、時間性與康德的退縮

本質統一性就在純粹綜合中得到保證。因此，對於人類的知識的形成來說，真正重要的既不是感性，也不是知性，既不是純粹直覺，也不是純粹思維，而是作為它們的結構性中點的超越論的想像力。恰恰是超越論的想像力形象出了人類的超越活動。因此，超越論想像力作為感性和知性共同的「根柢」是形而上學奠基活動之所以可能的關鍵性力量和源泉。人的本質存在的本質建制（Verfassung）就植根於超越論想像力之中。海德格爾認為，康德並沒有意願去看清楚植根於超越論想像力之中的人的本質建制，他認為人的本質建制是「不可知的」。但是，按照海德格爾的解釋學原則，人們在討論一個主題的「可知」與「不可知」的時候，總已經有了由該主題事先而來的引導和前理解，此時人總已經對相關的主題和論題域有了前認識論意義上的領會。因此，當康德指出人的這一本質建制是「不可知」的時候，在海德格爾看來，並不是說這種東西是完全不可知的，而只是說人們在認識它的時候遇到了困難或窘境。如果它是完全不可知的話，那麼人們可能甚至壓根就不會提出「可知」還是「不可知」這樣的問題來。「這一源初的、『植根於』超越論想像力中的人的本質建制是『不可知』的。如果康德曾說起過『我們不可知的根源』，那康德就一定已經看到了這一點。因為，這種不可知的東西並不就是我們根本一無所知的東西，而是在已認知到的東西中面向我們擠迫過來的、讓人困擾不已的東西。」[47]

所以，在海德格爾看來，康德對於植根於超越論想像力中的人的本質建制是有所體察的。只是超越論想像力和人的本質建制讓他覺得有些困擾、有些恐懼而已。要將這一點進一步揭示出來，我們必須回到海德格爾對康德兩版演繹之間的差別的比較性解讀上來。

從第一版演繹到第二版演繹，最大的區別就在於第二版刪去了第一版中的「主觀演繹」部分而只強調「客觀演繹」。那麼，在現象學的視角中，什麼叫「主觀演繹」？什麼叫「客觀演繹」？為了解釋清楚這個問題，我們要回顧

4.2 超越論想像力形成源生性的時間

一下什麼是超越論演繹。我們曾經在 3.1 媒介紹過，超越論演繹解決的是超越的可能性問題。而所謂的超越，就是指「讓對象化」活動。而在「讓對象化」活動中，又可以拆分出兩方面的問題，一個是讓存在者站出來轉到有限的本質存在對面而面向人而立的對象的生成過程，以及在這個過程中形成的超越論境域。另一個是讓對象生成的過程中讓對象能夠站到人的對面而立的純粹主體的能力。對於前者的分析，即「對可能客體的客觀性進行分析就是演繹的『客觀』方面」。[48] 而對後者的分析，即「對超越著的主體本身的主體性進行發問。這就是演繹的『主觀』方面」。[49]

海德格爾指出，超越論演繹的這兩個方面 —— 即主觀演繹和客觀演繹 —— 對於超越論演繹的任務，即澄清和展示超越的可能性來說同等重要。超越論演繹因為自身的性質必然兼具這兩方面，必須將這兩方面都納入自身之中，缺一不可。對於提供客體的客觀性的分析和超越論境域的分析是重要的，但同時對主體的主體性進行解釋更為重要，因為如果沒有後者，前者是無法成形的，超越也就是不可能的。「超越論演繹在自身中必然同時是既客觀又主觀的。因為他是超越之展露，它將有限主觀性中本質性的、朝著客觀性之一般的轉向形象出來。因此，超越論演繹的主觀方面絕對是不可缺少的。」[50]

但是，對主體的主體性進行說明，卻不是康德的興趣所在，一方面在於對主體的主體性的說明有可能引發未知的後果。而這一後果是他不願意看到或無法掌控的。另一方面在於，能為主體的主體性提供說明的只能是想像力。但康德認為強調想像力的作用有可能動搖知識的客觀有效性的地位，比如他的先驗哲學有可能被誤解為經驗心理學或發生心理學。所以，康德就只能弱化想像力的作用。

那麼，如果從現象學的視角來看，過於強調超越論想像力的作用有可能會帶來什麼樣的後果呢？其後果就在於，本來是透過對「純粹理性」進行批

第 4 章　超越論的想像力、時間性與康德的退縮

判進而去解決「先天綜合判斷」如何可能問題的《純粹理性批判》，結果卻可能在這個進程中取消了「純粹理性」的位置和地位，而用「超越論想像力」取代「純粹理性」的位置和地位。那這不就意味著「純粹理性批判」變成了「超越論想像力批判」麼？如果這樣的話，康德就將在自己的批判哲學之中消解了對理性進行批判的哲學「主旨」。這是強調超越論想像力可能帶來的一個後果。而更嚴重的後果在於第二個方面，如果超越論想像力變成了《純粹理性批判》乃至於整個批判哲學的「根柢」或「根源」，那麼，它打開的將是一個對於康德來說全然陌生的領域。因為作為感性和知性、純粹直覺和純粹思維的根源的超越論想像力，它自身形象出了時間，這種時間是一種源初的時間，它具有三重維度：曾在、當前化和將來。這三者之間是彼此相互纏繞、共屬一體、相互連結的而從將來統一地到時的。這種源初的時間和近代以來的線性時間觀是全然不同的類型。後者是現在序列的時間，是前後相繼、彼此銜接、從過去流淌到現在再到未來的時間。它是可計算可測量的時間。這種時間只有奠立在源初的時間之中才為可能。但康德秉持的是現在序列意義上的時間。

　　這樣，當康德把為形而上學奠基的工作帶到超越論想像力面前時，他面對了如此多的不確定和陌生的東西，因此他勢必會退縮。此外，海德格爾還指出，超越論想像力在康德為形而上學提供奠基的工作中，之所以具有如此關鍵性的地位和作用，主要是因為它源於主體的有限性。恰恰是因為作為主體的人是有限的，所以才會有超越這回事兒，同時也才會有純粹綜合活動和作為純粹綜合活動的發起者的超越論想像力的關鍵性作用。因此，如果給予超越論想像力以足夠的注意力和重視度的話，也意味著必須要能夠對主體的主體性的有限性進行進一步詳細的探究。但這同樣是康德不太感興趣的。此外康德在為形而上學提供奠基的這個過程中也開始逐漸地更加重視純粹理性的作用了。正是因為這些多重的原因疊加在一起，才導致了康德在「超越論

4.2 超越論想像力形成源生性的時間

想像力」面前的退縮。「康德把形而上學的『可能性』帶到了這道深淵面前，他看見了未知的東西，他不得不退縮。因為不僅僅是超越論想像力讓他膽怯，而且，在這中間，作為理性的純粹理性也越來越多地讓他痴迷。」[51]

因為康德的這一退縮，海德格爾指出，在感性和理性之間的統一成為了難題，同時他也就放棄了進一步地去對主體的主體性進行追問的可能性。在這種意義上，主體的主體性問題就不再得到敞露、揭示和澄明。康德本來曾經向著這條路上前進了一程，但從超越論想像力中泄露出的幽暗卻讓康德感到恐懼，於是，他便從對超越論想像力的揭示的思路上撤回，而向著光明的純粹理性前進了。然而，在海德格爾看來，儘管康德退縮了，但他向著形而上學奠基之基源行進的努力、進路和歷程畢竟將這一「源頭」和形而上學奠基的問題之問題性展示了出來。這就是對「人是什麼」的問題的追問和解答。

不過，對「人是什麼」這個問題的追問和解答，向來又總有各種心理主義的、經驗主義的、實證主義的、科學主義的等人類學的進路。但在海德格爾看來，這些對「人是什麼」的問題的人類學解答進路尚缺乏一個存在論根基，那就是，在人們能夠確切地對回答這些問題之前，首先需要對它們提出問題的合法性或正當性進行追問。這也就是說，就它們對人進行提問的問題之問題性進行一番研究和梳理。海德格爾認為，這是康德在《純粹理性批判》中在嘗試為形而上學奠基時所真正昭示給我們的東西，儘管他在這個問題面前退縮了，不過卻把這個問題真正地拋擲在了世人面前。「值得尋求的不是關於『人是什麼』的問題的答案，而是首先要去追問，在形而上學之一般的奠基活動中，人究竟如何才能和必然地被發問？」[52]「對人進行發問的問題性，這就是在康德的形而上學奠基的發生過程中被曝光出來的疑難所問（Problematik）。」[53] 海德格爾指出，對於這個問題的解答，必須和人的有限性關聯起來，而且，康德也認識到了這一點。

第 4 章　超越論的想像力、時間性與康德的退縮

注解

[1] 海德格爾,《康德與形而上學疑難》,第 121 頁。
[2] 同上,第 121 頁。
[3] 同上,第 27 頁。
[4] 參見潘衛紅,《康德的先驗想像力研究》,北京:中國社會科學出版社,2007 年,第 1 頁。
[5] 參見宮睿,《康德的想像力理論》,第 1 頁。
[6] 海德格爾,《康德與形而上學疑難》,第 125 頁。
[7] 同上,第 125 頁。
[8] 同上,第 126 頁。
[9] 同上,第 131 頁。
[10] 同上,第 133 頁。
[11] 同上,第 133 頁。
[12] 同上,第 134 頁。
[13] 同上,第 134 頁。
[14] 同上,第 135 頁。
[15] 同上,第 136 頁。
[16] 同上,第 142 頁。
[17] 同上,第 142 頁。
[18] 同上,第 142 頁。
[19] 同上,第 142 頁。
[20] 同上,第 143 頁。
[21] 同上,第 146 頁。
[22] 同上,第 146 頁。
[23] 同上,第 146 頁。
[24] 海德格爾對康德的道德哲學部分的現象學解釋並不是本文關注的重點。由於篇幅以及我們的研究主題的限制,在這裡無法進一步探討他對康德的道德哲學,尤其是對康德的自由理論的解釋工作了。通常人們會認為海德格爾哲學中缺乏倫理學維度,或者至少他沒能提供出一套規範性的倫理學理論。其實,如果誇張一點說,他何止沒能提供出一

套規範性的倫理學理論，甚至他終生的哲學工作都沒有提供出一套規範的哲學理論。當然，提供出一套規範的哲學理論這種事也不是他的興趣所在。他本質上認為哲學和思想就不應該是體系性的，而應該是歷史性的。在這種意義上，他在 1920 年代末到 1930 年代初這段時期曾經短暫地深入到對康德的道德哲學的現象學解釋，就尤其引人注目。他對康德的道德哲學的現象學解釋不止在《康德書》中出現，在《現象學的基本問題》以及《論人的自由的本質 —— 哲學導論》中都有所涉及和探討。特別是在《論人的自由的本質 —— 哲學導論》一書中，他從現象學視角出發，對康德的自由論題 —— 先驗自由和實踐自由 —— 進行了闡釋，最終認為，自由是存在領會的條件。參見，*Heidegger*，*The Essence of Human Freedom—An Introduction to Philosophy*，trans by Ted Sadler，Continuum，2002.

[25] 海德格爾，《康德與形而上學疑難》，第 151 頁。
[26] 同上，第 165 頁。
[27] 同上，第 165 頁。
[28] 同上，第 165 頁。
[29] 同上，第 166 頁。
[30] 同上，第 166 頁。
[31] 同上，第 170 頁。
[32] 同上，第 170 頁。
[33] 同上，第 171 頁。
[34] 同上，第 172 頁。
[35] 同上，第 173 頁。
[36] 同上，第 176 頁。
[37] 同上，第 177 頁。
[38] 同上，第 178 頁。
[39] 同上，第 178 頁。Kantbuch，S.187. 譯文有改動。
[40] 同上，第 178 頁。
[41] 同上，第 180 頁。
[42] 同上，第 180 頁。
[43] 同上，第 179 頁。
[44] 同上，第 182 頁。

第 4 章　超越論的想像力、時間性與康德的退縮

[45] 同上，第 182 頁。
[46] 同上，第 193 頁。
[47] 海德格爾，《康德與形而上學疑難》，第 152 頁；*Heidegger*，*Kantbuch*，S.160，譯文根據德文本有改動。
[48] 同上，第 156 頁。
[49] 同上，第 156 頁。
[50] 同上，第 157 頁。
[51] 同上，第 158 頁。
[52] 同上，第 204 頁。
[53] 同上，第 204 頁。

第 5 章 「在—世界—之中—存在」的時間 —— 從康德哲學走向《存在與時間》之路

在海德格爾看來，康德在《純粹理性批判》中嘗試為形而上學提供奠基的時候，對主體的主體性亦即人的有限性有著清醒的意識。康德在他的三大批判中致力於解決三個問題，分別是：「我能夠認識什麼」，「我應當做什麼」以及「我可以希望什麼」。當康德提出這幾個問題時，當他在自己的提問中談論「能夠」（Koennen）、「應當」（Sollen）和「可以」（Duerfen）時，在他對問題的提法以及對它們提供的可能的回答中，就已經充分暴露並展現出了人類理性的有限性。恰恰因為人的理性是有限的，所以在人類知識的形成過程中，純粹思維總要依存於純粹直覺。因此，人的理性的有限性是康德提出他的哲學主導問題的基礎和關鍵。但是，當康德透過提出這幾個問題把人類理性的有限性充分暴露了出來之後，目的卻並不是要克服這一有限性，情況毋寧倒恰恰相反，他認為，在提出形而上學問題和為形而上學提供奠基的過程中，要充分地把人類理性的這一有限性納入視界並保存於為形而上學提供奠基的這一事業中。這就走向了康德哲學的第四個問題即「人是什麼」的問題上。這第四個問題，將會引導我們由人類理性的有限性過渡到人的有限性上來。人的有限性並不單純是一種認識結構上的有限性，同時更表現為在生存結構上的有限性，是「能夠—有所終結的—存在」（Endlich-sein-koennen）。

在海德格爾看來，雖然從康德解決這幾個問題的順序來看，「人是什麼」這個問題是最後才被處理的，但事實上這個問題在位序上卻應該最靠前。因

第5章　「在─世界─之中─存在」的時間─從康德哲學走向《存在與時間》之路

為前三個問題無論哪一個都首先必須關聯於這個問題，要從這個問題中得到理解和說明，得到釋放和解說。因此，康德為形而上學奠基的工作，從結論上來說就走到了「人是什麼」更確切地說是走到了「作為有限性的人是什麼」這個問題面前。因此，形而上學奠基工作必須立足於人的有限性之中而就人的有限性進行發問，並著眼於在解決這個問題的過程中將它與形而上學的主導問題「存在」聯繫起來。

然而，儘管康德已經走到了這些問題面前，將它們揭露並展示了出來，但鑑於他在對形而上學奠基來說具有決定性的超越論想像力面前，亦即作為主體的主體性面前的決定性的「退縮」，他便將自己在形而上學奠基事業中曾一度贏得的東西丟掉了。因此，對於為形而上學奠基的事業來說，把康德沒有說出的，並且作為他哲學中的「前提」展示、提供出來，就具有重要意義。事實上，說出康德意欲說但實際又沒能說出的東西，是海德格爾去解釋康德的目標。他認為，與嚴格地遵循歷史語文學的闡釋原則，並以其為指導去把康德文本和康德所曾說過的東西解釋出來相比，去把康德的意圖解釋出來更為重要，因為只有透過這種方式，才能真正弄清楚康德哲學的本意。因此，與歷史語文學的解釋原則比起來，海德格爾更為重視在思想家之間的對話。

那麼，既然康德在對形而上學奠基的源頭的揭示，顯示出了作為主體的主體性的人的有限性，並展示了人的這一有限性對於形而上學奠基來說的關鍵意義，那麼，形而上學在自身的奠基活動中就該把這一思想納入自身之中，並將其作為一個難題的疑難性保持下來。

鑑於傳統的形而上學分為「特殊形而上學」和「一般形而上學」，前者又必須以後者為基礎，所以就必須探究「一般形而上學」與人的有限性之間的關聯。揭示二者之間的內在勾連並在這一視野下敞露追問存在意義的視野以及重新追問存在的意義，這一步工作在海德格爾看來其實無疑只是沿著康德為形而上學提供的奠基之路的步伐前進而已。

4.2 超越論想像力形成源生性的時間

海德格爾指出,對於「一般形而上學」來說,通常人們會認為它的研究主題是「存在者本身和存在者整體的根本性知識」[1]。「存在者本身」(τὸ ὂν ᾗ ὄν)和「存在者整體」(θεῖον)是對形而上學的根本問題τί τὸ ὄν(什麼是存在[者])的兩個不同方向上的回答。但海德格爾對傳,統形而上學提供的這兩種答案都不滿意因為它們真正的意思始終都沒有得到真切地追問和透澈的理解:問題始終處在懸而未決之中。此外,試圖在這兩個方向的回答之間尋找某種統一性也是非常困難的。「『形而上學』這一名稱就標明,這是個問題概念,在這一概念中,不僅僅對存在者追問的兩種基本方向是有問題的,而且同時,它們之間可能的統一性也是成問題的。」[2] 因此,還需要源本地提出τί τὸ ὄν問題。而就他對康德哲學作為一次為形而上學奠基的任務的現象學解釋所得到的結果來看,對這個問題的解答必須要能夠和人的有限性結合起來思考。也就是說,要能夠透過形而上學的康德奠基,弄清楚,在存在本身與人的有限性之間到底有什麼樣的關係。「從根本上來說就是:必須要闡明存在本身(而非存在者)與人的有限性之間的本質關聯。」[3]

海德格爾指出,對於τί τὸ ὄν這個問題,無論人們將它的答案界定為「存在者本身」還是界定為「存在者整體」,都不是最源本的。在這個問題之中,那真正最源本的是,當人們提出τί τὸ ὄν這個問題的時候,總已經存在了對「存在」的先行理解和先行領會,人們恰恰是依據這個對「存在」的先行理解,才能具體而微地提出這個τί τὸ ὄν問題,進而才能給出對它的可能解答。因此,對於形而上學奠基來說,這個得到先行理解和先行領會的「存在」才是最要緊的。

但是,要正確地回答這個問題,卻必須讓它首先能夠進入到人們的視域之中。否則,無論它多麼源始,和人有什麼關係!海德格爾指出,只有當這個存在問題成為人的本質,並且人們在從事哲思這項活動時,才會碰上這個問題。在這種意義上,海德格爾的意思也就是說,只有當人們從事哲思活動

第5章 「在─世界─之中─存在」的時間──從康德哲學走向《存在與時間》之路

時,並在這個哲思活動中就哲學的本質進行哲思時,才會真正地遭遇存在問題。唯有如此,在人們遭遇這個存在問題時,才會對它有一個先行的理解和領會。不過,這種對存在的先行理解和先行領會勢必不是理論化、客觀化的,否則,人們就會喪失掉對它本真的領會,而將其源初的、湧動性的、生成性的特徵消解掉。唯有解釋學的現象學,才能真正地對此有所作為。

因此,海德格爾的意思是,對形而上學奠基的任務的追溯,也就來到了存在之領悟或存在領會面前,形而上學奠基就是要獲得對「存在之領會的內在可能性的澄清」[4]。這種存在之領會總是在人的各種各樣的人生之心境情調(Stimmung)中前來現身。在存在的這種現身方式和出場方式中,在存在的這種現身和出場中,各種存在者都前來和人照面。因此,人的存在方式和其他存在者的存在方式是不同的。海德格爾把人的這種存在方式稱作「生存」(Existenz)。

因此,一方面,在人的「生存」中,存在在此;透過在人的「生存」中對存在的領會,「存在」被昭示出來。另一方面,在人的「生存」對存在的領會中,「生存」的有限性及基於這種有限性的存在方式被充分地揭示出來。在這種意義上,存在在人的生存中的這個「此」(Da)的境域中存在出來,這就是人的生存的基本生存論規定。更明確地說,「存在在此存在出來」就是「此在」(Dasein)。就 Dasein 取的只是人的生存的存在論含義而言,我們需要銘記,儘管「此在」實質上就是人,但它卻沒有人類學意義上的人的人格性、肉身性、精神性等含義。因此,我們要將「此在」與作為某種哲學人類學的主題意義上的「人」區別開來。「此在」之所以可能,「此在」在自己的生存中對存在的領會之所以可能,歸根到底還是在於此在的有限性。因此,形而上學歸根到底是對此在的有限性存在進行發問。「對存在者的存在所進行的每一次發問,尤其是對那種存在者的存在 —— 這一存在者的存在建制中含有作為存在之領會的有限性 —— 進行發問就是形而上學。」[5]

4.2 超越論想像力形成源生性的時間

　　而這也就意味著，形而上學的奠基，需要追問此在的有限性存在的存在建制（Seinsverfassung），海德格爾指出，對存在的存在建制進行追問就是存在論的任務，而如果對它的追問必須奠基在此在的有限性的基礎上，那麼，這也就叫做基始存在論。

　　在海德格爾看來，康德在自己的哲學中，尤其是《純粹理性批判》中對形而上學奠基的研究向著這一基始存在論走了一程，如果向前推進一步就來到了《存在與時間》中提供的基始存在論面前。因此，康德透過自己的工作就將形而上學奠基的關鍵是展示人的有限性並在此基礎上去呈現人的有限性的存在與作為存在論的核心問題——存在之間的關係這一點表明出來了。甚至可以說，人的有限性的存在即此在，和作為存在論的核心問題的存在之間毋寧說是內在契合的關係。要追問存在，要澄清存在問題，首先需要觸碰並展現此在的有限性，而追問和展現此在的有限性，最終是為了為形而上學奠基，是為了構建一種存在論。這樣，康德哲學的主題潛在地就和海德格爾的《存在與時間》是一樣的。此乃其一。

　　其二，在康德哲學中，既然此在是有限的、是生存著的，所以生存著的此在便具有超越性。這種超越性奠基於存在論綜合以及作為它的提供者的超越論想像力那裡。

　　康德在《純粹理性批判》的先驗演繹部分，透過先驗想像力給出的先驗圖型來勾連感性提供的顯像和知性提供的範疇，在海德格爾的現象學視野中，康德的這部分工作也已經向著《存在與時間》之中的時間性思想走了一程。在康德的《純粹理性批判》中，真正要緊的，既不是感性，也不是理性，既不是純粹直覺，也不是純粹思維，而是將它們勾連和契合在一起的存在論綜合以及超越論想像力。恰恰是在超越論想像力給出的先驗圖型即時間的基礎之上，存在論綜合才能將感性提供的現象和知性提供的範疇「契合」在一起。超越論想像力作為感性和知性的「根柢」形成了源生性的時間，這種時

第5章 「在─世界─之中─存在」的時間─從康德哲學走向《存在與時間》之路

間是「後像」、「映像」與「前象」的共屬一體式結構，並且在這三者之中，作為對將來成像的「前象」更具有優先性。海德格爾指出，和「後像」對應的是此在的曾在，和「映像」對應的是此在的當前化，和「前象」對應的是此在的將在。因此，源生性的時間就是人亦即此在的曾在、當前化和將在的共屬一體式地從將來發端的綻出式到時。因此，此在的這種超越就植根於這種源生性的時間之中。而無論是人的超越，還是源生性時間，其根源都在此在的有限性存在那裡。

因此，有限性的此在的生存是超越的，它在這種超越之中對自己的存在有所領會，海德格爾指出，恰恰是因為人能夠超越，所以此在才會在自己的存在中關心自己的存在，他將這一點稱作「操心」。但又鑒於此在未必都真正關切自身的有限性存在，這就是說，此在在自己的生存中有可能遺忘自己本真的存在，遺忘形而上學的存在問題，因此，便需要把此在拋回到形而上學奠基之源頭的時間性那裡，能夠具備這種力量的，就是作為形而上學奠基源頭處的作為超越之境域的「虛無」，進入這種虛無，便開啟出「畏」。從而也便將形而上學奠基的源頭開敞出來，讓此在於時間性之中領會、籌劃自己的能在。

以這種方式，海德格爾認為，康德那裡的有限性論題、超越論題以及作為超越之關鍵和依據的作為存在論綜合之發動者的超越論想像力，以及由它所開放出來的源始的時間，便是基始存在論的先驅。從康德哲學，尤其是《純粹理性批判》之為一次為形而上學奠基的任務開始，進一步向前走，就會走到《存在與時間》之中將「存在」尤其是此在的存在和時間聯繫在一起思考的基始存在論。當然，在這個過程中，超越論想像力及由它產生出來的源生性的時間，是關鍵中的關鍵。只是很可惜，海德格爾認為康德在面對超越論想像力以及作為它活動結果的源生性時間的未知力量面前退縮了。然而，除了這一點之外，在康德那裡，還有沒有什麼別的侷限導致他沒能進一步向前

突破呢？康德視角中有哪些實質性的缺陷呢？

5.1 海德格爾現象學視角中的康德哲學的不足

事實上，在海德格爾看來，康德雖然是「曾經向時間性這一度探索了一程的第一人與唯一一人」[6]，但他卻最終沒能走到《存在與時間》中的時間性思想和基始存在論那裡，康德退縮了。海德格爾認為，康德之所以退縮，在於他一方面對超越論想像力和源始的時間的力量感到懼怕，另一方面在於它對純粹理性產生了更濃厚的興趣。由此，康德才從超越論想像力那裡退縮了。「在其問題不斷被推向極端的過程中，康德把形而上學的『可能性』帶到了這道深淵面前，他看見了未知的東西，他不得不退縮。」[7]然而，康德畢竟是一位偉大、勇敢而又極富挑戰精神的哲學家，對於他來說，難道僅僅面對一道「深淵」就能輕易地被嚇退嗎？特別是如果我們想一想他的三大批判和道德神學，便會更加地激起我們的疑問。如果康德是一位能輕易被困難「嚇退」的人，那根本就不太可能有三大批判和《純然理性界限內的宗教》的問世。所以，康德之所以沒能向基始存在論和時間性思想邁進，必然不是因為他缺乏面對這道「深淵」的勇氣，必然也不是因為他沒有能力去找到度過這道深淵的手段，毋寧在於他的視域中存在一些根本性的侷限，從而限制了他的視界，進而使他沒能從超越論想像力這裡繼續向前突破。那麼，如果從海德格爾的現象學的視角來看，康德哲學中的不足之處究竟在哪裡呢？

在海德格爾看來，康德哲學的根本性不足主要體現在如下幾點：1. 康德對「我」的看法始終受制於近代哲學尤其是笛卡爾的「我思」（cogito）思路的限制。因而始終從「主體」的進路去理解「我」，沒能對「我」有一種本真的生存論上的領會。2. 康德忽視了「世界現象」，沒有意識到，「世界」是作為主體的「我」的生存論建制的重要組成部分。「我」首先不是作為認識著的主體存在，毋寧首先是「在─世界─之中─存在」。3. 康德對「超越」的看法

第5章 「在—世界—之中—存在」的時間——從康德哲學走向《存在與時間》之路

也沒能取得相應的突破。按照海德格爾的思路，康德的「超越」解決的只是「讓對象化」問題，然而，真正的超越卻是向「在—世界—之中—存在」的超越。4.康德對時間的看法依然受制於近代以來的線性時間觀，沒有意識到源本的 時間是「綻出—境域」式的。所以，恰恰是這四重不足或缺陷，才導致了康德在超越論想像力和源始的時間性面前的「退縮」。

5.1.1　康德沒有從存在論層面追問「我思」

海德格爾指出，當康德在思考「我」的自身性的問題的時候，他嘗試用「我思」(Ich denke)來把握「我」的現象，甚至他認為，作為實踐著的、行動著的「我」也可以被歸入這個「我思」之中。在「我思」(Ich denke)之中，「康德嘗試把『我』的現象內容確定為能思想的東西（*res cogitans*）」[8]因此，在「我思」之中，總意味著「我」可以維繫著一些東西。海德格爾指出，「『我思』(Ich denke)等於說『我維繫』(Ich verbinde)。」[9] 在「我維繫」中，一切關係、關聯或聯繫被關聯、保持和扭結起來，作為它們依據的，則是「我維繫」中的這個「我」。海德格爾指出，這種作為聯繫之依據的「我」就是古希臘意義上的ὑποκείμενον，這個詞的基本意思是「站在……下面的東西」，通常被翻譯成「基質」或「載體」，後來在拉丁化的過程中它變成了subjectus，海德格爾指出，從這個詞變化而來的Subjectum就慢慢地具有了讓透過表象活動所表象出來的表像聚攏在一起的承載者的意思，這被海德格爾稱作「意識本身」(Bewusstsein an sich)。不過，這個作為「意識本身」的Subjectum卻並不是表像本身，而是表像的形式結構，是那讓表像之所以可能的東西。而康德那裡的「我思」(Ich denke)就是這樣的Subjectum，「我思不是被表像的東西，而是表象活動之為表象活動的形式結構，諸如被表像的東西之類唯透過這種形式結構才成為可能的。」[10] 於是，康德在理解「我」和「我思」(Ich denke)的時候，把它理解成了那已

經現成事物保持同一性和持存性的依據,甚至就是那自一性或同一性以及持存性本身。這種意義上的「我」和「我思」(Ich denke)始終就是「主體」(Subjekt)。因而海德格爾認為,康德這裡的「我」和「我思」(Ich denke)就始終保持了笛卡爾對主體的理解,亦即「我思」(cogito)。所以,在這種意義上,康德的「我」的存在就始終只能在笛卡爾的「*res cogitans*」(能思想的東西)意義上被理解。

在康德那裡,他關於「我」和「我思」(Ich denke)的表述,最知名的命題就是「我思伴隨著我的一切表像」。海德格爾指出,這個命題「對康德來說,這些表像卻是由『我』所『伴隨』的『經驗事物』,是有『我』『依附』於其上的現象」。[11] 不過,海德格爾認為,康德卻從來沒有真正指出過「我」究竟是以什麼樣的方式「伴隨」那些經驗的。因此,海德格爾進一步指出,鑒於康德還沒有把「我思」的全部內容與「我」、「思」的方式聯繫起來進行論述,因此,他沒有能夠從「我思」的「我思某某」這種方式來考察「我思」,進而就沒有能夠對「我思」的「我思某某」的這種方式的基本規定性及其存在論前提進行追溯。所以,在海德格爾看來,康德就沒能看到「我思某某」實質上也是有存在論前提的,那就是「世界」。

5.1.2 康德沒有從存在論層面追索「世界」

其次,恰恰是因為康德沒能看到作為「我思某某」的存在論前提——世界,因此,他就沒能看到「世界現象」以及「世界」對於「我」的存在論意義。因此這又導致他對「我」和「我思」的看法無法取得存在論突破,而只能停留在笛卡爾在「我思」(*cogito*)意義上對主體的設定和理解。「康德沒看到世界現象,於是勢所當然地把『表像』同『我思』的先天內涵劃得涇渭分明。但這樣一來,『我』又被推回到一個絕緣的主體,以在存在論上全無規定的方式伴隨著種種表像。」[12]

第5章 「在─世界─之中─存在」的時間─從康德哲學走向《存在與時間》之路

　　實際上，在海德格爾看來，作為認識主體的「我」並不是人最源初的存在方式，它有著存在論上的前提，作為「我」的人首先是存在著的，是生存著的。因此，「我」首先是「此在」(Dasein)。對於「此在」來說，它的「*existentia*」對於它的「*essentia*」具有優先地位。「此在」基本的存在特質有二：一方面此在的生存總是一種「去存在」(zu sein)，另一方面此在的這種生存總具有「向來我屬性」(Jemeinigkeit)。而此在在它的存在或者說生存中，以一種對自己的存在有所領會的方式去理解自己的存在，去籌劃自己的能在。在這個過程中，此在以操勞（Besorge）的方式與其他的存在者打交道，以操持（Fuersorge）的方式與其他此在式的存在者打交道。此在以這樣的操心（Sorge）的方式將其他的此在和非此在式的存在者帶入此在透過生存的方式而組建起的世界之中。因此，「世界」是此在基本的生存論環節，而此在基本的生存論建制就是「在─世界─之中─存在」。鑒於康德沒有看到世界現象，並且還依然在主體意義上去理解「我」，因此便自然無法走到對「我」進行生存論上的理解，自然也就無法領會和把握此在的「在─世界─之中─存在」這一最基本的生存論建制了。

5.1.3　康德沒有把握到此在的「超越」是向「在─世界─之中─存在」的超越

　　與上述兩點相關，海德格爾認為，雖然康德那裡已經有了「超越」論題，但他卻由於沒能從「此在」的角度把握主體，沒能看到世界現象，從而沒能把握住此在「在─世界─之中─存在」的基本生存論建制，因此便沒能把握住「超越」的真意，因為超越總是向「世界」的超越，總是向「在─世界─之中─存在」的超越。雖然海德格爾在《康德書》中認為，康德的《純粹理性批判》在為形而上學提供一次奠基的任務時，致力於去解決超越問題。比如他的超越論演繹就是在論證超越的可能性與不可能性的。更進一步地，「康德的

5.1 海德格爾現象學視角中的康德哲學的不足

整部《純粹理性批判》都在圍繞超越問題打轉」。[13] 然而，這種意義上的「超越」卻還停留在「讓對象化」活動的意義上。它還不是源始的超越。

海德格爾指出，超越並不是內在領域與外在領域之間的一種關係，並不是說在內在領域和外在領域之間存在著某種類似於物自體和現象界之間的區隔那樣必須被跨越不可的障礙。「超越源初地既不是主體對一個客體擁有的認知關係，這種關係屬於主體，附加於主體的主體性上，同樣也不僅僅只是一個用來表達那超越的東西的術語，好像這個東西對於有限的知識無法通達似的。」[14] 這也就是說，在海德格爾看來，超越既不是一個認識論意義上的概念，也不是一個神學意義上的概念，這兩種意義上的超越概念對超越的理解都不夠源始。真正源始的超越有如下幾重規定：(1)「超越毋寧是主體的主體性的源始建制。」[15] 這也就是說，成為主體就意味著去超越，而源初的主體就是此在，因此此在生存就是去超越。超越是此在基本的生存論建制，恰恰是在超越之中，此在與其他的存在者發生關聯行止，此在才能與其他的存在者和其他的此在打交道，才能對自身的存在有所交道、有所作為。而此在之所以能夠超越，主要原因在於此在生存在一個世界之中。(2) 在此在的超越行為中，被超越的並不是在主體和客體之間的一個「鴻溝」、「裂隙」或「障礙」這樣的東西。「那被超越的是存在自身，它可以在主體的超越行為的基礎上對主體顯明出來。」[16] (3) 主體 —— 亦即此在 —— 作為一個超越著的主體，它所朝向超越的對象不是認識論意義上的認識對象，而是「世界」。(4) 超越是此在的基本存在建制，海德格爾指出，對於此在的這個基本的超越建制可以用「在─世界─之中─存在」來表達。所以，在這種意義上，超越一方面是向世界的超越，另一方面它和此在的「在─世界─之中─存在」是同義的。當然，就此在的生存向來就是「在─世界─之中─存在」的意義上而言，我們也可以把超越定義成是向「在─世界─之中─存在」的超越。

第5章 「在—世界—之中—存在」的時間—從康德哲學走向《存在與時間》之路

5.1.4 康德時間觀中的關鍵性缺陷

恰恰是因為康德沒能把握到以上三點,所以當他論述時間的時候,沒能取得向現象學意義上的時間觀的突破。不過,康德的時間觀之中也有一些關鍵性的侷限,決定了他無法走到《存在與時間》之中的時間性思想面前,這主要表現在如下幾個方面:(1)海德格爾指出,儘管康德已經將時間歸屬於主體方面了,但卻沒能看到在時間和「我思」之間的決定性關聯,所以儘管在他的哲學中,尤其在《純粹理性批判》中已經潛在地想把二者聯繫起來進行思考,但他由於自己視域的侷限,並沒能分析或展現出「我思」的內在時間性質。「時間和『我思』之間的決定性的聯繫就仍然隱藏在一團幽暗之中,這種聯繫根本就沒有形成為問題。」[17] (2)海德格爾認為,康德的時間觀仍然受制於近代哲學以來的時間觀,尤其是牛頓物理學的時間觀的影響,他依然在流俗意義上來理解時間。這也導致了他沒能前進到現象學的視角中去。「儘管康德已經把時間現象劃歸到主體方面,但他對時間的分析仍然以流傳下來的對時間的流俗領會為準,這使得康德終究不能把『超越論的時間規定』這一現象就其自身的結構與功能清理出來。」[18] (3)海德格爾指出,因為康德依然在笛卡爾的意義上去理解主體,所以,忽視了主體的主體性,亦即主體如何存在的存在論問題。所以也便沒能將時間與存在聯繫起來進行思考。(4)就對時間的樣式而言,因為康德對時間的看法依然保留在近代哲學的視界內,所以這也就意味著時間在他看來是前後相繼、彼此相連,均勻地、連續地由過去到現在繼而到未來的樣式。這種意義上的時間是可計算、可分割的時間。不過,在海德格爾看來,這種意義上的時間並不是源始的時間,康德在《純粹理性批判》中透過超越論想像力以及純粹綜合的活動實質上已經給出了源始的時間。源始的時間是曾在、當前化以及將來的相互纏繞、彼此勾連、共屬一體地從將來到時(zeitigen)。

5.2 從康德的時間學說走向《存在與時間》之路

　　在海德格爾的現象學的視域中，時間總是時間性的到時，而這種到時總是「綻出—境域」式的。海德格爾指出，時間向來是與此在、此在的超越以及世界關聯在一起的。「如果從一種更為本源的意義加以理解，時間現象是同世界概念，因而也就同此在結構自身聯繫在一起的。」[19] 因此，超越的時間就始終包含著一種敞開性，而所謂的超越的時間就是指時間性的到時。我們知道，在海德格爾那裡，時間是時間性的到時，而時間性的到時向來是曾在、當前化和將來共屬一體式地從將來到時，這種到時的基本樣式是「綻出」。海德格爾指出，恰恰是在這種「綻出」中就充分地展示出了敞開性。「每一綻出在其自身之中以某種方式向之敞開之所，我們稱之為綻出之境域。境域乃是綻出本身向之外於自己的敞開幅員。出離敞開，且將此境域保持為敞開的。作為將來、曾在與當前的統一，時間性擁有一個透過綻出得到規定的境域。作為將來、曾在與當前的本源統一，時間性在其自身之中便是綻出的—境域的。」[20] 而這種綻出的—境域的規定其實是此在從它的超越性，即「在—世界—之中—存在」充實得。

　　因此，恰恰在這些關鍵點上，康德並沒能取得現象學的視角，沒有依據現象學的視角而向存在論取得突破，在這種意義上，當康德在《純粹理性批判》中走到超越論想像力面前，必定就來到了一個對自己全然陌生的「深淵」面前，根據他既有的視角和觀念，一方面將無法理解超越論想像力以及從它產生的源始的時間的存在論力量，另一方面正如海德格爾說的，康德會對這種未知的力量感到驚擾，所以他才會在超越論想像力這道幽暗的「深淵」面前「退縮」。

　　如果我們依照海德格爾的思路，對康德《純粹理性批判》中的基本思路進行一個存在論的轉換，沿著康德的思路向前推進一步，就會走到《存在與

第5章 「在—世界—之中—存在」的時間—從康德哲學走向《存在與時間》之路

時間》中的時間性分析之路上。所以，海德格爾才認為康德的《純粹理性批判》是《存在與時間》的「歷史性引論」，才會認為：「曾經向時間性這一度探索了一程的第一人與唯一一人，或者說，曾經讓自己被現象本身所迫而走到這條道路上的第一人與唯一一人，是康德。」[21] 那麼，我們在本節中將嘗試從思想運作的內在邏輯和內在脈絡中描述從《純粹理性批判》到《存在與時間》之路，從而完整地展現在《存在與時間》與海德格爾對康德時間學說的現象學解釋之間的「解釋學循環」。

5.2.1 從認識論的「超越」走向存在論的「超越」

康德在《純粹理性批判》中，透過「哥白尼式的革命」要將近代經驗論和唯理論那裡的主體與客體、意識與對象之間的關係扭轉過來，不是讓主體去符合客體、認識去符合對象，毋寧是讓對象去符合人類主體的先天認識形式和先天認識能力，以此來研究「先天綜合判斷」如何可能，進而討論作為科學的形而上學如何可能。在這一過程中，問題的本質便在於主體與客體、意識與對象之間的「關係」。這一關係很顯然是一個「超越」問題，它事關雙重「超越」，一種是認識切中對象的可能性，另一種是認識如何能夠向感性經驗界限範圍之外亦即存在者進行超越的問題。儘管康德已經明確意識到了，要透過這些工作來去判定形而上學的內在可能性並為之提供奠基，然而，康德由於視角上的缺陷，認為超越只能是第一層次上亦即認識如何能夠切中對象意義上的超越，但這種超越始終只是一種限定在意識內部領域的超越，而意識向著經驗界限範圍之外即主體之外的存在者——上帝、靈魂和世界的超越被判定為不可能。

因此康德只是在主體的主體性內部來解決認識如何能夠切中對象這一超越問題。在康德看來，對象透過刺激人類感官、激發感性的運作之後才在主體的心靈內部留下印象，亦即顯像。在顯像的基礎上人類的認識對象才得以

可能。我們所有的知識都是關於認識對象的知識。但認識對象卻不是物自體，它自身內部的統一性也不是由物自體保證的，而是來自於先驗統覺即先驗我思的先天統一性，「我思伴隨著我的一切表象」。這也就意味著在康德的框架之內，我們的知識都是關於由認識主體的自我意識的先天統一性所確保的認識對象的知識。就認識要符合認識對象這一點來說，它具有超越性，但這種超越之可能性卻是由來自認識主體的先驗我思保證的，也就是由主體的主體性確保的。因此恰恰在主體的主體性內部，康德解決了認識主體向認識對象之超越的超越性問題，所以這種超越始終只是一種內在的超越性。

所以，在康德這裡，超越如果可能，就只能是在主體之內的內在超越，主體的外在超越是不可能的，如果主體要做超越感性經驗界限範圍之外的超越，其運用就是非法的。如果按照西方哲學的傳統，我們可以將康德對超越的理解歸入兩種類型，即「認識理論上的」超越和「神學意義上的」超越。在海德格爾看來，康德嘗試從這兩種超越的相互糾纏中走出來，但是他沒能取得完全的成功，因為歸根到底他「並沒有把超越問題當作他的核心問題」。[22]

在康德之後，對超越的理解也都是在沿著康德所指引的方向行進的，即是在認識論、在主體—客體關係之中去把握超越，這既包括康德之後從費希特、謝林到黑格爾的德國古典哲學發展之路，也適用於黑格爾去世後一直延續到胡塞爾的德國哲學。海德格爾認為，胡塞爾自覺地將近代肇始於笛卡爾的也被康德採納為先驗哲學之主導問題的認識論問題——意識如何能夠切中對象的問題變成自己的主導問題，並提出了「意識的意向性」理論。對於胡塞爾來說，「意識如何能夠切中對象」這個問題仍然也是一個超越問題。去追問這個問題也就是去追問超越之超越性的根據問題。但是胡塞爾在這個問題上依然失敗了，因為他只是停留在意識的意向性的內在層面，意識的意向性只是意識的一種「意指活動」，一種指向在意識中被給予的對象的意識活動，因此歸根到底做的還是認識論的工作。

第5章 「在─世界─之中─存在」的時間─從康德哲學走向《存在與時間》之路

因此,按照海德格爾的觀點,胡塞爾對「超越」的理解和處理歸根到底依然停留在由康德開啟並劃定的思想疆域之內。而從康德出發到胡塞爾對超越的理解,歸根到底並沒有真正地把握到超越現象,因為問題在於:「根本性地說,超越既不是內在領域與外在領域之間的某種關係,以至於在其中是要被踰越的,是一種從屬於主體的界限,它把主體從外在領域分隔開。超越同樣不首先是某個主體與某個客體的認識著的關係,作為其主體性的附加物,為主體所持有。」[23]

於是,超越依然處於懸而未決之中!在海德格爾看來,康德之所以沒有真正把握到超越,是因為「他一般地耽擱了存在問題」[24],同時,康德不僅遺忘了真正的存在論題,而且連主體的主體性自身具有的存在性質和存在特徵也被他遺忘了。「沒有先行對主體之主體性進行存在論分析。」[25] 於是,在康德這裡,就產生了雙重遺忘,但這種情況的出現也不是偶然的,存在問題和主體之主體性之所以對康德來說不成問題,在於他並沒有真得將主體概念和存在者之存在把握為一個問題,也就是說主體概念和存在者之存在還沒有真正地進入康德發問之視域,它們對於康德來說並未成為一個有待追問的問題,依然處於晦蔽之中。「首先表露為主體概念之不明確性,另一方面,則表露為關於存在者之存在的幼稚性和不成問題性。」[26] 這又是由於康德並沒有真正地對意識與對象之間的關係之關係性進行認真思考。「康德及後來者,尤其是當今的追隨者,都同樣太過倉促地追問意識與對象關係之可能性根據,而沒有一個事先充分地弄清楚這種關係 ── 其可能性本應得到說明 ── 究竟一意指什麼,這種關係居於什麼之間,怎樣的存在方式與之相適應。」[27]

康德的缺陷同時也是胡塞爾的缺陷,意向性的超越活動同樣首先不應是知識論層面的超越,它首先也是與存在者相關,是存在者層次上的超越著的行為,它所具有的指向性是「與……相關」,這一「與……相關」的基礎是

「在……存在者—近旁」，我們不能從認識論層面上來把握它，而必須從基於對存在者尤其是人這一存在者的存在理解基礎上來把握它，因為「這種在一近旁依其內在可能性又基於生存」。[28] 所以，在海德格爾看來，胡塞爾的意向性分析儘管與近代認識論相比已經更為源始，但依然還沒有進展到對源始的「超越」的把握，而仍然停留在流俗的「超越」理解之中。

這樣，我們便得到了兩種「超越」，一種是源始的超越，另一種是流俗的超越，我們也可以將它稱為派生的超越。第一種超越是存在論意義上的超越，而第二種超越是認識論意義上的超越。對於主體和客體之間的關係，依據於不同的超越理解，會得到不同的產物和結果。並且，自近代哲學以來，之所以主體和客體之間的關係，會出現各種問題，也要從這兩種意義上的超越得到理解。「迄今為止全部『主體』與『客體』之關係的困境，都無可爭議地以超越問題為基礎。」[29] 在康德那裡，他儘管是在存在論的基地上去開展自己為形而上學提供奠基的工作，但他的超越理解依然停留在認識論層次上，並且在認識論層次上只認為主體的內在超越是可能的，而外在超越是不可能的。康德沒有從存在論上去理解超越，因此就沒能真正地把握主體之主體性。在此基礎上，海德格爾將康德對超越的認識論理解向前推進了一步，走向了對超越的存在論理解。這是真正去理解和把握主體之主體性的需要。接下來，在具體展示存在論的超越理解即本源的超越理解之前，既然本源的超越理解真正地與主體的主體性內在相關，我們就有必要來對海德格爾視域中康德對主體之主體性的規定的解讀，以及他對之實現的存在論轉換進行一番考察。超越與主體之主體性是內在相互規定、相互制約的。

5.2.2　超越與主體之主體性以及主體之有限性

康德的超越理解，在一方面進一步規定了他的批判哲學的具體論證，亦即論證具有普遍必然性的知識如何可能和人的自由如何可能的同時，另一方

第5章 「在─世界─之中─存在」的時間─從康德哲學走向《存在與時間》之路

面也直接關聯到他對主體的主體性的理解。這又具有雙重效果，一方面，康德在《純粹理性批判》中的工作總是在對主體的先天認識能力進行分析的基礎上展開，另一方面他對現象的理解也總是關聯於主體之主體性，這對於海德格爾來說，就具有了極其重要的意義：因為現象總是存在的現象，而主體之主體性的最根本體現就是作為圖型的時間，所以海德格爾才在康德的圖型說中看到了存在與時間之間的隱蔽的聯繫。

不過，康德仍然沒有走向海德格爾的基始存在論以及時間性思想。除了他在認識論層面上理解超越之外，他錯失了主體之主體性的存在論意義也是原因之一。「沒有對主體之主體性進行存在論分析。」[30] 於是，從康德走向海德格爾之路也便包含了從康德對主體之主體性的分析中向前推進一步而走向對它的存在論解讀。

海德格爾指出，近代哲學從自己的開端笛卡爾那裡就已經走上了與古代哲學不同的道路，主體性被凸顯出來，成為了近代認識論的哲學基礎、起點和主要原則。「主體是直接可通達的，是決然確實可通達的，它比任何客體都更被我們所熟知。」[31] 在海德格爾看來，康德對主體的理解和規定，追隨了笛卡爾的思路，在笛卡爾那裡，他區分了 res cogitans（能思維的東西）和 res extensa（有廣延的東西），所以，康德那裡的主體顯然也是 res cogitans。這種「能思維的東西」是一種 cogitare（我思）著的 res（東西，某物），就思維是一種意識類型來說，它就是人的意識活動，比如直覺、表象、判斷、想像以及愛恨等情感活動。人的每一種意識活動，總是具有我直覺、我表象、我判斷、我想像、我愛、我恨的結構，亦即具有「我─思」（Ich-denken）的結構。所以，康德恰恰在這種意義上指出「我思伴隨著我的一切表象」[32]，海德格爾因此指出，「自我是這樣的，其規定就是完全的 repraesentatio（表象、再現）意義上的表象。」[33]

這個具有「我─思」結構的意識、這個自我就是「主體」。這個自我的自

我性，也就構成了主體的主體性，自我性也就是主體性。那麼，康德的自我就造成了一個綜合的作用，當我在思維的時候，它透過自我的先驗統一性為與它相伴隨的雜多表像帶去了統一性，這一自我的先驗統一性是先驗自我，或者說先驗我思，或者說先驗統覺提供的，它自身對自我的自我性提供了規定。「統覺之本源的綜合統一乃是在存在論上突出主體的特性描述。」[34] 那這就意味著統覺所具有的源始統一功能所提供的源始統一活動，是知性活動的依據，因為只有它才能讓對象被主體認識。在海德格爾看來，「自我是一切行表象、一切行知覺的根據，這就是說，自我是存在者之被知覺性的根據，亦即一切存在之根據。」[35] 在海德格爾的視域中，在康德那裡，對知性的對象也就是各種存在者進行規定，是靠知性提供的範疇進行的，但是我們卻不能運用範疇自身去對自我進行規定，因為自我是「我思」的根據，而我思透過自己提供的綜合統一規定去對表象進行聯結，在這一過程中，綜合統一功能對表象進行聯結所借助的工具就是範疇。所以在海德格爾看來，自我是範疇行使綜合統一之聯結活動的依據和前提，所以就不能再將範疇運用到作為自己的根據和前提的自我上，去對它進行規定了。「作為統覺之本源的綜合統一的自我，是無法借助以它為條件的東西得到規定的。」[36] 這是一個方面。另一方面，範疇的運用所指向的對象是經驗，所以鑒於範疇無法被運用到自我身上去規定自我，這也就意味著自我不是經驗性的，不能透過經驗進行規定，反過來，自我毋寧倒是經驗得以可能的依據。

當自我應用範疇去行使聯結的綜合統一功能時，它總要有能加以聯結的對象，因為範疇不能被運用於自我，所以範疇的對象就不能是自我，也不能是由自我預先創造出來的，那它就只能是預先被給予我們的。「某物被預先給予或者給予我們，只能透過激發性（Affektion）的方式；這就是說，只能透過我們被我們自身所不是的他物所切中、所擊中的方式。」[37] 在康德那裡，自我是主動性的，是自發性的，因此，被激發就不是自我的特徵，也就

第5章 「在—世界—之中—存在」的時間—從康德哲學走向《存在與時間》之路

說明預先被給予我們的某物需要依賴於非自我的其他存在者對人類主體發生作用，在康德的《純粹理性批判》中，這就是感性透過時間和空間接受物自體的刺激時所發揮的作用，由於先驗自我無法透過時間和空間而在直覺中被給予，而範疇只能作用於感性透過時間和空間提供的內容之上，所以在這種意義上，範疇也同樣無法對先驗自我進行規定。

這樣，在康德的哲學中，「康德完全正確地說明了，作為自然之基本概念的範疇並不適用於規定自我。」[38] 海德格爾指出，康德的純粹自我又可以被劃分出「理論自我」和「實踐自我」，理論自我無法在認識論上被範疇規定，不過實踐自我卻可以得到規定，康德在存在論上對實踐自我進行了規定。但是，海德格爾認為康德卻並沒能對這兩種自我做一個綜合性的、統一的、一貫性的考慮。「康德那裡有著一個特別的疏忽，他未能本源地規定理論自我與實踐自我之統一性。」[39] 康德沒能去從整體上對自我進行思索，也就錯失了完整意義上的自我，沒去對自我之存在予以考察。因此，歸根結底，康德並沒有追問自我的存在方式。「在他那裡沒有以此在為專題的存在論。」[40]

與此同時，知性範疇的運用需要以某種預先被給予的、並非由先驗自我提供的內容作為前提，這一事實就恰恰說明了主體的有限性：主體對對象的認識需要借助於感性，需要存在者激發感性而使感性運作起來，這說明人的直覺是派生的直覺而不是源始的直覺，所以人的直覺需要以存在者的存在為前提，需要存在者與人發生關聯行止為前提。這一切充分地說明，不僅在康德意義上的包含了感性與知性在自身之內的理性是有限的，而且作為主體之主體性也是有限的，有限性是人之此在的內在規定。恰恰基於主體的這一有限性，它才能夠超越，更明確地說，主體的超越活動就植根於主體的主體性亦即此在的有限性之中。

5.2.3　走向此在的超越論建制：在—世界—之中—存在

唯有主體或者自我首先要遭遇到存在者，然後才能與之發生關聯行止。關於主體與存在者之間的這一「遭遇」活動，對它的可能性、它的現實性的把握，必須從存在論上來實行，因為這一「遭遇」活動總是人類此在在自身的生存之中的遭遇活動，它自身就已經是「超越」活動了，它的根基就在於此在的生存論建制之中。所以，在此基礎上，要在康德哲學未能澄清的晦暗處繼續前行，就需要將「遭遇」活動這種超越活動之可能性、就需要將它的存在論依據揭示出來。

既然與存在者的遭遇活動是此在的存在方式，因此遭遇之為可能，就必須著眼於此在的存在方式、著眼於此在自身的超越來予以解說。「那本源地超越的東西，亦即，那行超越的東西，並非與此在相對的諸物；嚴格意義上的超越者乃是此在自身。」[41]「此在的超越是核心問題。」[42] 不僅康德意義上的認識論的超越要從此在的超越這一源始的超越現象中得到理解，而且胡塞爾對意識的意向性分析、胡塞爾那裡意識之意向性的超越性也要從此在的超越性中發端、得到說明和解釋，「意向性植根於此在之超越性，且僅在此基礎上才可能，不能反過來從意向性出發來闡明超越性。」[43]

此在的超越性具有如下本己的特徵：首先，超越是此在的超越，超越植根於此在的生存之中。它自身就是此在生存的內在規定，不是此在首先生存，然後才能超越，或者此在首先超越，然後才能生存，真實情況是，此在之生存就是超越著的生存，此在之超越就是生存著的超越。「生存活動就意味著原始的踰越，此在本身就是踰越。」[44] 其次，恰恰是此在的超越活動，讓此在與存在者的「遭遇」活動成為可能，恰恰是透過此在的超越，各種各樣的存在者前來與此在「遭遇」，才使康德的「讓遭遇」活動和「讓對象化」活動得以可能，此在的超越是康德感性和知性活動的根據。第三，此在的超越，總要有超越的方向，亦即它超越的「之所向」。海德格爾指出，此在的超

第5章 「在—世界—之中—存在」的時間—從康德哲學走向《存在與時間》之路

越活動的「之所向」,不是各種各樣的存在者,而是「世界」。「存在者,是被踰越的東西,不是超越之所向。主體超越之所向,是我們稱之為世界的東西。」[45]第四,此在之超越的生存論建制就是「在—世界—之中—存在」。在詳細考察此在的「在—世界—之中—存在」之前,我們需要先來考察一下何為世界以及世界的生存論規定。

海德格爾對世界的分析,最早追述到了古希臘和《保羅書信》處。他認為,在古希臘哲學家和《保羅書信》中,κόσμος就是世界,它表明存在的某種「狀態」(Zustand),一種去存在的方式和狀態。因此它表達的是某種關聯行止的實行、帶有某種朝向的方向和趨勢。「我們用『世界化』(welten)這個詞本身,以便表達存在的這種如何。」[46]κόσμος οὗτος,這一個世界,在古希臘是指一個存在者的世界總是具有自身同一性,而在《保羅書信》中,則與每一個此在自身的存在密切相關,不僅是此在存在的方式,同時也構成了此在與自然打交道、與自身打交道、與其他此在打交道的方式。「κόσμος直接就是人之此在存在之方式,其思想或思想方式。」[47]

在海德格爾的理解中,在古希臘人那裡和以《保羅書信》為代表的原始基督教信仰經驗中,對κόσμος亦即世界的理解的共同之處在於:世界不能從自然存在者的角度去理解,毋寧一方面代表去存在的存在方式,另一方面代表此在與存在者之間的關聯行止。「世界是『如何』,而不是『什麼』」[48],也就是不能從現成性的、事實性的作為本質確定的存在者意義上去理解世界,而要從它與此在的存在方式之關聯去把握它,此時顯然它是動態性、生成性、指向性的,也就是我們要從關聯意義和實行意義上去把握世界。

但是,對世界的這一理解經過中世紀到了近代哲學,經過笛卡爾的工作,卻讓古代對世界的特殊理解消失了。笛卡爾把 res cogitans(能思想的東西)即 cogito(我思)和 res corporea(肉身或物質)區分開來,並且從 substantia 的原則出發來理解 cogito 和 res corporea。但他對 substantia

的理解並非遵循亞里斯多德對οὐσία（在場）的理解，而是遵循了οὐσία的另一涵義而把它們理解成實體。

對於 res corporea 來說，「構成 res corporea 的存在的，是 extensio，即 omnimodo divisibile，figurabile et mobile，其各邊配置、形相與運動能夠以各種方式進行變化的東西。」這裡所說的 extensio 也就是廣延，res corporea 也就成為了 res extensa（有廣延的東西）。[49] 當笛卡爾用 res extensa 來規定 res corporea 的時候，歸根到底，他遺忘了存在者的存在，也遺忘了在古代哲學中透過最初的思索從κόσμος那裡贏得的東西。

不過，笛卡爾的這一思考還有另外一層含義。當他從 substantia 即實體的角度去理解 res cogitans 和 res corporea，而實體又意味著「無需其他存在者即能存在」[50]，此時，絕對的實體也就是絕對不依賴於其他存在者而自身就能存在，只能是 ens perfectissimum（完善的存在者），也就是上帝。這樣，ens perfectissimum（完善的存在者）與作為 res extensa 的 res corporea 也就被區分了開來。按照海德格爾的看法，笛卡爾的這一重工作也並非他的原創，毋寧在中世紀哲學中有其根源。在阿奎那那裡，他就已經將世界性的存在者與神性的存在者區分開來。「Mundanus（世界的）與 saecularis：（世間的）同義，與 spiritualis（神靈的）對立。」[51] 海德格爾指出，這種意義上的世界概念，被從中世紀保留到近代形而上學處，一直作為特殊形而上學研究的對象之一而被保留到鮑姆嘉登處。

在海德格爾看來，康德在對近代形而上學的批判性的考察中，在為科學的形而上學提供奠基的過程中，意識到了古代哲學對世界理解的意義以及肇始於中世紀並保留到了近代形而上學中的世界理解的缺陷，「康德非常清楚地將世界理解為如何，存在論-形而上學意義上的整體性。」[52] 在海德格爾的視野中，康德對世界的理解可以從二個層次予以把握。

首先，康德對世界的理解，超越了存在者層次上，超出了感性經驗的界

第5章 「在─世界─之中─存在」的時間──從康德哲學走向《存在與時間》之路

限範圍之外,同時也就超出了「作為 series actualium finitorum(有限現實事物之序列)的世界概念而走向了先驗的概念,這同樣也是康德先驗辨證論的積極工作和形而上學的內容」[53]。康德的這種世界理解很顯然是將世界作為一個整體而從觀念上對它加以把握,因此它不是作為自然的東西之整體的整體性和實質內容而被把握的,康德沒有賦予這種世界以實在,「這個作為數學的整體性的世界概念,作為先驗的理想,恰恰沒有將 existentia(存在)一道包括在內。」[54]

其次,康德對世界的理解還有另外一層意義。這層理解與康德對哲學的本性和目標的理解相關。海德格爾認為,康德對哲學的理解具有雙重性,一方面哲學作為形而上學要去為科學的形而上學奠定基礎,另一方面,這一奠定基礎的工作又是和對人的理解關聯在一起的,因為康德提出的「我能夠認識什麼」、「我應該做什麼」以及「我可以希望什麼」最終都匯聚到「人是什麼」這一問題上。海德格爾在《純粹理性批判》B867 的注釋中在世界概念和人之間已經建立起了關聯,「世界概念,在這裡意味著那涉及每個人都必然關注的東西的概念」[55],因此,世界與人內在相關,與人的本質內在相關,但人的本質向來要在其生存-存在活動中得以理解和把握,所以「真正的形而上學⋯⋯恰恰與自然無關,而是和人相關,更確切地說,恰恰與其生存及其本質相關。」[56]

依據這兩種理解,世界一方面指作為存在者之整體,另一方面與人之生存關聯在一起。而此在的生存,自身是超越性的,這一超越性就體現在此在在其生存活動中能夠「遭遇」其他的存在者,世界在這一超越性的「讓遭遇」活動中與此在和其他的存在者締結出一種生存論的關係。世界是此在超越的方向所在,在世界之中具有著此在超越的「為之故」,「世界的根本特性,由以維持其特殊的先驗構造形式之整體性的特性,就是為之故。世界作為此在超越之所向,首先透過為之故來規定。」[57]「為之故」因此就也成為了此在

生存的存在論建構要素,恰恰是這一「為之故」決定了作為超越者的此在的超越活動的「何所向」(Woraufzu)。因此,此在的超越活動就是向著世界的超越,這一世界是此在透過自己的生存活動組建起來的,其他的存在者只有首先進入此在的世界,才能具有被遭遇的可能性。

此在和世界的關係,是一種「在之中」的關係,這種「在之中」不是物理空間意義上的在之中,從生存論上來理解,此在在「世界」之中,也就是此在透過自己的生存消散於世界,消散於「在之中」的各種方式之中。此在消散於他自己的周圍世界(Umwelt)的周圍性(Um)之周遭(Umherum)之中。此在透過「尋視」(Umsicht)在這一「周遭」之中進行操勞活動。在此在的操勞活動中,各種存在者會循著「尋視」的「為了作某某之用」(Um-zu)的指引因其「何所用」而前來與此在「遭遇」、前來與此在照面,它們因此便具有了「上手性」,它們的本真的存在狀態便是「上手狀態」(Zuhandenheit)。於是,前來與此在遭遇的存在者因其「上手狀態」就處於一種被「指引」狀態之中。這一「指引」關係組建了此在的世界,「指引與指引的整體性在某種意義上對世界之為世界能具有組建作用。」[58]如果我們反過來從此在的角度來看,此在讓存在者作為用具前來遭遇,是因為已經透過自己的生存活動預先讓這一遭遇在生存論上具有可能性與現實性,此在在朝向作為用具的存在者時就具有了一種作為指引的「何所向」的結構,恰恰是從此在出發的這一「何所向」以及從作為用具的存在者因其「何所用」而發生的「何所向」,一起讓世界世界化,讓世界本身得以可能。「作為讓存在者以因緣存在方式來照面的『何所向』,自我指引著的領會的『何所在』,就是世界現象。而此在向之指引自身的『何所向』的結構,也就是構成世界之為世界的東西。」[59]由此,此在的存在向來是「在—世界—之中—存在」,此在的超越活動和此在的世界化是合二為一的,要從此在的「在—世界—之中—存在」這一存在論結構也就是生存論建制之中得到領會。「在—世界—

265

第5章 「在─世界─之中─存在」的時間─從康德哲學走向《存在與時間》之路

之中─存在」的此在，在它向世界的超越活動中，總是透過「操勞」活動與作為用具的存在者打交道，而透過「操持」活動與其他此在「共同在此」。

5.2.4 從康德的時間學說走向「在─世界─之中─存在」的時間

海德格爾認為康德在自己的《純粹理性批判》中，被自己在超越論演繹和超越論想像力面前的決定性的發現嚇到了，因為這一新的發現對康德本人來說全然是陌生的，所以康德發生了退縮。按照海德格爾的思路，在康德退縮處如果勇敢地再向前走進一程，也就會來到他《存在與時間》之中的思路。為了完成我們的工作，我們接下來就從康德退縮處繼續前行，看康德的時間學說如何成為《存在與時間》的「歷史性導引」，以及如何從康德的時間學說走向海德格爾的時間性思想。

在海德格爾看來，康德在超越論演繹和存在論綜合環節已經窺見到了源始的時間的堂奧了，那這是如何可能的呢？

康德秉持理性是有限的，因此不具有源始的直覺，知識的形成需要感性和知性的共同作用，感性透過先天感性直覺形式時間和空間提供作為知識的內容的顯像，知性透過範疇為知識提供它的形式。但二者的結合卻需要先驗想像力提供的先驗圖型即時間才能讓感性經驗和知性範疇的結合成為可能。在海德格爾的現象學視角中，康德做的這一切都是存在論工作，因此在康德那裡的認識論層面的主體的內在超越在海德格爾這裡就演變成了存在論意義上的超越。於是康德的工作就要從兩個角度加以把握。首先是作為先驗圖型的時間，其次是主體的超越之可能性。

在海德格爾看來，當康德透過作為時間的圖式來勾連感性經驗和知性範疇時，是因為以超越論想像力為核心發起的三重純粹綜合的結果。第一重純粹綜合即純粹統握中的純粹綜合把握到的圖像是「映像」（Abbildung），它

5.2 從康德的時間學說走向《存在與時間》之路

對應的是「現在」。第二重純粹綜合即純粹再生中的綜合形象出的圖像是「後像」（Nachbildung），它關聯的是「曾在」。第三重純粹綜合即純粹認定的純粹綜合形象出的圖像是「前象」（Vorbildung）。海德格爾指出，這三重綜合中，第三重綜合即純粹認定的純粹綜合最為重要，因為純粹認定的純粹綜合在綜合活動中預先將未來的境域形象出來，因此，「映像」、「後像」和「前象」三者在超越論想像力的純粹綜合活動中以「前象」為預先引導而彼此共屬一體。

同時，在超越論演繹中，由於人類此在的有限性，所以必須要有存在者前來與人類此在遭遇，在存在者的這種前來遭遇活動中，存在者能夠站出來並轉到有限的本質存在對面而立，這就是「讓對象化」活動。「讓對象化」活動是有限的人類此在作用的結果，讓對象化活動中，前來被遭遇的存在者與有限的本質存在之間形成了一個源始的境域，它實質上包含了兩個方面，一個是「讓……站到對面」，另一個是「使……得到獲悉」。讓對象化活動也是源始的成象活動。

但是康德由於他視角的缺陷，沒能從存在論上去理解主體之主體性，因此就沒有把握到此在的超越活動是向世界的超越，此在最基本的存在論建制是「在—世界—之中—存在」，因此也就沒有發現「我思」即自我在根本上具有的時間特質。此外，康德對時間的理解還受制於傳統時間觀的影響，因此也沒把握到時間的綻出式本性。但如果我們將這些因素與康德的時間學說結合起來，也就走向了《存在與時間》之中的時間性思想。

生存著的此在，具有超越的本性，這一超越是向著世界的超越，此在的存在是「在—世界—之中—存在」，唯有在這種超越中，存在者的前來遭遇和世界才是可能的，此在也才透過操勞活動和操持活動而消散於世界之中。「要學會看到此在如何基於其形而上學的基本狀況，基於在—世界—之中—存在，始終已經按照可能性超出了一切存在者——而在這種超過—之上中並不

第5章 「在—世界—之中—存在」的時間—從康德哲學走向《存在與時間》之路

會遭受絕對的虛無，相反恰恰是在這種超出—之上中，約束性作為世界而呈現出來，透過這種對峙，存在者才首先或恰恰可能或必然得到維持。」[60]

此在的超越，是朝著可能性的超越，在這種意義上已經超過了此在的現成性。此在的超越總是植根於對自身的存在有所領會之基礎上有所籌劃的超越。此在的籌劃有著它的「何所向」。「保持住別具一格的可能性而在這種可能性中讓自身來到自身，這就是將來的源始現象。」[61]此在的這一著眼於自身的可能性而對自身的籌劃是「先行於自身」。但同時，生存的此在的這一籌劃要可能又必須立足於此在的生存活動中對自身的存在有所領會、有所作為，這又要求此在在當前的生存活動中有所操勞地讓周圍世界的東西前來與此在照面。只有植根於此在生存的當前化的當前之中，下定去存在的決心才能是它本身。「從將來回到自身來，決心就有所當前化地把自身帶入處境。」[62]同時，此在依其將來生存之可能性來籌劃此在的存在，但此在的存在的各種可能性之中，有一種最切身也是最本己的存在可能性，那就是此在要從自己的將來回到此在的存在本身，此在最現實的存在本身就是此在的曾在，此在的曾在對此在的將來有限定和約束作用，「只有當此在如『我是所曾在』那樣存在，此在才能以回來的方式從將來來到自己本身。此在本真地從將來而曾在。」[63]同時，此在的現在是一種懸而未決的狀態，在現在的此在的存在的存在規定是開放的、敞開的，是生成著的，因此是趨於在場的存在，它擁有當下，所以是一種「當前化」活動。此在的當前化一方面與此在對未來存在之籌劃緊密相關，恰恰是透過此在的這種籌劃活動，將自身的存在帶向當下，另一方面，此在的當前化總是受到此在的曾在的約束。因此，「曾在的（更好的說法是：曾在著的）將來從自身放出當前。」[64]

此在的曾在、當前化和將來就構成了海德格爾的時間性的三維，時間性的這三維之中，很顯然它們是彼此緊緊勾連在一起，將來這一維度是最為重要的。海德格爾對時間性的定義也突出了這一點，「我們把如此這般作為曾在

5.2 從康德的時間學說走向《存在與時間》之路

著的有所當前化的將來而統一起來的現象稱作時間性。」[65] 因此我們可以看到海德格爾由此便將康德的時間分析推進到了自己的時間性分析。就海德格爾的時間性分析總是基於此在的生存活動而獲得這一點意義而言，他的時間性總是此在的時間性，恰恰是本源於時間性，此在的超越性才得以可能。超越性就植根於時間性之中。「時間之綻出特性使此在之特殊的超出特性得以可能，使超越性得以可能。」[66]

對於海德格爾的時間性來說，它還尤其具有如下幾方面的特徵：首先，源始的時間的特性不是均勻地由過去流向現在、由現在流向將來的線性時間，毋寧具有「綻出的」（ekstatischer）特性。「時間性的本質即是在諸種綻出的統一中到時。」[67] 其次，恰恰是因為時間具有「綻出」的特徵，而「綻出」就是「出離到……」，具有了「出離之何所至」的形式結構，它自身具有指引性，從而形成綻出的境域，它具有「圖式」的特徵，亦即像康德那裡所說的時間的「映像」、「後像」、「前象」所構成的圖式結構，當然在海德格爾這裡則是由此在的「曾在」、「當前化」和「將來」所組成的圖式結構。「我們把這個『綻出之何所至』標為綻出之境域，或者更確切地說，綻出之境域性圖式。……正如綻出在其自身之內構建了時間性之統一，此類綻出之諸境域圖式每每也就對應了時間性之綻出統一。」[68] 所以源始的時間的綻出特性就綻出了它自身的境域，時間性具有境域性的特徵。第三，時間性的本質不是存在，而是到時。時間性作為源始的時間，既不流逝，也不消失，而是透過綻出來規定自身，依據不同源始性的綻出，到時就具有了不同的種類，得到了不同的規定。「時間性不是透過諸綻出的積累與嬗遞才發生的，而是向來就在諸綻出的同等的源始性中到時的。但是在這種同等的源始性中，到時的諸樣式復又有別。差別在於：到時可以首要地借不同的綻出來規定自身。」[69] 由此，恰恰是因為源始的時間也就是時間性具有綻出的、境域性的、到時的特性，所以此在的生存論建制亦即具有消散於世界之中的特性的此在的超越

269

第5章 「在—世界—之中—存在」的時間—從康德哲學走向《存在與時間》之路

性以及此在的「在—世界—之中—存在」才能從中得到規定，也就是說，作為向世界超越的此在的「在—世界—之中—存在」就植根於源始的時間即時間性之中，「在其特殊整體性之中的『在—世界—之中—存在』之超越性植根於時間性之本源的綻出—境域性統一之中。」[70]

這樣，我們也就透過本節展示了海德格爾在他對康德的《純粹理性批判》中的時間學說進行現象學解讀的基礎上，是如何繼續將康德的思路向前推進而走到他本人的時間性學說的，我們展示了海德格爾的具體思路和邏輯推演過程。

注解

[1] 海德格爾，《康德與形而上學疑難》，第 4 頁。
[2] 同上，第 210 頁。
[3] 同上，第 211 頁。譯文根據德文本有改動。
[4] 海德格爾，《康德與形而上學疑難》，第 216 頁。譯文根據德文本有改動。
[5] 海德格爾，《康德與形而上學疑難》，第 220 頁；Heidegger，*Kantbuch*，S.230。譯文根據德文本有改動。
[6] 海德格爾，《存在與時間》（修訂譯本），第 27 頁。
[7] 海德格爾，《康德與形而上學疑難》，第 158 頁。
[8] Heidegger，Sein und Zeit，Max Niemeyer Verlag Tuebingen，1967，S.319；海德格爾，《存在與時間》（修訂譯本），第 364 頁，譯文根據德文本有改動。
[9] Heidegger，*Sein und Zeit*，S.319；海德格爾，《存在與時間》（修訂譯本），第 364 頁。
[10] Heidegger，*Sein und Zeit*，S.319；海德格爾，《存在與時間》（修訂譯本），第 364 頁。譯文根據德文本有改動。
[11] 海德格爾，《存在與時間》（修訂譯本），第 365 頁。
[12] 海德格爾，《存在與時間》（修訂譯本），第 366 頁。譯文根據德文本有改動。
[13] Heidegger，*The Metaphysical Foundations of Logic*，p.165.
[14] Ibid，p.165.
[15] Idid，p.165.

[16] Ibid，p.166.
[17] 海德格爾，《存在與時間》（修訂譯本），第 28 頁。
[18] 海德格爾，《存在與時間》（修訂譯本），第 28 頁。譯文參照德文本有改動。
[19] 海德格爾，《現象學之基本問題》，第 348 頁。
[20] 同上，第 366 頁。
[21] 海德格爾，《存在與時間》（修訂譯本），第 27 頁。
[22] 同上，第 229 頁。
[23] 海德格爾著，趙衛國譯，《從萊布尼茲出發的邏輯學的形而上學始基》，西安：西北大學出版社，2015 年，第 232 頁。
[24] 海德格爾，《存在與時間》（修訂譯本），第 28 頁。
[25] 同上，第 28 頁。
[26] 海德格爾，《從萊布尼茲出發的邏輯學的形而上學始基》，第 183 頁。
[27] 同上，第 183 頁。
[28] 同上，第 188 頁。
[29] 同上，第 189 頁。
[30] 海德格爾，《存在與時間》（修訂譯本），第 28 頁。
[31] 海德格爾，《現象學之基本問題》，第 161 頁。
[32] 康德，《純粹理性批判》，B132。
[33] 海德格爾，《現象學之基本問題》，第 165 頁。
[34] 同上，第 168 頁。
[35] 同上，第 169 頁。
[36] 海德格爾，《現象學之基本問題》，第 192 頁。
[37] 同上，第 192 頁。
[38] 同上，第 193 頁。
[39] 同上，第 194 頁。
[40] 海德格爾，《存在與時間》（修訂譯本），第 28 頁。
[41] 海德格爾，《現象學之基本問題》，第 216 頁。
[42] 海德格爾，《從萊布尼茲出發的邏輯學的形而上學始基》，第 189 頁。
[43] 海德格爾，《現象學之基本問題》，第 216 頁。
[44] 海德格爾，《從萊布尼茲出發的邏輯學的形而上學始基》，第 233 頁。

第5章 「在—世界—之中—存在」的時間—從康德哲學走向《存在與時間》之路

[45] 同上,第 234 頁。
[46] 同上,第 240 頁。
[47] 同上,第 243 頁。
[48] 同上,第 244 頁。
[49] 參見,海德格爾,《存在與時間》(修訂譯本),第十九節到第二十一節,拉丁文譯名有改動。
[50] 海德格爾,《存在與時間》(修訂譯本),第 108 頁。
[51] 海德格爾,《從萊布尼茲出發的邏輯學的形而上學始基》,第 244 頁。
[52] 同上,第 245 頁。
[53] 同上,第 246 頁。
[54] 同上,第 250 頁。
[55] 同上,第 251 頁。
[56] 同上,第 251 頁。
[57] 同上,第 259 頁。
[58] 海德格爾,《存在與時間》(修訂譯本),第 90 頁。
[59] 同上,第 101 頁。
[60] 海德格爾,《從萊布尼茲出發的邏輯學的形而上學始基》,第 275 頁。
[61] 海德格爾,《存在與時間》(修訂譯本),第 370 頁。
[62] 同上,第 372 頁。
[63] 同上,第 371 頁。
[64] 同上,第 372 頁。
[65] 同上,第 372 頁。海德格爾在《從萊布尼茲出發的邏輯學的形而上學始基》中,對時間性的分析沒有採用如此複雜又晦澀的詞語,而是採用「當時」、「現在」、「隨後」這樣的表示時間的詞彙,與它們相對應的此在存在狀態是「保留」、「當前化」和「期待」。參見海德格爾,《從萊布尼茲出發的邏輯學的形而上學始基》,第 281—283 頁。
[66] 海德格爾,《現象學之基本問題》,第 413 頁。
[67] 海德格爾,《存在與時間》(修訂譯本),第 375 頁。
[68] 海德格爾,《現象學之基本問題》,第 414 頁。譯文有改動。
[69] 海德格爾,《存在與時間》(修訂譯本),第 375 頁。
[70] 海德格爾,《現象學之基本問題》,第 414 頁。關於海德格爾對時間性的如上特徵的

分析，除了在《存在與時間》和《現象學之基本問題》的有關章節中讀到之外，他還在《從萊布尼茲出發的邏輯學的形而上學始基》中有著相關論述，參見海德格爾，《從萊布尼茲出發的邏輯學的形而上學始基》，第 273—296 頁。

第5章 「在─世界─之中─存在」的時間─從康德哲學走向《存在與時間》之路

第 6 章　海德格爾對康德的現象學解釋與他的思想轉向之路

　　綜上所述，本文以海德格爾對以時間學說為核心的康德哲學的現象學解釋為研究對象，具體梳理並展示了海德格爾對康德哲學的現象學解釋的思路和進程。透過這些詳細甚至顯得有些瑣碎的分析，我們把海德格爾對《純粹理性批判》的現象學解釋中的幾個緊要節點——作為純粹知識之本質要素的純粹直覺和純粹思維、作為將純粹直覺和純粹思維契合（fuegen）在一起的純粹綜合和純粹圖式，以及作為純粹綜合和純粹圖式的發動者的超越論的想像力——的分析過程充分展示了出來。我們認為，海德格爾恰恰是透過對這幾個關鍵性節點的分析，表明了或展示了康德的《純粹理性批判》甚至是全部康德哲學為什麼是一次為形而上學奠基的嘗試：康德在《純粹理性批判》中的全部工作最終深入到了超越論想像力這裡。透過對作為感性和知性、直覺和思維的「結構性中點」、純粹圖式和純粹綜合活動的發動者的超越論想像力的分析，康德意圖解決的是超越如何可能的存在論問題。儘管康德在超越論想像力這個深淵面前退縮了，但他卻走到了形而上學奠基的源頭處並曾一度把這個源頭揭示了出來。海德格爾指出，超越論想像力在形而上學奠基事業中之所以關鍵，是因為它充分展現了人類此在的有限性和超越性，它形象出了源始的時間而且自身就植根於這種源始的時間之中。

　　因此，透過超越論想像力，海德格爾以《存在與時間》中充實的視域的指引之下，對康德時間學說的解讀最終抵達了他對康德哲學進行現象學解釋的終點或者說目的地，那就是對源始的時間的揭露。海德格爾不僅把康德那裡的純粹直覺、純粹圖式歸結到時間，而且甚至還把康德的「我思」或「先驗統覺」歸結到時間，認為它們自身內在地就具有時間性質。這樣，康德哲

第 6 章　海德格爾對康德的現象學解釋與他的思想轉向之路

學作為一次為形而上學提供奠基的嘗試，在追問存在論問題的可能性的同時，實質上總圍繞著人類此在的超越性、有限性來推進和展開自己的工作，並在這一工作進程中最終將時間性與對存在之領會結合在了一起。

不過，海德格爾指出，儘管康德向著基始存在論，確切地說是向著將存在和時間結合起來進行思考的這條道路上走了一程，但他最終還是沒能走到基始存在論和《存在與時間》之中的時間性思想面前。之所以如此，主要是因為康德在超越論想像力這道「深淵」面前決定性地退縮了。正如我們前文所述，海德格爾認為，康德之所以「退縮」了，一方面是因為康德隱約意識到了超越論想像力的力量，這種力量很強大，但與此同時卻很神祕和幽暗，所以讓他驚擾不安。另一方面是因為在這個過程中他越來越對純粹理性感到著迷，受它所吸引，因此便在第二版演繹中弱化了超越論想像力的力量和作用，而突出和強化了純粹理性的地位和作用。因此，海德格爾認為，康德在《純粹理性批判》中的工作，向著他的基始存在論走了一程，因此可以被看作他的基始存在論的「歷史性引論」。我們在本書的第五章中具體地展示了海德格爾究竟是怎樣在康德的退縮之處繼續向前推進，而走到他本人的時間性思想的，展示了他的具體思路和邏輯進程。

然而，如果按照海德格爾的觀點，康德在超越論想像力和源始的時間面前「退縮」了，那導致康德退縮的，只是因為他無法識別源始的時間的力量嗎？如果我們立足於現象學的視角來看的話，除了我們在前文中論述的那些康德視角中的缺陷之外，康德哲學中是否還有其他一些導致他「退縮」從而無法完成現象學突破的決定性的侷限？

另外，就海德格爾自己的思想發展歷程而言，正如我們在導論中已經指出的那樣，他的《現象學之基本問題》、《對康德〈純粹理性批判〉的現象學解釋》、《從萊布尼茲出發的邏輯學的形而上學始基》、《康德書》是在完成既有的已經出版了的《存在與時間》之後的作品。正如眾所周知的那樣，已

經出版的《存在與時間》並不是一個全本，它只完成了海德格爾當初宣告的計畫的三分之一左右。顯然，他在《存在與時間》之後對康德哲學的解讀，是為了完成《存在與時間》中已然宣告但尚未完成的計畫，亦即從時間走向存在以及解構存在論的歷史做準備的。他自己也明確指出了這一點。然而，就在完成《康德書》之後不久，大約在1930年代初的時候，他的思想發生了「轉向」。他後期不再堅持從對此在的生存—存在論分析入手，而得到的基始存在論的角度，亦即不再堅持以時間為視野去追問存在的意義問題了。那麼，海德格爾思想的這一明顯轉向與他的康德解釋，特別是與他對康德的時間學說的現象學解釋之間是否有關係？如果有關係的話，那必定是他在解釋康德哲學的過程中遇到了困難，這困難是什麼？這一困難與他的思想轉向之間又有著怎樣的內在關聯？以上的這幾個層面的問題就是本章嘗試解決的問題。

6.1　海德格爾對康德的現象學解釋中的「得」與「失」

我們在導論中曾經介紹過，海德格爾在1927年出版了《存在與時間》之後，在接下來的一系列講座課程、作品和講座中，不斷地對康德哲學進行著現象學的解釋。讓我們再來回顧一下他的這些作品。他在《存在與時間》之後對康德哲學進行現象學解釋的作品主要有：（1）講座課程作品：1927年暑季學期的《現象學之基本問題》（GA24）、1927—1928年冬季學期的《對康德〈純粹理性批判〉的現象學解釋》（GA25），1928年暑季學期的《以萊布尼茲為起點的邏輯學的形而上學始基》（GA26），1928—1929年冬季學期的《哲學導論》（GA27），1930年暑季學期的《論人的自由的本質 —— 哲學導論》（GA31）。（2）專著：1929年出版的《康德與形而上學問題》。（3）演講：

第 6 章　海德格爾對康德的現象學解釋與他的思想轉向之路

1927 年 1 月 26 日在科隆康德協會地方小組的演講:「康德的圖式學說與存在意義的追問」,1927 年 12 月 1 日在波恩康德協會地方小組的演講:「康德與形而上學問題」,1927 年 12 月 5—9 日在科隆與馬克斯·舍勒合開的講座:「康德的圖式論與存在的意義問題」,1928 年中旬,在里加赫爾德協會假期大專院校培訓班中的系列演講:「關於康德與形而上學」,1929 年 1 月 24 日在法蘭克福康德協會的演講:「哲學人類學與此在形而上學」,1929 年 3 月 17 日—4 月 6 日在瑞士的達沃斯的演講:「康德的《純粹理性批判》與為形而上學奠基的任務」。(4) 討論班:1928—1929 年冬季學期的「現象學初級練習:康德的《道德形而上學基礎》」,1931 年夏季學期的「初級練習,康德《論形而上學的進步》」。當然,我們其實也可以把 1925—1926 年冬季學期的講座課程「邏輯學:關於真理之追問」及同學期的討論班「初級現象學練習,康德的《純粹理性批判》」也納入到這個範圍中。

　　透過我們上文的說明,我們可以看到,在海德格爾出版《存在與時間》之後到 1930 年代初思想逐漸發生轉向之間的這段時期,他如此頻繁地研究、講授、討論康德哲學,並不是他偶意為之的結果,毋寧其背後是有著他深刻的思想背景和學理考慮的。在上述他對康德哲學進行現象學解釋的作品中,我們認為《康德與形而上學疑難》亦即《康德書》以及它的原型《對康德〈純粹理性批判〉的現象學解釋》又是重中之重。海德格爾在這些年間之所以不厭其煩地對康德進行解釋和研究,是符合他自己的思想邏輯的。如前所述,根據海德格爾在《存在與時間》第八節的構思,他在完成現有的《存在與時間》,給出了關於此在的生存—存在論即基始存在論,得到了追問存在的意義的視域 —— 時間之後,接下來他要以此為線索去解構存在論的歷史,從而一方面對傳統中的哲學概念、體系進行解構,將被它們掩蓋和遮蔽的源始經驗鬆動、釋放出來,另一方面要透過這個過程完成從時間到存在的思路,進而從基始存在論進入到一般存在論。而在他解構存在論歷史的計畫中,首先就

6.1　海德格爾對康德的現象學解釋中的「得」與「失」

需要對康德進行解構。因此，我們看到，他這些年對康德的解釋工作實質上都是為了完成《存在與時間》中提出的計畫而準備的。海德格爾也在《康德書》的第一版序言中明確地說道：「對《純粹理性批判》的這一闡釋與最初擬寫的《存在與時間》第二部分緊密相關。」[1]

那麼，在這種意義上，我們是否可以把海德格爾1929年出版的《康德書》就看作《存在與時間》中的第二部的第一篇即「康德的圖式說和時間學說——提出時間狀態問題的先導」呢？嚴格意義上來說是不可以的，因為同樣在康德書的第一版序言中，海德格爾說，「在《存在與時間》的第二部分中，本書研究的主題將在一個更為寬泛的提問基礎上得到探討。……目前的這本書應當成為其準備性的補充。」[2] 因此，這也就意味著，海德格爾在《存在與時間》之後以《康德書》為核心的一系列康德研究都是在為完成《存在與時間》中的計畫在做準備。我們在閱讀海德格爾的《康德書》以及他這一時期的其他康德解釋作品時一定要始終銘記此點。

不過，除此之外，海德格爾在寫作《康德書》時還有一個目標，那就是為他的《存在與時間》正名。因為在《存在與時間》出版後，雖然立即就產生了巨大影響，但誤解卻也相伴而生，很多人認為《存在與時間》是一本哲學人類學[3]著作。（甚至胡塞爾在1930年代重讀《存在與時間》時也持有這樣的看法，認為海德格爾和舍勒一起墮入哲學人類學的窠臼之中去了，他們的工作幾乎和他的現象學沒什麼關係。）面對這種局面，海德格爾當然一方面很委屈，另一方面很不滿。因為他一直認為自己致力於從事的是存在論工作。所以，為了澄清此點，他也走到了對康德哲學，尤其是對《純粹理性批判》進行現象學解釋這裡來。同樣是在《康德書》的第一版序言中，海德格爾說：「本書作為『歷史性』的導論會使得《存在與時間》第一部分中所處理的疑難所問（Problematik）更加清晰可見。」[4] 在這裡，我們要尤其強調一下，《康德書》的第一版前言寫於1929年，這時他的思想仍然處於《存在與

第6章　海德格爾對康德的現象學解釋與他的思想轉向之路

時間》之中的思路的籠罩下。

因此,海德格爾在《存在與時間》之後到思想在1930年代發生轉向之前的以《康德書》為核心而對康德哲學進行的現象學解釋工作,就有了兩幅面孔。一方面,它是《存在與時間》中計畫的一部分,另一方面,它又構成了《存在與時間》的「歷史性導論」,因此,海德格爾在以《康德書》為核心的對康德進行的現象學解釋的作品與《存在與時間》之間便有了一種「解釋學循環」的關係。如果按照海德格爾的看法,對「解釋學循環」的恰切理解就是正確地進入這個「解釋學循環」。不過,從海德格爾已經出版的《康德書》及其後續的著作來看,他把《純粹理性批判》作為《存在與時間》的「歷史性導論」的這一點的確是闡釋清楚了。但另一方面,他在以《康德書》為核心的對康德的現象學解釋的作品中,卻沒能完成《存在與時間》之中的計畫,即他並沒能在康德的「圖式」論那裡真正地建立起時間和存在之間的關係。

那麼,這也就意味著,海德格爾在對《純粹理性批判》的現象學解釋中有「得」有「失」。就其「得」亦即成功的一面來說,即他透過對《純粹理性批判》的逐步分析和解讀表明,康德哲學的主旨是提供一次為形而上學奠基的工作,因此康德的第一批判,乃至他的全部哲學致力於解決的是存在論如何可能的問題。而在他解決這個問題的過程中,透過把形而上學的奠基置放在超越論想像力之上,而後者又形象出了源始的時間,因此康德哲學便凸顯出了人類存在的有限性、超越性以及時間性。儘管康德在超越論想像力和時間性這個突破性的發現面前決定性地退縮了,但他依然是向著《存在與時間》中將時間和存在聯繫起來思考的第一人也是唯一一人。所以,海德格爾透過這種解讀就意圖表明,他的《存在與時間》並不是前無古人、橫空出世的,康德就是他的先驅!他自己的工作無非是將康德在《純粹理性批判》中已經意欲說出但最終卻沒能說出的意思極端化、表達了出來而已,因此他們倆一樣,從事的其實都是存在論的工作,都是在處理形而上學奠基的問題。這

6.1 海德格爾對康德的現象學解釋中的「得」與「失」

樣,他的《存在與時間》根本就不是什麼哲學人類學。

然而,海德格爾對康德哲學的現象學解釋,有「得」的同時也有「失」。就後者而言,它主要體現在,海德格爾對康德哲學進行現象學解釋,以為完成《存在與時間》中解構存在論歷史作準備的工作並沒能開花結果:從嚴格意義上來說他並沒能在康德的圖式論中解構出時間與存在之間的聯繫。[5] 他得到的無非是《存在與時間》的前身亦即一個「歷史性的導論」而已。這是問題的一個方面,問題的另一方面在於,在他完成《康德書》後不久,居然以發表《論真理的本質》的演講(1930 年)為標誌,思想發生了「轉向」。他竟然放棄了《存在與時間》中的思路!那麼這就自然意味著他同時放棄了以時間為視野去解構存在論歷史的計畫。鑒於海德格爾發表《論真理的本質》的演講與他的《康德書》為代表(包括《現象學之基本問題》、《對康德〈純粹理性批判〉的現象學解釋》、《從萊布尼茲出發的邏輯學的形而上學始基》、《形而上學的基本概念——世界、有限性、孤獨性》和《論人的自由的本質——哲學導論》)的對康德的現象學解釋的作品之間在時間上如此接近,那麼,在這個表面的看似偶然的聯繫背後,是否有更深層次的原因呢?海德格爾的思想「轉向」與他的康德解釋之間是否有什麼關係呢?莫非是他在解讀康德哲學的過程中遇到了什麼困難,這一困難使他的思想面對一種窘境,從而不得不進行「轉向」?的確如此,我們認為,海德格爾在對康德進行現象學解釋的過程中,尤其是在《康德書》中遇到了困難,為了應對和回答這些困難,他的思想不得不發生一些變化。海德格爾說康德在超越論想像力這道深淵面前遇到了困難,所以不得不「退縮」。其實,海德格爾在對康德哲學的解讀過程中又何嘗不是也遇到了類似的「深淵」?那麼,他遇到的難題是什麼呢?

第 6 章　海德格爾對康德的現象學解釋與他的思想轉向之路

6.2　海德格爾的康德解釋與他的思想轉向之路

6.2.1　海德格爾在《康德書》中遭遇的困難

我們認為，海德格爾在《康德書》中對《純粹理性批判》進行現象學解釋時，主要思路是很清楚的。即從將純粹知識的構成要素拆解成純粹直覺和純粹思維兩個要素，進而引出將它們「契合」在一起的純粹綜合和圖式論，然後透過純粹綜合和圖式論引出作為它們根基的超越論想像力。而在超越論想像力的活動中給出源始的時間，進而在這個過程中展示出人的有限性、超越性以及由超越論想像力而來的時間性。最後指出，康德以這種方式向著《存在與時間》和基始存在論走了一程。在海德格爾看來，儘管康德在《純粹理性批判》中意欲透過解決「先天綜合判斷如何可能」的問題提供一次為形而上學奠基的工作，但卻在他能達到的形而上學奠基的「源頭」處，即超越論想像力和源始的時間這裡，因為缺乏一些根本性的視角突破，譬如沒有意識到作為主體的人首先不是認識著的人，而是在—世界—之中—存在的人，依然停留在近代以來的時間觀的立場上而沒有看到源始的時間是綻出式的時間等，從而導致他在超越論想像力和源始的時間——其實也就是在基始存在論面前的退縮了。但在他具體地解讀康德的《純粹理性批判》時，卻至少遇到了兩個困難，這兩個困難在某種意義上對他的思想轉向十分關鍵。我們認為，這兩個困難一個來自於他對康德的「超越的對象=X」的解讀所引出的「虛無」問題，一個來自於他對康德的「超越論幻相」的解讀所引出的「非真理」問題。接下來，我們將嘗試把海德格爾遇到的這兩重困難呈現出來。

關於第一重困難。這一重困難出現於海德格爾談論康德的「超越」論題中。海德格爾指出，「超越」是康德哲學中的重要論題。康德的超越論演繹就是為了揭示或者展現有限性的人的有限理性的超越問題的。正是因為人是有限性的，所以人無法像神那樣透過源始的直覺一方面創生作為認識對象的存

在者,一方面形成知識。人的直覺是派生的、有限性的直覺,所以人的知識的形成必須一方面依賴於事先已經存在了的存在者,另一方面依賴於直覺和思維的共同作用。這樣,就涉及認識對象的形成問題。海德格爾指出,形成認識對象的過程就是超越的過程,在有限的本質存在(Wesen)的這種超越活動中,一方面產生「讓對象化」活動,另一方面產生這一「讓對象化」活動能夠活動於其中或運作於其中的境域。

我們先來看「讓對象化」活動,在所謂的「讓對象化」活動中,實質上又包含兩個方面的內容,一方面是讓存在者站出來並轉到有限的本質存在即人對面而面對人站立。另一方面是人也要能夠從自身出發轉過來面向那對面而立的存在者。在雙方之間都存在著這樣的「轉過來面向……」(Zuwendung-zu……)的活動。不過,這兩方面都是人的活動的產物。都依賴於主體的主體性。其中,人從自身出發「轉過來面向……」的這一活動更具有主導性或者說優先性。不過,海德格爾關於這一點說了一段匪夷所思的話,「我們讓其從我們出發來對象化的那個東西是什麼?它不能夠是存在者。但如果不是存在者,那就是虛無。只有『讓對象化』延伸自己一直到虛無之中,表像活動,而不是虛無,才能夠讓某種並非虛無的東西(ein nicht-Nichts),即不是虛無,而是讓像存在者那樣的東西──假設它正好也經驗地顯現自己──來相遇,而且是在虛無中來相遇。這個虛無完全不是 *nihil absolutum*〈絕對的虛無〉,它和那『讓對象化』有怎樣的因緣關係,值得討論。」[6] 海德格爾的這段話說得比較晦澀,不免讓人有費解之感。但恰恰是在這些讓人覺得「晦澀」和「費解」之處,悄悄地隱藏著困難。海德格爾在這裡指明,「讓對象化」活動要能夠延伸到虛無之中,才能讓表像在虛無之中讓存在者在這種虛無中來相遇。那這也就是說,讓對象化的活動最終必須要以虛無為背景,並活動於這個虛無之中,唯有如此,有限的此在的表像活動才能讓存在者前來遭遇。但海德格爾為什麼要如此費力呢?主要原因還在於他必須要能夠揭示超越現

第 6 章　海德格爾對康德的現象學解釋與他的思想轉向之路

象。因為只有在超越活動中,作為對象的存在者才能前來遭遇。海德格爾指出,在這個過程中會形成經驗性的圖像和純粹圖像亦即圖式。超越這種「讓對象化活動」會在圖像和圖式的形象(bilden)活動中充分地體現出來。而在「圖像」和「圖式」的形成過程中,「圖式」也就是純粹圖像更為基本。正如我們在前文中所曾介紹過的,純粹圖像的形成和純粹綜合活動緊密聯繫在一起,是「時間性地形象著」(zeitbildend),是後像、映像和前象的共屬一體性結構。這也就是海德格爾說的源始的時間,而形成源始的時間的是超越論的想像力。就超越論的想像力體現了主體的主體性並形成了源始的時間和純粹綜合活動而言,它就具有了一定的創生性。作為超越的「讓對象化」活動只有追溯到超越論想像力這裡才能得到真切的理解。然而,超越論想像力的這種具有一定的創生性的超越活動,它的活動需要一定的境域,而這個境域不能是存在者,而只能是虛無。但這個「虛無」與作為「讓對象化」的超越活動之間,究竟有著怎樣的關聯,海德格爾此刻卻並不很明晰,它依然處於有待研究和澄清的階段。「這個虛無……它和那『讓對象化』有怎樣的因緣關係,值得討論。」[7] 甚至關於這個虛無本身該如何理解,在存在論上又該給予它什麼樣的說明海德格爾此時實際上也是不清楚的。

我們上一段集中討論了在「讓對象化」活動中的主體性面向的這一面,亦即是從人的主體性能力這個角度來考察的。但作為超越的「讓對象化」活動,還涉及人的在先的「轉過來面向」所要面向的東西,亦即對象性面向的一面。海德格爾指出,這個在自身中站出並轉到有限的本質存在對面而面向人而立的、作為人在先的「轉過來面向」所要面向的東西,就是「超越論的對象 =X」,「這個在先的『轉過來面向』中所向的東西,因此就可以『被稱為非經驗的……對象 =X』」。[8] 那這個 X 是什麼呢?「康德將這一 X 稱為『超越論的對象』,亦即在超越中並透過作為其境域的超越而可得以一瞥的對舉者。……在存在論的知識中得到知悉的 X,依其本質就是境域。」[9] 海德格

爾指出，這個 X 是不可認識的，它只是一個純粹的境域，在這種意義上，它是「虛無」（Nichts）。因此，超越活動，作為與這種「超越的對象=X」的關聯活動，它的基本工作就是把「虛無」這種境域形象出來，也就是讓它保持開放、保持敞開，從而能讓存在者能夠在這個敞開的境域中被遭遇。「超越之形象活動不是別的什麼，而是境域的保持開放（Offenhalten），在這裡，存在者的存在可先行地得以瞥見。」[10] 海德格爾因此把超越稱作「源生性的真理」。在這種源生性的真理中，存在得以敞開和揭露，存在者得到公開。「超越就是源生性的真理。但是，真理自身必須分身為存在的展露與存在者的公開。」[11] 不過，雖然超越這種源生性的真理是讓存在和存在者展示、揭露和公開出來，但當海德格爾遭遇到康德的先驗幻相（在海德格爾眼中是「超越論幻相」）時就遇到了另一重困難。

「超越論幻相」在海德格爾的《康德書》中最後出場（全書的倒數第二頁）。其實，如果不是因為這個「超越論幻相」，我們幾乎可以說海德格爾對康德的《純粹理性批判》的現象學解釋的思路幾乎是全然通順的：他以現象學的「現象」思路消解了康德那裡的物自體，以追蹤形而上學奠基的基源的方式追蹤到超越論想像力，認為超越論想像力是康德全部哲學的關鍵，超越論想像力產生了源始的時間，不僅純粹直覺和純粹圖式是時間性的，就連自我和「我思」都內在地具有時間性質，源始的時間是曾在、當前化和將來共屬一體式地從將來綻出性地到時，因此，作為主體的「我」是有限性的、超越的、具有時間性的。如果在這個思路中能補足「世界」這個維度，那麼，就會達到海德格爾的《存在與時間》中的思路了。然而，康德那裡還有一個「先驗幻相」（海德格爾現象學視角中是「超越論幻相」）！

如何處理這個超越論幻相呢？可以把它繞過去嗎？事實上康德在《純粹理性批判》中之所以要解決先天綜合判斷如何可能的問題，就是要一方面要為知識的普遍必然性做論證，另一方面就是防止人類的認識做超驗的運用，

第 6 章　海德格爾對康德的現象學解釋與他的思想轉向之路

就是為了要防止先驗幻相的產生。所以，即使海德格爾對康德的《純粹理性批判》做了現象學的解讀，將物自體變成了現象學視野中顯現著的現象，但卻無法繞過這個「超越論幻相」。海德格爾把超越論幻相定義為「超越論的非真理」，並指明它與超越論真理是統一的，而且認為它與超越論真理均來自人的有限的本質。但海德格爾對這種超越論的非真理卻並沒有給出進一步的論述。只是以一系列開放性的疑問結束了整部康德書。

　　海德格爾在《康德書》中為什麼不對作為超越論幻相的超越論的非真理進行進一步的描述和說明？在我們看來，海德格爾在這個問題面前實質上遇到了困難。主要是因為，正如我們前文所指明的，海德格爾在《康德書》中認為，康德在《純粹理性批判》中提供了有關超越的超越論真理，而有關超越的這種超越論真理亦即源生性的真理主要是說，人亦即此在在自己的超越活動亦即「讓對象化」活動中讓存在和存在者公開、顯示出來。而如果我們結合海德格爾在《存在與時間》中的真理思想來看的話，會發現《康德書》中的作為「源生性的真理」的超越論真理與《存在與時間》中的真理觀是一脈相承的。它們都有著讓敞開、讓顯示、讓公開出來的意思。然而，作為超越論幻相的超越論的非真理與這兩者卻顯得格格不入。因為超越論的非真理顯然具有的是負面、否定的意味。而海德格爾又說這種超越論的非真理與超越論真理是內在統一於人的有限性的本質之中。然而，這種統一又如何可能？什麼是超越論的非真理？超越論的非真理與超越論的真理之間究竟又有著怎樣的統一關係？這些問題都是海德格爾在《康德書》中已然面對然而卻沒能解決的問題。

　　而返回頭來我們再看，前文中所說的虛無（Nichts）問題，對於海德格爾來說同樣是一個需要解決的問題。因為儘管他在《存在與時間》中，透過對此在的生存—存在論分析，特別是對此在的「畏」的現象學分析，曾經討論過這個「無」的問題，但實際上這兩種「無」並非全然相同的「無」。因為

他在這裡談論的「無」更多的是在存在論層面上的更為源始的「無」，在某種意義上，它是比此在在生存中所能遭遇的無更為源始的無。單純從《存在與時間》中的視角出發，並不能全然把握這裡的這個「無」。恰恰是這個「無」以及上文談到的「超越論的非真理」，是海德格爾在《康德書》中遭遇的，然而卻並未能梳理清楚的「難題」，而恰恰是這兩個問題，成為了海德格爾在《康德書》之後不斷討論的問題，我們認為，也恰恰和對這兩個問題的思索相關，海德格爾的思想轉向了後期。

6.2.2 海德格爾的思想轉向之路

海德格爾在《康德書》中遭遇的這個「無」的問題和「超越論的非真理」的問題，成為了他在《康德書》之後的幾份作品中的研究主題。這些作品主要有：1929 年 7 月 24 日於弗萊堡大學做的教授就職講座作品《形而上學是什麼？》，為胡塞爾 70 壽辰所做的文章《論根據的本質》以及 1930 年的講座作品《論真理的本質》。如果結合海德格爾終生的思想發展情況，我們可以把他這段時期的思想看作是他由前期向後期轉變的關鍵性過渡階段。因為海德格爾在《關於人道主義的書信》中明言，以《論真理的本質》為標誌性的開端，他的思想發生了轉向。「我的演講《論真理的本質》是在 1930 年思得的，……這個演講對那個從『存在與時間』到『時間與存在』的轉向之思想作了某種洞察。這個轉向並非一種對《存在與時間》的觀點的改變，不如說，在此轉向中，我所嘗試的思想才通達那個維度的地方，而《存在與時間》正是由此維度而來才被經驗的，而且是根據存在之被遺忘狀態的基本經驗而被經驗的。」[12] 所以，我們認為，他在這段時期思考的主題對於我們理解他的思想轉向之路具有十分重要的意義。

在《形而上學是什麼？》之中，海德格爾對「無」進行了思考，在《論根據的本質》中，海德格爾探討了超越、世界、根據和自由之間的關係，而在

第 6 章　海德格爾對康德的現象學解釋與他的思想轉向之路

《論真理的本質》中則主要討論了作為解蔽的真理與作為遮蔽的非真理之間的關係，並在此基礎上指出二者實質上是統一在一起的。由此，他的這幾篇文章所探討的問題實質上是接續我們上文所述的、他在《康德書》中遇到的那兩個問題而進行的探討。恰恰是透過對這幾個問題的思考，海德格爾逐漸走出了《存在與時間》中設計好的以時間為視野去追問存在的意義問題的思路，也就是說他走出了對此在的生存—存在論分析的思路，鑒於他對此在的生存—存在論分析向來就是他的解釋學的現象學的研究內容，所以他後期也不再堅持聲稱自己的哲學是「現象學的」，甚至在他後期的作品中（一些回顧性的作品除外），「現象學」這個詞出現的頻率也越來越低。

為了更好地看清楚海德格爾的思想轉向之路，我們接下來將首先大致地展示海德格爾在這幾篇文獻中是如何思考《康德書》中遺留下來的這兩個問題即「無」和「超越論的非真理」的，繼而結合他後期的代表作《哲學論稿——從本有而來》中的基本思想來進一步展示這兩個問題對他的思想轉向之路的影響。

海德格爾在《形而上學是什麼？》和《論根據的本質》這兩篇文章中，從不同的角度對「無」進行了思索，海德格爾本人也指出，《形而上學是什麼？》這篇文章中是從對存在者的角度對「不」（das Nicht）的探討，而《論根據的本質》則是從存在論差異亦即存在與存在者之間的區別的角度對「不」（das Nicht）的探討。而這兩種對「不」（das Nicht）的探討其實是「同一者」。[13] 這兩種「不」實質上都和「無」（das Nichts）的問題緊密關聯在一起。但這個「無」則又和「超越」問題內在勾連。在《論根據的本質》中，海德格爾將超越理解為此在的「在—世界—之中—存在」，這個思路承接了他先前的思路。而在《形而上學是什麼？》中，他則把「超越」和「無」聯繫在一起進行思考，把「超越」稱為，「超出存在者之外的存在狀態」。[14] 而這種「超出存在者之外的存在狀態」，則是此在將自身與「無」關聯起來時才能達到的狀

態，顯然，海德格爾這裡的意思就是我們在上一節討論《康德書》中他談到「讓對象化」活動時談到的「讓對象化」活動要讓自己延伸到虛無之中時，所要表達的意思。海德格爾指出，「此在」的存在向來是存在在此，在此在的存在在此的生存活動中有「此」存在，而「此之在意謂：嵌入到無中的狀態」。[15] 只有此在將自身嵌入到無，「超越」才得以發生。「把自身嵌入無中時，此在向來已經超出存在者整體之外而存在了。」[16] 如果此在沒有能夠將自身嵌入無中，那麼，超越就是不可能的，進而此在與存在者相遇、打交道這種事情就是不可能的，從而，此在自身的存在的敞開狀態也是不可能的。

不過，這種意義上的「無」是由誰開啟出來的呢？海德格爾指出，理智在這件事情上是無能為力的。靠邏輯和推理的方式始終無法給出源始的「無」，而只能靠人生之基本情調（Stimmung）才能夠做到這件事。海德格爾指出，這樣的基本情調或基本情緒（Stimmung）就是「畏」（Angst）。「我們所畏和為之而畏的東西的不確定性卻並不是缺乏確定性，而是根本不可能有確定性。」[17]「畏把無敞開出來」（Die Angst offenbart das Nichts）。[18] 然而，值得我們注意的是，海德格爾在這裡所說的「畏」和「無」與他在《存在與時間》中所談論的「畏」和「無」並不完全相同，已經有所區別了。在《存在與時間》中，海德格爾談到的「畏」（Angst）是當此在面對「死亡」這種無可逃避的、確知會來但又不確定何時降臨的不可能的可能性時的基本情緒，因此，只有此在面臨「死亡」這種本己的不可能的可能性時才會開啟出來。然而，在《形而上學是什麼？》中談論「畏」時，海德格爾卻並沒有談到「死亡」的作用，反而說源始的畏是隨時都會甦醒的，它的發動並不需要某個特別的事件。「源始的畏在任何時刻都能夠在此在中甦醒。為此它無需透過非同尋常的事件來喚醒。」[19]

鑒於超越就是形而上學的主題，而超越由「無」開啟，所以，「無」就應該成為形而上學的主題。海德格爾指出，哲學和形而上學是一體的，就哲

第 6 章　海德格爾對康德的現象學解釋與他的思想轉向之路

的首要意思是個動詞即「哲思」而言,哲學讓形而上學得以發動和運轉起來,而就形而上學是哲學的主題而言,形而上學的活動讓哲學得以被規定、獲得自己的內容。所以,無論是哲學還是形而上學都有賴於透過哲思的發動者,這就是此在的「本己的生存」,但如何發動這本己的生存呢?海德格爾不再強調死亡對於此在的本己的生存的組建性意義,而開始強調一種「獨特的跳躍」,這種「獨特的跳躍」是面向此在的整體可能性的起跳,是向此在生存的本己可能性的整體之中的跳躍。海德格爾指出,只有完成這種跳躍,哲學才能發動起來。然而,為了準備這種跳躍,卻有幾件關鍵性的事情需要得到先行處理:「首先,賦予存在者整體以空間;其次,自行解脫而進入無中,也就是說,擺脫那些人人皆有並且往往暗中皈依的偶像;最後,讓這種飄搖漸漸消失,使得它持續不斷地迴蕩入那個為無本身所趨迫的形而上學的基本問題之中:為什麼竟是存在者存在而無倒不在?(Warum ist ueberhaupt Seiendes und nicht vielemehr Nichts?)」[20] 在這裡,海德格爾說的「跳躍」、「無」以及「為什麼竟是存在者存在而無倒不在」這個形而上學的基本問題,都是《存在與時間》乃至《康德書》中未曾展現出來的思想。但為了更好地看清楚海德格爾的思想轉向之路,我們接下來要轉而探究海德格爾在《論真理的本質》(1930)中對《康德書》中遺留的另外一個問題即「超越論的非真理」的探討,然後再結合這兩方面的因素來探討海德格爾後期思想的「轉向」。

在《論真理的本質》中,海德格爾對「真理」問題進行了解釋。正如他在《存在與時間》中所堅持的那樣,他認為真理不應該從符合論意義上來理解,即真理不應該是符合論意義上的真理。而應該從 α λ θ ∈ α(真理)這個詞的源始意思——「去除遮蔽」——來理解。但是,用「去除遮蔽」這種讓存在者存在或者說讓存在者敞開的意思無法解釋《康德書》中提出的超越論幻相。他將稱超越論幻相稱為超越論的非真理。不過,海德格爾曾指出,超

6.2 海德格爾的康德解釋與他的思想轉向之路

越論的非真理與超越論的真理亦即源始的真理之間並不是矛盾關係，毋寧二者在本質上相互統一在一起。然而，這個非真理與作為「去蔽」意義上的真理之間的關係，恰恰是有待解決的。因此，他在《論真理的本質》中來討論這個問題。

海德格爾指出，真理是「解蔽」，是「去除遮蔽」，它指的是去除存在者身上的遮蔽，從而讓存在者的存在呈現出來或敞開出來，即讓存在者存在，就讓存在者存在就是自由而言，真理就是自由。「真理的本質揭示自身為自由。自由乃是綻出的、解蔽著的讓存在者存在。」[21] 然而，海德格爾又指出，在真理運作過程中，即它在去除存在者身上的遮蔽、讓存在者存在的過程中，卻總產生了遮蔽。「讓存在」在去蔽的過程中也在製造著遮蔽。甚至在某種意義上，這種遮蔽狀態要比去蔽狀態來得更為源始、更為古老。海德格爾將這種對存在者整體的遮蔽狀態稱為「根本性的非真理」。「存在者整體之遮蔽狀態，即根本性的非真理，比此一存在者或彼一存在者的任何一種可敞開狀態更為古老。它也比『讓存在』本身更為古老，這種『讓存在』在解蔽之際已然保持遮蔽了，並且向遮蔽過程有所動作了。」[22] 而這個「被遮蔽者之遮蔽」，則被海德格爾稱為「神祕」（das Geheimnis）。儘管在《論真理的本質》中，他還將「對存在者的遮蔽」稱非真理，但他此時已經將這種「遮蔽」與作為真理的「解蔽」緊密聯繫在一起，並認為二者本質上是內在統一的。對這個真理問題的進一步思索，就必然要求進一步地追問這二者之間的本質性關聯。

這樣，隨著對《康德書》中所遭遇的兩個問題，即「無」和「非真理」的思考，海德格爾來到了一個對於他的《存在與時間》中的思想來說全然陌生的領域了。然而，來自問題和思想的壓迫促使他必須進一步地向前走，以便去解決這些問題。於是，隨著對這些問題的深入思考，海德格爾的思想「轉向」便不可避免地發生了。首先，關於「無」的問題的思索，使得海德

第 6 章　海德格爾對康德的現象學解釋與他的思想轉向之路

格爾面對這樣一個問題，它對於形而上學來說十分關鍵，即，「為什麼竟是存在者存在而無倒不在？」（Warum ist ueberhaupt Seiendes und nicht vielemehr Nichts？）在這個問題面前，此在具有優先性嗎？沒有！作為人的此在不過和其他的存在者一樣，微不足道而已。「如果想要就『為什麼竟是存在者存在而無倒不在？』這個問題的本來意義展開這個問題的話，我們必須摒棄所有任何特殊的個別的存在者的優越地位，包括人在內。因為這個存在者有什麼稀奇？……在千百萬年的時間長河中，人類生命的延續才有幾何？不過是瞬間須臾而已。存在者整體中，我們沒有絲毫的理由說恰是人們稱之為人以及我們自身碰巧成為的那種存在者占據著優越地位。」[23] 由此，對這個問題的追問要求人們放棄此在的優先性地位，而去追問那讓基始存在論得以可能的東西，即要去追問比那基始存在論更為源始的東西，毋寧是這一更為源初的東西，讓基始存在論成為可能。其次，關於「非真理」的思索，使得他將作為「非真理」的「遮蔽」和作為「真理」的「去除遮蔽」並置在一起進行思考，並進一步地去探究它們之間的本質關係的思路上去了。而對於這個問題的思考，最終使他對真理的看法發生了轉變，由前期認為真理是「去除遮蔽」而轉向了認為真理是這二者的共同運作，真理變成了「有所遮蔽的澄明」。海德格爾開始去探討「存有之真理」（die Wahrheit des Seyns）的問題。和這兩者相關，海德格爾的思想就轉向了「後期」。而追問「存有之真理」以及要將《存在與時間》中的思想進一步引向深入的工作，就是他在後期思想中尤其是《哲學論稿》中要解決的問題。

　　海德格爾在《康德與形而上學問題》的第四版序言中，清楚地點明了從《康德書》到後期思想轉變的這條道路。他在第四版序言中首先引述了一張他自己寫於 1930 年代中期的小紙條。這張小紙條中描述了他的《康德書》和《存在與時間》的關係，即要把《康德書》當作《存在與時間》的「避難出路」，不過與此同時它也記錄下了《康德書》的問題，以及解決這些問題的出路。

6.2 海德格爾的康德解釋與他的思想轉向之路

在這張小紙條的最後幾行寫著這樣的話:「但同時:本己的道已被遮斷,/曲徑叢生。/參見第 4 章。/《論稿》—新的開端之開端—反思概念。」[24] 這就意味著,對於《康德書》的成就也好,問題也罷,需要結合《哲學論稿》來看,才能充分評估出它的意義和價值。

在《哲學論稿》中,海德格爾要做的工作是從形而上學的主導問題——即透過存在者的存在來追問存在問題——轉向形而上學的基礎問題——即追問作為本有(Ereignis)的存有(Seyn)[25] 和作為存有(Seyn)之真理(Wahrheit)。在這種「轉變」中,要實現思想從形而上學的「第一開端」向「另一個開端」的過渡。在這個過程中,海德格爾認為,哲學、存有、思想都是歷史性的。在海德格爾看來,《存在與時間》中的工作,對存在的思索尚不夠源始,它還需要向《哲學論稿》中有關作為本有的存有和存有之真理的思想前進。

海德格爾在《康德書》的第四版前言中所引用的那張小紙條是有道理的,因為他在《哲學論稿》中不僅回應了我們前文所述的他自己在《康德書》中遇到的困難,而且也多次在行文中討論康德哲學以及他的《康德書》,也曾討論過他的《康德書》中遇到的困難。他認為,康德對「我」的思考依然秉持的是一種主體主義的立場,但儘管如此,對康德的解釋依然無法繞過「離基深淵」(Abgrunden)。他認為,康德的「圖式和超越論想像力」就構成了這樣的「離基深淵」。而真正要緊之事是要充分重視這一「離基深淵」,把它當作一種「存有之開拋」。把握這一點之所以重要,是因為它是把握存有之真理的需要。「思想躍『入』存有之真理中,必定同時也使真理之本質現身躍起,在一種開拋之拋投中確定自身並且成為內立的。」[26]

但是,要想做到這一點,卻必須有思路上的轉變,即不能「主觀地」閱讀康德,而必須要依據「此─在」來閱讀康德時才行。這麼做是為了進入有關存有之真理的思想的一個步驟。「這種思想不再把開拋理解為表像之條件,

293

第 6 章　海德格爾對康德的現象學解釋與他的思想轉向之路

而是把它理解為此―在（Da-sein），理解為一種已經得到實現的澄明的被拋狀態 —— 這種澄明的首要之事依然是允諾遮蔽、因而使拒予敞開出來。」[27] 顯然，海德格爾在這裡所說的「允諾遮蔽的澄明」，就是存有之真理。

海德格爾指出，在「此―在」（Da-sein）和存有（Seyn）之間有一關聯。這就是「此在」向來對「存有」有著一種「存在理解」。然而，在《哲學論稿》中，海德格爾的理解相比《存在與時間》中卻有了不小的變化，他認為，「此―在」本身已經克服了一切主體的主體性。已經不再能從「人」的角度予以把握，而必須從「在之此」的角度來把握了。這是有道理的，因為在他的《存在與時間》中他要透過對此在的生存―存在論分析充實時間性，進而從時間走向存在，但他的時間性始終和此在的生存緊密聯繫在一起，即使他在康德的圖式論中看到了存在與時間之間的關聯，他對康德時間學說進行現象學解釋的結果依然還是此在的時間性。然而就像他在存在論差異中指出的存在不等於存在者一樣，存在也不等於此在的存在。此在的存在始終與人的存在聯繫在一起，就勢必具有主體性的特徵。為此，要真正地把握存在，就要從此在的存在走向存在。同時，他在《哲學論稿》中把「理解」領會為「開拋」。這種開拋作為一種被拋的開拋，屬於本―有（Er-eignis）。[28] 在他看來，透過對康德的超越論想像力和超越論籌劃（transzendental Entwurf）進行一種暴力解釋，可以向著將「此―在」和「存有」結合起來之近處走上一程。然而，儘管如此，在他看來，由於康德依然受制於古希臘和笛卡爾的思想傳統，他把存在者當成了對象，因此便無法真正地向「此―在」突破，無法去追問和展現作為有所澄明的遮蔽的存有之真理。「因此，思想便不可能達到一種對此―在的建基，亦即說，關於存有之真理的問題在這裡是不可追問的。」[29]

恰恰是因為這些困難，海德格爾思想不得不走上一條從《存在與時間》到《哲學論稿》的轉向之路。在思想的這一「轉向」之路中，海德格爾嘗試著

把思想向更深一個層次或者說更源初的一個層次推進，是從此在之存在走向存在本身的過程，也是從存在的意義走向存在的真理的過程，並在這個過程中，他試圖從與思想的「第一個開端」的爭執中開啟出「另一個開端」。

注解

[1] 海德格爾,《康德與形而上學疑難》,第一版序言。
[2] 同上。
[3] 其實,如果客觀地說,別人對《存在與時間》會產生「哲學人類學」的誤解也是有道理的,因為從出版的《存在與時間》來看,它只完成了計畫中的三分之一。因此,海德格爾在《存在與時間》中並沒能把他完整的思路表達出來。他完整的思路應該是,首先指出存在論的主導問題應該是追問存在的意義問題,而在對這個問題的追問中,此在在存在論層面和存在者層面均具有優先地位。因此要透過對此在的生存—存在論分析敞露出時間性。這是從存在到此在,再由此在到時間性（Zeitlichkeit）和時間（Zeit）的思路。在此基礎上,他要以時間狀態（Temporalitaet）為線索去解構存在論的歷史,進而從時間走到揭示存在的意義的思路上。但由於他的計畫沒能完成,從已經出版了的《存在與時間》的內容來看,毋寧改稱《此在與時間性》反倒更為恰切些。就海德格爾的「此在」（Dasein）就是「人」來說,《存在與時間》就完全有可能被人誤解為一種哲學人類學。但海德格爾對此卻十分不滿,他認為自己進行的工作不是哲學人類學的工作,他從事的是存在論的奠基工作,這種工作要比哲學人類學源始和深刻得多。哲學人類許毋寧要在存在論的基礎上才有可能。其實,海德格爾的 Dasein 雖然就是人,但二者並不能簡單等同。因為海德格爾用 Dasein 這個詞實質上取得時「存在在此」的意思。它取得只是人的生存—存在論意義上的規定,它並沒有人類學意義上的人格性和肉身形等屬性。海德格爾自然不願意自己的工作被別人誤解,所以在《存在與時間》之後,他出版《康德書》,有一個很重要的目的就是要表明,康德從事的工作實際上是自己的基始存在論事業的先導,他和康德一樣,致力於解決的是形而上學奠基問題,而不是要構建一種哲學人類學。
[4] 海德格爾,《康德與形而上學疑難》,第一版序言。
[5] 不過,雖然海德格爾在《康德書》中將注意力和重心更多地放在了超越論想像力和它產生的源始的時間性上,但並不意味著海德格爾對康德的圖式論不重視。恰恰相反,他在《康德書》中給予了圖式論相當重要的地位。我們只是說他並沒能像《存在與時間》中

第 6 章　海德格爾對康德的現象學解釋與他的思想轉向之路

計畫的那樣去解構在圖式中時間和存在之間的關係而已。不過，海德格爾在《現象學的基本問題》中曾經向著這個目標走了一程。詳情參見海德格爾，《現象學之基本問題》，第 403—414 頁，「在—世界—之中—存在、超越與時間性綻出的時間性之境域性圖式」。

[6] 海德格爾，《康德與形而上學疑難》，第 67 頁。

[7] 海德格爾，《康德與形而上學疑難》，第 67 頁。

[8] 海德格爾，《康德與形而上學疑難》，第 116 頁。

[9] 同上，第 117 頁。

[10] 同上，第 118 頁。

[11] 同上，第 118 頁。

[12] 海德格爾，《關於人道主義的書信》，載於海德格爾，《路標》，孫周興譯，北京：商務印書館，2011 年，第 385 頁。

[13] 參見海德格爾，《論根據的本質》，載於海德格爾，《路標》，孫周興譯，北京：商務印書館，2011 年，第 142 頁。

[14] 海德格爾，《形而上學是什麼？》，載於《路標》，孫周興譯，第 133 頁。

[15] 同上，第 133 頁。

[16] 同上，第 133 頁。

[17] 同上，第 129 頁。

[18] 同上，第 129 頁。

[19] 海德格爾，《路標》，第 136 頁。

[20] 同上，第 141 頁。

[21] 海德格爾，《論真理的本質》，載於《路標》，孫周興譯，第 221 頁。

[22] 海德格爾，《路標》，第 223 頁。

[23] 海德格爾，《形而上學導論》，熊偉、王慶節譯，北京：商務印書館，2010 年，第 6 頁。

[24] 海德格爾，《康德與形而上學疑難》，第四版前言，第 2 頁。

[25] 海德格爾在思想轉向後，逐漸地放棄了為形而上學奠基的想法，他認為形而上學思得不夠源始，因此需要被克服。所以他試圖用 Seyn 來取代傳統形而上學中的 Sein 這個範疇。

[26] 海德格爾，《哲學論稿（從本有而來）》，孫周興譯，北京：商務印書館，2012 年，第 470 頁。

[27] 同上，第 472 頁。
[28] 參見海德格爾，《哲學論稿（從本有而來）》，第 265 頁。
[29] 海德格爾，《哲學論稿（從本有而來）》，第 267 頁。

第 6 章　海德格爾對康德的現象學解釋與他的思想轉向之路

結論

在我們經過了一個漫長的，甚至多少顯得有些繁瑣的思想之旅後，如今終於要抵達終點了。在結尾處，再次對我們的本次研究進行一次回顧和總結是必要的。因為這樣不僅一方面可以將我們的思路更好地端呈出來，另一方面亦可以將我們的問題更好地展現出來。

本研究以海德格爾的《康德與形而上學問題》亦即《康德書》為核心，集中於海德格爾對康德哲學進行現象學解讀的作品，主要興趣在於探討海德格爾對康德時間學說的現象學解讀的基本思路及其在海德格爾本人思想發展中的地位和作用。

在我們看來，海德格爾以《康德書》為核心而對康德哲學展開的現象學解讀之所以重要是因為它事關兩個方面：一方面在於海德格爾把它當作《存在與時間》的歷史性的導論，他試圖透過解讀《純粹理性批判》表明康德的超越論哲學是《存在與時間》的先驅，他們共同致力於解決的是存在論問題，他們的哲學目標在於為形而上學奠定基礎，而不是建設一門哲學人類學。另一方面在於海德格爾也把它當作完成《存在與時間》之中所制定的解構存在論歷史的準備。因此，在海德格爾的以《康德書》為代表的一系列對康德哲學進行現象學解釋的作品與《存在與時間》之間就體現了一種解釋學的循環。

具體來說，海德格爾首先將康德的《純粹理性批判》看作是一次為形而上學奠基的工作。繼而便運用自己的現象學方法對康德的第一批判進行了解構。首先他將康德那裡的純粹知識拆解成兩個因素——純直覺和純思維，進而指出將純直覺和純思維契合起來的關鍵是純粹綜合和純粹圖式，最後指出提供純粹綜合和純粹圖式的是超越論想像力。因此，超越論想像力便是形而上學奠基的源頭和關鍵。海德格爾指出，超越論想像力就是源始的時間，它

結論

形象出了曾在、當前化和將來，而這三者作為時間的三個要素彼此勾連在一起，統一地由將來綻出式地到時。海德格爾指出，康德在為形而上學提供奠基的過程中，充分體現並展示了人的有限性、超越性和時間性，因此實質上便向著《存在與時間》中的時間性思想和基始存在論前進了一程。這樣，海德格爾就透過《康德書》表明了康德的《純粹理性批判》何以是他的《存在與時間》的歷史性導論。

但與此同時，海德格爾也指出，因為康德依然在近代哲學的「主體」意義上來理解「我」，沒能正確地理解「世界現象」和「超越」，以及依然秉持近代的線性時間觀，因此當他面對超越論想像力這道深淵時，被他自己的發現嚇退了。所以康德沒能進一步前進到《存在與時間》之中。但他依然是將時間和存在聯繫起來進行思考的唯一一人。

不過，海德格爾寫作《康德書》的另外一個目的，即透過《康德書》來為完成《存在與時間》中計畫的解構存在論的歷史做準備。他解構存在論的歷史之所以沒能如他計畫的那樣推進下去或完成，主要原因在於在他在對康德思想進行現象學解釋的過程中遇到了困難，我們認為這種困難來自於「讓對象化」的超越活動所展示出的「虛無」問題，以及由超越論幻相所帶來的超越論非真理的問題。透過對這兩個問題的解決，海德格爾的思想被帶到了比《存在與時間》中的思想更為源初的境域，於是，他的思想轉向了後期，即去追問存有之真理和作為本有的存有。

由此，我們在本研究中便一方面具體地梳理了海德格爾對康德的《純粹理性批判》進行現象學解釋的具體思路和步驟，展示了他是怎樣一步步地將作為形而上學奠基之關鍵的源始的時間呈現出來的，另一方面也呈現了他對康德的現象學解釋在他思想轉向之中的重要作用。

或許，有人認為，海德格爾對康德的現象學解釋，強暴性的因素太多。事實也的確如此，海德格爾本人也承認這一點。但也正如他本人所說的那

樣,在思想之間的對話,往往可能會有違反歷史語文學規則的風險。然而,「運思者從錯失中學得更為恆久。」

我們自然也期待,透過本次研究,能夠真正地踏上那哲思之路。

結論

參考文獻

一、中文專著

1. （法）阿爾弗雷德·登克爾、（德）漢斯-赫爾穆德·甘德、（德）霍爾格·察博羅夫斯基主編，靳希平等譯，《海德格爾與其思想的開端》，北京：商務印書館，2009年。
2. （德）安東尼婭·格魯嫩貝格著，陳春文譯，《阿倫特與海德格爾——愛和思的故事》，北京：商務印書館，2010年。
3. （德）比梅爾著，劉鑫、劉英譯，《海德格爾》，北京：商務印書館，1996年。
4. （美）布魯斯·考德威爾，馮克利譯，《哈耶克評傳》，北京：商務印書館，2007年。
5. （德）弗里德里希·梅尼克著，陸月宏譯，《歷史主義的興起》，南京：譯林出版社，2009年。
6. （美）格奧爾格·G·伊格爾斯著，彭剛、顧杭譯，《德國的歷史觀》，南京：譯林出版社，2006年。
7. 宮睿著，《康德的想像力理論》，北京：中國政法大學出版社，2012年。
8. （德）伽達默爾著，陳春文譯，《哲學生涯》，北京：商務印書館，2003年。
9. （日）高田珠樹著，劉文柱譯，《海德格爾：存在的歷史》（現代思想的冒險家們系列叢書），石家莊：河北教育出版社，2001年。
10. （德）貢特·奈斯克、埃米爾·克特琳編著，陳春文譯，《回答——馬丁·海德格爾說話了》，南京：江蘇教育出版社，2005年。
11. （美）理查·沃林著，張國清、王大林譯，《海德格爾的弟子：阿倫特、勒維特、約納斯和馬爾庫塞》，南京：江蘇教育出版社，2005年。
12. 劉小楓選編，孫周興等譯，《海德格爾與有限性思想》，北京：華夏出版社，2007年。
13. （德）呂迪格爾·薩弗蘭斯基著，靳希平譯，《海德格爾傳》，北京：商務印書館，1999年。
14. （德）海德格爾著，何衛平譯，《存在論：實際性的解釋學》，北京：人民出版社，2009年。

參考文獻

15. （德）海德格爾著，歐東明譯，《時間概念史導論》，北京：商務印書館，2009年。
16. （德）海德格爾著，孫周興譯，《路標》，北京：商務印書館，2011年。
17. （德）海德格爾著，熊偉、王慶節譯，《形而上學導論》，北京：商務印書館，2010年。
18. （德）海德格爾著，孫周興譯，《哲學論稿（從本有而來）》，北京：商務印書館，2012年。
19. （德）海德格爾著，丁耘譯，《現象學之基本問題》，上海：上海譯文出版社，2008年。
20. （德）海德格爾著，王慶節譯，《康德與形而上學疑難》，上海：上海譯文出版社，2011年。
21. （德）海德格爾著，陳嘉映、王慶節合譯，熊偉校，《存在與時間》（修訂譯本），陳嘉映修訂，北京：三聯書店，2006年。
22. （德）海德格爾著，孫周興譯，《在通向語言的途中》，北京：商務印書館，2004年。
23. （德）海德格爾著，陳小文、孫周興譯，《面向思的事情》，北京：商務印書館，2010年。
24. （德）海德格爾著，孫周興編譯，《海德格爾選集》，上海：上海三聯書店，1996年。
25. （德）海德格爾著，孫周興譯，《林中路》，上海：上海譯文出版社，2004年。
26. （德）海德格爾著，孫周興譯，《尼采》（上、下），北京：商務印書館，2002年。
27. （德）海德格爾著，孫周興編譯，《形式顯示的現象學——海德格爾早期弗萊堡文選》，上海：同濟大學出版社，2004年。
28. （德）胡塞爾著，倪梁康譯，《哲學作為嚴格的科學》，北京：商務印書館，2002年。
29. （德）胡塞爾著，倪梁康譯，《現象學的觀念》，北京：人民出版社，2007年。
30. （德）胡塞爾著，克勞斯·黑爾德編，倪梁康譯，《現象學的方法》，上海：上海譯文出版社，2007年。
31. 黃裕生著，《時間與永恆——論海德格爾哲學中的時間問題》，北京：社會科學文獻出版社，2002年。
32. （意）卡洛·安東尼著，黃豔紅譯，《歷史主義》，上海：格致出版社、上海人民出版社，2010年。
33. （德）卡西爾著，甘陽譯，《人論》，北京：西苑出版社，2003年。
34. （德）卡西爾著，關子尹譯，《人文科學的邏輯》，上海：上海譯文出版社，2005年。
35. 馬琳著，《海德格爾論東西方對話》，北京：中國人民大學出版社，2010年。
36. （美）麥可·弗里德曼著，張卜天譯，南星校，《分道而行：卡爾納普、卡西爾和海德

格爾》,北京:北京大學出版社,2010 年。
37. 倪梁康著,《胡塞爾現象學概念通釋》,北京:三聯書店,2007 年。
38. 倪梁康著,《現象學及其效應》,北京:三聯書店,1996 年。
39. (美)尼古拉斯·布寧、余紀元編著,王柯平等譯,《西方哲學英漢對照辭典》,北京:人民出版社,2001 年。
40. 彭富春著,《論海德格爾》,北京:人民出版社,2012 年。
41. 潘衛紅著,《康德的先驗想像力研究》,北京:中國社會科學出版社,2007 年。
42. (美)斯皮伯格伯著,王炳文、張金言譯,《現象學運動》,北京:商務印書館,1995 年。
43. 孫冠臣著,《海德格爾的康德解釋研究》,北京:中國社會科學出版社,2008 年。
44. 孫周興著,《後哲學的哲學問題》,北京:商務印書館,2009 年。
45. 孫周興、陳家琪主編,《德意志思想評論》(第一卷),上海:同濟大學出版社,2003 年。
46. 宋繼杰主編,《Being 與西方哲學傳統》,保定:河北大學出版社,2002 年。
47. 王恆著,《時間性:自身與他者 —— 從胡塞爾、海德格爾到列維納斯》,南京:江蘇人民出版社,2006 年。
48. 王慶節著,《解釋學、海德格爾與儒道今釋》,北京:中國人民大學出版社,2009 年。
49. 汪子嵩著,《亞里斯多德關於本體的學說》,北京:人民出版社,1997 年。
50. 汪子嵩、范明生、陳村富、姚介厚著,《希臘哲學史 3》,北京:人民出版社,2003 年。
51. 熊偉著,《自由的真諦 —— 熊偉文選》,北京:中央編譯出版社,1997 年。
52. (古希臘)亞里斯多德著,廖申白譯,《尼各馬可倫理學》,北京:商務印書館,2010 年。
53. (古希臘)亞里斯多德著,苗力田譯,《亞里斯多德全集》(第七卷),北京:中國人民大學出版社,1993 年。
54. (德)伊曼努爾·康德著,李秋零譯,《純粹理性批判》,北京:中國人民大學出版社,2004 年。
55. 余紀元著,《亞里斯多德倫理學》,北京:中國人民大學出版社,2011 年。
56. (美)約瑟夫·科克爾曼斯著,陳小文、李超杰、劉宗坤譯,《海德格爾的〈存在與時間〉—— 對作為基本存在論的此在的分析》,北京:商務印書館,2003 年。
57. 張汝倫著,《二十世紀德國哲學》,北京:人民出版社,2008 年。

58. 張祥龍著，《從現象學到孔夫子》，北京：商務印書館，2001年。
59. 張祥龍著，《海德格爾傳》，北京：商務印書館，2008年。
60. 張祥龍著，《海德格爾思想與中國天道——終極視域的開啟與交融》，北京：三聯書店，1997年。
61. 張祥龍著，《朝向事情本身——現象學導論七講》，北京：團結出版社，2003年。
62. 張祥龍著，《德國哲學、德國文化與中國哲理》，上海：上海外語教育出版社，2012年。
63. 張志偉、馮俊、李秋零、歐陽謙著，《西方哲學問題研究》，北京：中國人民大學出版社，1999年。
64. 張志偉主編，《西方哲學史》，北京：中國人民大學出版社，2002年。
65. 張志偉主編，《形而上學讀本》，北京：中國人民大學出版社，2010年。
66. 趙敦華著，《西方哲學通史——古代中世紀部分》，北京：北京大學出版社，1996年。
67. 趙衛國著，《海德格爾的時間與時·間性問題研究》，北京：中國社會科學出版社，2006年。

二、外文專著

（一）德文文獻

1. M.Heidegger，Fruehe Schriften，Frankfurt am Main，Vittorio Klostermann，1978.
2. M.Heidegger，Kant und das Problem der Metaphysik，Frankfurt am Main，Vittorio Klostermann，1998.
3. M.Heidegger，Metaphysische Anfangsgruende der Logik im Ausgang von Leibniz，Frankfurt am Main，Vittorio Klostermann，1978.
4. M.Heidegger，Phaenomenologie des religioesen Lebens，Frankfurt am Main，Vittobio Klostermannn，1995.
5. M.Heidegger，Sein und Zeit，Frankfurt am Main，Vittorio Klostermann，1976.
6. M.Heidegger，Beitraege zur Philosophie（Vom Ereignis），Frankfurt am Main，Vittorio Klostermann，1989.

（二）英文文獻

1.Andrew Barash，Martin Heidegger and the Problem of Historical meaning，revised and expanded edition，New York：Fordham University Press，2003.

2.Aristotle，The complete Works of Aristotle，edited by Jonathan Barnes the revised Oxford translation，volumetwo，Princeton University Press，1985.

3.Aristotle，Nicomachean Ethics，trans by Terence Irwin，second edition，Indianapolis：Hackett Publishing Company，1999.

4.Frank Schalow，The Renewal of The Heidegger-Kant Dialogue Action，Thought，and Responsibility，State University of New York Press，1992.

5.Geogrios Anagnostopoulos ed.，A Companion to Aristotle，Blackwell Publishing Ltd，2009.

6.Hubert L.Drefus and Mark A.Wrathall ed.，A Companion to Heidegger，Blackwell Publishing，2005.

7.John van Burenr，The Yong Heidegger—Rumor of the Hidden King，Blooming and Indianapolis，Indiana University Press，1994.

8.M.Heidegger，Becoming Heidegger—On the Trail of His Early Occa sional Writings，1910-1927，edited by Theodore Kisiel and Thomas Sheehan，Illinois，Northwestern University Press，Evanston，2007.

9.M.Heidegger，Introduction to Phenomenological Research，trans by Daniel O.Dahlstrom，Bloomington and Indianapolis，Indiana University Press，2005.

10.M.Heidegger，Kant and the Problem of Metaphysics，fifth edition，trans by Richard Taft，Bloomington and Indianapolis，Indiana University Press，1997.

11.M.Heidegger，Logic：The Question of Truth，trans by Thomas Sheehan，Bloomington and Indianapolis，Indiana University Press，2010.

12.M.Heidegger，Phenomenological Interpretation of Kant's Critique of Pure Reason，trans by Parvis Emad and Kenneth Maly，Bloomington & Indianapolis，Indiana University Press，1997.

13.M.Heidegger，Phenomenological Interpretations of Aristotle：Initiation into Phenomenological Research，trans by Richard Rojcewicz，Bloomington and

Indianapolis，Indiana University Press，2001.
14.M.Heidegger，Phenomenology of Intuition and Expression，trans by Tracy Colony，Continuum International Publishing Group，2010.
15.M.Heidegger，The Essence of Human Freedom—An Introduction to Philosophy，trans by Ted Sadler，London & New York，Continuum，2002.
16.M.Heidegger，The Metaphysical Foundations of Logic，trans by Michael Heim，Bloomington，Indiana University Press，1984.
17.M.Heidegger，K.Jaspers，The Heidegger-Jaspers Correspondence（1920-1963），Walter Biemel and Hans Sancer，ed.，trans by Gary E.Aylesworth，New York，Humanity Books，59，John Glenn Drive，2003.
18.M.Heidegger，The Phenomenology of Religious Life，trans by Matthias Fritsch and Jennifer Anna Gosetti-Ferencei，Indiana University Press，2004.
19.M.Heidegger，Towards the Definition of Philosophy，trans by Ted Sadler，The Athlone Press，London and New Brunswick，NJ，2000.
20.M.Weatherston，Heidegger's Interpretation of Kant—Categories，Imagination and Temporality，Palgrave Macmillan，2002.
21.Kant，Lectures on Metaphysics，trans by Karl Ameriks and Steve Naragon，Cambridge University Press，1997.
22.Peter E.Gordon，Continental Divide—Heidegger，Cassirer，Davos，Cambridge，Massachusetts，and London，England，Harvard University Press，2010.
23.Theodore Kisiel and John van Buren ed.，Reading Heidegger from the Start，State University of New York Press，1994.
24.Theodore Kisiel，The Genesis of Heidegger's Being and Time，London：University of California Press，1993.

三、參考論文

1. 畢游塞，《論牟宗三對海德格爾的康德解釋的質疑》，潘兆雲譯，載於成中英、馮俊主編，《康德與中國哲學智慧》，中國人民大學國際中國哲學與比較哲學研究中心譯，北京：

中國人民大學出版社，2009 年，180—201 頁。
2. 陳嘉映，《也談海德格爾哲學的翻譯》，載於《中國現象學與哲學評論》（第二輯），上海：上海譯文出版社，1998 年，290—293 頁。
3. 鄧曉芒，《康德的「先驗」與「超驗」之辯》，《同濟大學學報》（社會科學版），2005 年，第五期，1—12 頁。
4. 靳希平，《海德格爾的康德解讀初探》，載於孫周興、陳家琪主編，《德意志思想評論》（第一輯），上海：同濟大學出版社，2003 年，45—60 頁。
5. 靳希平，《海德格爾對胡塞爾現象學還原方法的批判》，《北京大學學報》（哲學社會科學版），1986 年第一期，90—101 頁。
6. 李朝東，《現象學的哲學觀 —— 兼論胡塞爾與海德格爾哲學觀的差異》，《哲學研究》，2009 年第八期，84—92 頁。
7. 陸丁，《先驗論證的邏輯分析》，《世界哲學》，2005 年，第四期，60—68 頁。
8. 倪梁康，《Transcendental：含義與中譯》，《南京大學學報》2004 年，第三期，72—77 頁。
9. 倪梁康，《再次被誤解的 transcendental —— 趙汀陽「先驗論證」讀後記》，《世界哲學》，2005 年，第五期，97—98 頁、106 頁。
10. 倪梁康，《歷史現象學與歷史主義》，《西北師大學報》（社會科學版），2008 年 7 月刊（第 45 卷第四期），1—8 頁。
11. 倪梁康，《胡塞爾與海德格爾的哲學概念》，《浙江學刊》，1993 年第二期，64—68 頁。
12. 倪梁康，《胡塞爾與海德格爾的存在問題》，《哲學研究》，1999 年第六期，45—53 頁。
13. 倪梁康，《再論胡塞爾與海德格爾的存在問題》，《江蘇社會科學》，1999 年第六期，94—98 頁。
14. 聶敏里，《論巴門尼德的「存在」》，《中國人民大學學報》，2002 年第一期，45—52 頁。
15. 孫周興，《超越·先驗·超驗 —— 海德格爾與形而上學問題》，載於孫周興、陳家琪主編，《德意志思想評論》（第一卷），上海：同濟大學出版社，2003 年，82—101 頁。
16. 孫周興，《為什麼我們需要一種低沉的情緒？—— 海德格爾對哲學基本情緒的存在歷史分析》，《江蘇社會科學》，2004 年第六期，7—13 頁。
17. 孫周興，《我們如何得體地描述生活世界 —— 早期海德格爾與意向性問題》，《學術月刊》，2006 年第六期，53—56 頁。
18. 孫周興，《形而上學問題》，《江蘇社會科學》，2003 年第五期，7—12 頁。

參考文獻

19. 孫周興，《形式顯示的現象學——海德格爾早期弗萊堡講座研究》，《現代哲學》，2002年第四期，85—95頁。
20. 孫周興，《在現象學與解釋學之間——早期弗萊堡時期海德格爾哲學》，《江蘇社會科學》，1999年第六期，87—93頁。
21. 汪子嵩、王太慶，《關於「存在」與「是」》，載於宋繼杰主編，《Being與西方哲學傳統》（上），保定：河北大學出版社，2002年，12—47頁。
22. 王路，《對希臘文動詞「einai」的理解》，載於宋繼杰主編，《Being與西方哲學傳統》（上），保定：河北大學出版社，2002年，182—211頁。
23. 王慶節，《親在與中國情懷——懷念熊偉教授》，載於熊偉，《自由的真諦——熊偉文選》，北京：中央編譯出版社，1997年，397—399頁。
24. 王慶節，《親臨存在與存在的親臨——試論海德格爾思想道路的出發點》，載於王慶節，《解釋學、海德格爾與儒道今釋》，北京：中國人民大學出版社，2009年，88—91頁。
25. 王慶節，《「Transzendental」概念的三重定義與超越論現象學的康德批判——兼談「transzendental」的漢語譯名之爭》，《世界哲學》，2012年第四期，5—23頁。
26. 王太慶，《我們怎樣認識西方人的「是」？》，載於宋繼杰主編，《Being與西方哲學傳統》（上），保定：河北大學出版社，2002年，55—70頁。
27. 謝亞洲，《康德先驗哲學中的時間與「我思」問題》，《世界哲學》，2008年第五期，104—107頁。
28. 葉秀山，《海德格爾如何推進康德哲學》，《中國社會科學》，1999年第三期，118—129頁。
29. 余紀元，《亞里斯多德論on》，《哲學研究》1995年第4期，63—73頁。
30. 張浩軍，《Transzendental：「先驗的」抑或「超越論的」——基於康德與胡塞爾的思考》，《哲學動態》，2010年，第十一期，78—83頁。
31. 張汝倫，《論海德格爾哲學的起點》，《復旦學報》（社會科學版），2005年第二期，36—44頁。
32. 張祥龍，《Dasein的含義與譯名——理解海德格〈存在與時間〉的線索》，《普門學報》第七期，2002年1月，93—117頁。
33. 張祥龍、陳岸瑛，《解釋學理性與信仰的相遇——海德格爾早期宗教 現象學的方法論》，《哲學研究》，1997年第六期，61—68頁。
34. 張志偉，《〈純粹理性批判〉中的本體概念》，《中山大學學報》（社會科學版），2005

年 6 月，61—67 頁。

35. 張志偉，《〈純粹理性批判〉中的「內在形而上學」》，《哲學動態》，2011 年第五期，29—36 頁。

36. 張志偉，《〈純粹理性批判〉對形而上學的貢獻》，《中國人民大學學報》，2010 年第四期，26—28 頁。

37. 張志偉，《「白天看星星」——海德格爾對老莊的讀解》，《中國人民大學學報》，2002 年第四期，40—46 頁。

38. 張志偉，《向終結存在——〈存在與時間〉關於死亡的生存論分析》，《中國現象學與哲學評論》（第七輯《現象學與倫理》），131—155 頁。

39. 趙汀陽，《先驗論證》，《世界哲學》，2005 年第三期，97—100 頁。

40. 趙汀陽，《再論先驗論證》，《世界哲學》，2006 年第三期，99—102 頁。

41. 趙敦華，《「是」、「在」、「有」的形而上學之辨》，載於宋繼杰主編，《Being 與西方哲學傳統》（上），保定：河北大學出版社，2002 年，104—128 頁。

42. 朱剛，《理念、歷史與交互意向性——試論胡塞爾的歷史現象學》，《哲學研究》，2010 年 12 期，66—73 頁。

43. 朱松峰，《狄爾泰為海德格爾「指示」了什麼——關於生活體驗問題》，《江蘇社會科學》，2006 年第三期，31—36 頁。

44. （匈）M. 費赫，《現象學、解釋學、生命哲學——海德格爾與胡塞爾、狄爾泰及雅斯貝爾斯遭遇》，朱松峰譯，《世界哲學》，2005 年第三期，75—86 頁。

45. B.Han-Pile，Early Heidegger's Appropriation of Kant，in A Companion to Heidegger，edited by Hubert L.Drefus and Mark A.Wrathall，Blackwell Publishing，2005，pp.80-101.

46. Frank Schalow，The Kantian Schema of Heidegger's Late Marburg Period，in Reading Heidegger from the Start：Essays in His Earliest Thought，edited by Theodore Kisiel and John van Buren，State University of New York Press，1994，pp.309-326.

參考文獻

後記

　　本研究將海德格爾在 1925—1930 年間對康德哲學的現象學解釋當作一個整體來看待，並且把它置放於前期海德格爾的思想背景中來加以理解，從而說明海德格爾的《存在與時間》與他對康德哲學尤其是康德時間學說的現象學解釋之間存在一種「解釋學循環」的關係：一方面他認為康德的工作是他的基始存在論的「歷史性導論」，另一方面他在《存在與時間》之後去集中解釋康德也是在為完成他《存在與時間》中已然宣告，但尚未完成的解構存在論歷史的工作做準備。因此本文一方面以《存在與時間》為背景，以基始存在論為視野探討海德格爾對康德哲學進行現象學解釋的具體步驟、思路和論證過程。另一方面反過來，從康德哲學這一「歷史性導論」出發，探討從康德哲學出發怎樣才能推進到海德格爾的生存—存在論。同時，在此基礎上，本文嘗試評估海德格爾對康德哲學的這一現象學解釋工作對他思想轉向的影響。

　　本文是在本人的博士論文基礎上經過修改而完成。首先我要感謝我的導師張志偉教授，每次向張老師請教問題，都會有醍醐灌頂、茅塞頓開之感，對於理論工作者來說，這種感覺無疑是一種非常寶貴而又非常幸福的體驗。同時，張老師治學嚴謹，無論是在本人撰寫博士論文期間，還是在本文的修改、完成過程中，張老師都為我提出了很多寶貴的意見，但由於各種各樣的原因，有些意見在文章中還沒能得到採納和體現，但為本人接下來的研究工作提供了指導、指明了方向。我也要感謝為本文提出了許多寶貴的批評意見、修改意見和建議的五位項目匿名評審專家。他們的意見或者為本文的修改、完成提供了指導，或者為本人接下來的研究工作提供了指點。

　　我要感謝各位老師，他們在學習上和生活中都為我提供了很多幫助；我

後記

還要感謝余紀元老師，他在擔任講座教授期間，我一直在擔任他的助手，余老師如今已經離開了我們，但他對後輩的照顧、提攜和幫助，我會永遠銘記在心間；我還要尤其感謝王慶節教授，他在 2009 年開設了關於《康德書》的系列講座，我不僅從這個系列講座中受益良多，而且當時王慶節教授還慨允我使用他的《康德書》未刊譯稿，這對我的研究幫助巨大。此外，我還要感謝各位同事，感謝他們在各方面對我的幫助和照顧；感謝我的好友楊山木博士，從大學時期開始，我們就時常在一起討論哲學問題，有時甚至會爭論得比較激烈，但這毫無疑問同時也是充滿樂趣的。

同時，我要感謝出版社，正是因為有了他們的幫助和辛勤的付出，才有本書的出版。

最後，我要感謝我的家人，在我的求學過程中，恰恰是我的父母和姐姐們的無私付出，才能讓我心無旁騖地完成學業。

作者

「在─世界─之中─存在」的時間
海德格爾與康德的思想對話

作　者：潘兆雲	
發 行 人：黃振庭	
出 版 者：崧燁文化事業有限公司	
發 行 者：崧燁文化事業有限公司	
E-mail：sonbookservice@gmail.com	
粉 絲 頁：https://www.facebook.com/sonbookss/	
網　　址：https://sonbook.net/	
地　　址：台北市中正區重慶南路一段六十一號八樓 815 室	
Rm. 815, 8F., No.61, Sec. 1, Chongqing S. Rd., Zhongzheng Dist., Taipei City 100, Taiwan (R.O.C)	
電　　話：(02)2370-3310	
傳　　真：(02) 2388-1990	
印　　刷：京峯彩色印刷有限公司（京峰數位）	

國家圖書館出版品預行編目資料

「在─世界─之中─存在」的時間: 海德格爾與康德的思想對話 / 潘兆雲著 . -- 第一版 . -- 臺北市 : 崧燁文化事業有限公司 , 2021.08
　面；　公分
ISBN 978-986-516-721-9(平裝)
1. 海德格爾 (Heidegger, Martin, 1889-1976) 2. 康　德 (Kant, Immanuel, 1724-1804) 3. 學術思想 4. 哲學
147.72　110009390

― 版權聲明 ―────────

本書版權為九州出版社所有授權崧博出版事業有限公司獨家發行電子書及繁體書繁體字版。若有其他相關權利及授權需求請與本公司聯繫。
未經書面許可，不得複製、發行。

定　　價：420 元
發行日期：2021 年 08 月第一版

電子書購買

臉書

蝦皮賣場